2022 年 主 题 出 版 重 点 出 版 物

人 类 文 明 新 形 态 研 究 丛 书

编委会主任 / 赵　奇
编委会副主任 / 王利民

颜晓峰　杨群 ◎ 主编

创造
人类文明新形态

颜晓峰　等 ◎ 著

社会科学文献出版社

SOCIAL SCIENCES ACADEMIC PRESS (CHINA)

总　序

　　习近平总书记在庆祝中国共产党成立 100 周年大会上的重要讲话中指出："我们坚持和发展中国特色社会主义，推动物质文明、政治文明、精神文明、社会文明、生态文明协调发展，创造了中国式现代化新道路，创造了人类文明新形态。"党的十九届六中全会指出："党领导人民成功走出中国式现代化道路，创造了人类文明新形态。"创造人类文明新形态，不仅从人类发展道路新开拓和人类文明新创造的高度，对中国特色社会主义理论成就和实践意义做出了最新概括，拓展了研究中国共产党、中国特色社会主义与人类文明新形态的理论空间，而且为中国特色社会主义进一步发展指明了前进方向，是中国共产党的重大理论创新。

　　创造人类文明新形态是马克思主义中国化的重大课题。习近平总书记在庆祝中国共产党成立 100 周年大会上的重要讲话中指出："中国共产党为什么能，中国特色社会主义为什么好，归根到底是因为马克思主义行！"马克思主义之所以行，就在于党不断推进马克思主义中国化、时代化并用以指导实践。党的百年是不断推进马克思主义中国化的百年，也是成功开辟中华民族伟大复兴正确道路，实现中华文明从传统到现代、从封闭到开放、从蒙尘到复兴伟大转变的百年。党在百年奋斗中的每一个伟大成就、每一次伟大飞跃，都是实现和推进中华民族伟大复兴的重大进步，也都是创造人类文明新形态的重大进展。

创造人类文明新形态是马克思主义中国化在新时代实现新飞跃的重大成果。以习近平同志为主要代表的中国共产党人，坚持把马克思主义基本原理同中国具体实际相结合、同中华优秀传统文化相结合，发展出当代中国马克思主义、21世纪马克思主义，孕育出中华文化和中国精神的时代精华，创立了习近平新时代中国特色社会主义思想，实现了马克思主义中国化新的飞跃。创造人类文明新形态，正是继续深入探索这一思想并取得新的重大成果的时代课题，已经成为实现马克思主义中国化新的飞跃的重要内容。这表现在中国式现代化道路是人类文明新形态的基石，"人民至上"反映了人类文明新形态的根本性质，"四个自信"表征了人类文明新形态的显著优势，物质文明、政治文明、精神文明、社会文明、生态文明共同支撑起人类文明新形态的内在结构，人类命运共同体彰显了人类文明新形态的天下胸怀等方面。

创造人类文明新形态为发展21世纪马克思主义、复兴科学社会主义做出了重大贡献。中国共产党领导人民创造的人类文明新形态，不仅是中国的文明新形态，更是人类的文明新形态，具有深刻的世界历史意义。具体来看，人类文明新形态摒弃了西方的现代化老路，从时代坐标上保证了人类文明形态之新，其制度优势和制度密码从制度基础上保证了人类文明形态之新，其整体推进从全面性上保证了人类文明形态之新；中国创造人类文明新形态的成效和经验，以其参与建设和享用文明的人口最多、文明实践覆盖面最广、国际影响力最大，在当今世界社会主义国家的文明实践中站在高处、走在前列、成为示范；中国式现代化所创造的现代化文明，对人类现代化文明做出了重大贡献；创造人类文明新形态有利于增强社会主义意识形态的世界感召力，有利于扩大社会主义制度的国际影响力，有利于推动人类发展进步。

对人类文明新形态做出准确深刻的理论阐释，是马克思主义理论学科的重大课题。社会科学文献出版社策划出版的这套丛书旨在深入剖析和探讨中国共产党带领人民在不同文明领域创造的人类文明新形态，分为《创造人类文明新形态》《全体人民共同富裕的物质文明》《人民当家作主的政治文明》《守正创新的精神文明》《共建共治共享的社会文明》《人与自然和谐共生的生态文明》《构建命运共同体的人类文明》，共七本，力求全方位鲜活呈现人类文明新形态的理论和实践样态，并试图在以下几个方面寻求创新与突破。

一是从历史高度、思想深度和实践广度上把握人类文明新形态。七本著作以大历史观认识人类文明新形态的地位和作用，将人类文明新形态置于中国共产党百年奋斗和中国道路的独特历史境遇中展开分析与探讨，把马克思主义的思想精髓、人类文明的优秀成果和中华文明的精神特质融会贯通起来，将人类文明新形态同中国式现代化道路紧密联系起来，并围绕新时代中国特色社会主义现代化背景下不同领域文明建设与中国共产党治国理政的关系谋篇布局，阐明了中国共产党带领中国人民走中国道路、创造中国奇迹的文明史意蕴，彰显了中国共产党创造人类文明新形态的世界历史贡献。

二是基于文明协调发展的视角建构人类文明新形态。丛书的各本专著立足中国特色社会主义道路、理论、制度、文化，精辟阐述了社会主义现代化与社会主义文明之间内在统一、相互促进的关系，系统论述了人类文明新形态是物质文明、政治文明、精神文明、社会文明、生态文明协调发展的文明新形态，是人的全面发展与社会全面进步共同推进的文明新形态，是新时代中国文明与世界各国文明相互促进的文明新形态，进而深刻揭示了在新征程中全面建设、协调发展、统筹推进人类文明新形态的时代价值和实践要求，为新时代坚持和发展中国特色社会主义、全面建设社会主义现代化国家指明了正确方向。

三是从中国话语创新的意义上研究人类文明新形态。习近平总书记在哲学社会科学工作座谈会上的讲话中指出："这是一个需要理论而且一定能够产生理论的时代，这是一个需要思想而且一定能够产生思想的时代。"人类文明新形态是中国共产党领导中国人民顽强奋斗中产生的伟大创造和最新成果，是在中国原创性实践中创造出的原创性新话语。丛书坚持以学术的方式关注人类文明新形态，以高度的时代使命感研究人类文明新形态，力图通过贯通历史与现实、理论与实践，围绕这一原创性新话语积极展开创新阐释和系统论证，从而深刻揭示人类文明新形态背后的道理、学理、哲理，科学回答中国之问、世界之问、人民之问、时代之问，努力为构建中国特色哲学社会科学话语体系做出应有贡献。

"文章合为时而著，歌诗合为事而作。"即将召开的党的二十大，是在进入全面建设社会主义现代化国家新征程的关键时刻召开的一次十分重要的大会，将科学谋划未来五年乃至更长时期党和国家事业发展的目标任务和大政方针。这是在新征程中继续推动人类文明新形态取得新进展的"指南针"，更是当前加强人类文明新形态研究的"动员令"。作为马克思主义理论研究者，我们应当以高度的理论自觉、积极的历史主动、鲜明的创新意识，准确把握、正确阐述、全面分析、科学论证人类文明新形态。

　　社会科学文献出版社策划出版的这套丛书入选了中宣部"2022年主题出版重点出版物",也是中国社会科学院为党的二十大献礼的重点出版项目之一。中国社会科学院党组高度重视,相关部门也做了大量工作给予支持。期望这套丛书能为学界进入人类文明新形态研究的新征程,攀登人类文明新形态研究的新高地,增强人类文明新形态的说服力、感召力和引领力贡献微薄之力。

中国社会科学院秘书长

2022 年 9 月

主创简介

颜晓峰　天津大学马克思主义学院院长、教授、博士生导师，哲学博士；马克思主义理论研究和建设工程咨询委员会委员，教育部高等学校思想政治理论课教学指导委员会总教指委副主任委员、"习近平新时代中国特色社会主义思想概论"分教指委主任委员；中国历史唯物主义学会副会长，社会主义现代化研究专业委员会理事长，中国辩证唯物主义研究会常务理事，全国党建研究会特邀研究员，中国高等教育学会思想政治教育分会学术委员会委员，国家社会科学基金学科规划评审组专家，国家出版基金评审专家，马克思主义理论研究和建设工程重大项目、国家社会科学基金重大项目"新时代我国社会主要矛盾及对党和国家工作的新要求研究"首席专家。获国务院政府特殊津贴、军队杰出专业技术人才奖。出版专著和文集《创新研究》（人民出版社）、《认识自己构成自己的道路》（中国社会科学出版社）、《科学态度和真理精神》（学习出版社）、《在历史交汇点上》（中共中央党校出版社）、《重大时代课题与科学理论体系》（中国人民大学出版社）、《知与胜：基于军事认识论方法论价值论视角》（国防大学出版社）等，主编著作《发展观的历史进程》（人民出版社）、《建设法治中国》（社会科学文献出版社）、《坚持中国特色社会主义文化》（重庆出版社）等。

目　录

前　言

　　《中共中央关于党的百年奋斗重大成就和历史经验的决议》指出：
"党领导人民成功走出中国式现代化道路，创造了人类文明新形态。"[1]
中国共产党成立以来，在马克思主义社会理想指引下，团结带领全国
各族人民传承中华文明，吸收人类文明优秀成果，建设社会主义现代
化新文明，从而创造出人类文明新形态。习近平在党的十九届六中全
会上的重要讲话中指出："我们党领导人民不仅创造了世所罕见的经济
快速发展和社会长期稳定两大奇迹，而且成功走出了中国式现代化道
路，创造了人类文明新形态。这些前无古人的创举，破解了人类社会发
展的诸多难题，摒弃了西方以资本为中心的现代化、两极分化的现代化、
物质主义膨胀的现代化、对外扩张掠夺的现代化老路，拓展了发展中国
家走向现代化的途径，为人类对更好社会制度的探索提供了中国
方案。"[2]

　　文明是人类在长期历史进程中创造的各种各类各项成果的总和，
是由各民族各国家各地区的人民共同创造的，统称人类文明。文明不
是从来就有的，也不是一成不变的，而是在生产力发展的推动下逐步
升级、逐步扩散的，从低级到高级、从简单到复杂、从古代到现代，

现代化文明是迄今为止的新文明形态。

人类历史走过蒙昧时代、野蛮时代后，进入了文明时代。恩格斯根据摩尔根的研究指出："文明时代是学会对天然产物进一步加工的时期，是真正的工业和艺术的时期。"[3] 文明时代又是一个变迁、嬗变、跃升的过程。从技术形态来看，文明时代经历了以手工技术、机器技术、信息技术、智能技术为标志的技术文明，机器技术意味着开始了技术文明的现代化。从产业形态来看，文明时代经历了以渔猎经济、农业经济、工业经济、信息经济、智能经济为标志的产业文明，工业经济意味着开始了产业文明的现代化。从社会形态来看，文明时代经历了以原始社会、奴隶社会、封建社会、资本主义社会、社会主义社会为标志的社会文明，资本主义社会意味着开始了社会形态的现代化。从人的形态来看，文明时代经历了在狭窄范围内和孤立的地点上发展着、以物的依赖性为基础的人的独立性、建立在个人全面发展基础上的自由个性的人的文明三大形态，第二大形态意味着开始了人的文明的现代化。近代以来的科技革命、工业革命、社会革命、思想革命，是人类文明的强大推进剂，推动着人类文明进入现代化阶段，塑造着文明现代化。文明现代化呈现出从古老文明、传统文明而来，却又创造出新的世界文明、时代文明的历史景象。

在文明的历史进程中，伴随资本主义驱动的世界现代化潮流，形成了现代化文明。现代化文明表明了文明演进的新阶段，是在社会基本矛盾运动中、在社会生产方式变革中、在社会经济形态转变中，出现的以资本主义文明为初始代表、以社会主义文明为发展方向的文明阶段。现代化文明表明了文明发展的新内涵，是科技革命造就的生产力的快速发展、人与自然关系主动地位的增强，工业革命造就的城市化、组织化、标准化，市场革命造就的社会关系的重塑、权利关系的强化、契约规则的通行，制度革命造就的现代政治文明，等等。现代化文明表明了文明支撑的新价值，自由平等、个人主义等资产阶级价值观念，成为冲破封建制度统治的思想重炮。马克思恩格斯指出，资产阶级"把宗教虔诚、骑士热忱、小市民伤感这些情感的神圣发作，淹没在利己主义打算的冰水之中"[4]。现代化文明表明了文明更替的新趋向，一切文明形态在历史上都有产生和存在的合理性，但都不会是万古不变的，都会被更高形态的文明所扬弃，近代以来这种文明形态就是现代化文明。即使是资本主义创造的现代化文明，也绝不是"文明的终结"，必然会被新型的社会主义现代化文明所超越。

社会制度是文明发展的产物，又是文明变化的基础。以社会制度为标志区分现代化文明，存在着两种文明形态：一种是资本主义现代化文明，一种是社会主义现代化文明。资本主义现代化文明伴随着资本主义的发展进程，已有数百年的历史，产生了众多载入史册、改变世界的文明成果，同时因其阶级、制度、历史的局限性，因其不可克服的内在矛盾，暴露出这种现代化文明的弊端以至危害。社会主义现代化文明存在于科学社会主义的理论和实践中，是十月革命后100多年来特别是新中国成立以来一直在建设着的现代化文明。理论在不断完善，实践在不断深化，已经形成必将更加充分展现这种现代化文明的鲜明特色、显著优势和全球影响力。

在马克思看来，资本主义以前的一切社会形式对于创造高度水平的生产力来说都太薄弱了，资本主义的生产第一次创造出为达到社会全面进步、人的全面发展所必需的财富和生产力。资本主义现代化文明是建立在资本规律基础上的文明，是资本的运动、资本的力量、资本的逻辑为资产阶级建立了一个新世界、新社会、新文明。资本为开拓世界市场的需要，在商品和资本的世界性流通中推动了各民族各地区的交往，推动了资本主义文明的世界性扩张。资本扩张逐步打破了世界文明隔绝式的孤立发展状况，冲击和破坏了各种古老文明，并"悲歌"式地将其卷入资本主义文明全球化的洪流之中。资本主义的生产追求剩余价值的驱动，催生出固定资本与劳动力紧密结合的企业组织、分工与协作的密切配合、时间与空间的充分利用、管理与制度的精密设计，发展出以现代企业为模本的组织文明，机器成为组织的内在机制，组织成为机器的社会形态。资本不停地追求新的更高的利润，资本所有者时时防止在竞争中失败和被淘汰，促使了生产力不断变革、创新不断涌现、效率不断提高，新的产品、新的服务、新的组织、新的机制构建出一个从未有过的社会，整个资本主义社会处于快速变化的状态之中，形成了创新的文明。资本雇佣劳动力的需要，打破了人以往只能在狭小的范围内、在孤立的地域内发展的状态，造成了人的流动性，扩大了人的交往范围，这就淡化了人的血缘、村落之间的联系，而强化了基于交换和契约的交往关系，产生了新的交往文明。资本的社会化过程也是人的普遍化过程，随着生产的社会性发展而促成了人的普遍的全面的关系，以物的依赖性为基础形成了"普遍的社会物质变换，全面的关系，多方面的需求以及全面的能力的体系"[5]。人进行普遍的交换，有着全面的关系、需求和能力，形成了新型的人的文明。资本主义生产的最大限制是资本自身，这就决定了资本主义现代化文明存在着许多严重弊端和致命缺陷，成为对文明的破坏因素和新的更高文明的阻碍因素。物的世界与人的世界的对立、物质世界与精神世界的分裂、生产与生态的冲突等，都提出了建立社会主义社会、建设社会主义现代化文明的必然要求。

社会主义现代化文明是在资本主义创造的现代化文明基础上，在对其汲取、批判和改造的过程中，在社会主义国家建设和探索中，特别是在中国共产党人的不懈追求中，逐步形成、展现、发展、完善的。马克思恩格斯在创立科学社会主义理论的过程中，基于对经济社会发展规律的深刻洞察，提出了未来社会主义社会及其文明的必然趋势和内在要求。这些趋势和要求，包括社会主义社会建立的经济关系和社会关系，超越了资本主义生产的无序状态和危机循环，不仅在人与自然关系的主动地位上使人类从动物界提升出来，而且在人类建立的经济关系和社会关系的自觉地位上从动物界提升出来，人类不再受自己创立的经济关系和社会关系的奴役，而是成为自己的经济关系和社会关系的主人，这是创造经济关系和社会关系的新文明。其包括在社会主义条件下的生产，真正实现了物的尺度和人的尺度的统一，劳动成为生命的体现而不仅仅是生存的需要、不再是生命的负担；生产活动并不仅仅是实现物的价值，而是实现人的价值、人的发展、人的自由；人的活动不是仅仅为了取得最近的经济效果或其他效果，而是着眼于长期的整体的效果，选择最有利于人类共同体发展的生产方式和生活方式，这是创造生产和劳动新价值的新文明。在社会主义生产方式中，生产不是以追求剩余价值为根本动力，不是以利润最大化为根本标准，而是体现经济运动规律和人的发展规律的统一；既要遵循经济规律，消耗最小的力量，更要无愧于和适合于人类本性，不以人退化为物和工具为代价，消除经济规律和人的规律的对立，实现人的自由而全面的发展，这是创造经济规律和人的规律相统一的新文明。社会主义条件下人与自然、人与人、人与社会的关系，人的生存和发展、生产和生活、幸福和享受，不再是建立在生态环境的破坏、不可再生资源无限制耗费的基础上，而是人与自然的本质的统一；人与人之间的关系，不再是"一切人反对一切人的战争"[6]，而是人与人的和谐友爱；人与社会的关系不再是被压迫被奴役的关系，而是在社会居主导地位的公平正义。这是创造人与自然、人与人、人与社会新关系的新文明，是"自由结合、自觉活动并且控制自己的社会运动"[7]。

中国式现代化道路，是创造社会主义现代化的文明新形态的必由之路；人类文明新形态，是中国式现代化道路的必然结果。中国式现代化道路是中国特色社会主义道路的具体形式，人类文明新形态的实质是中国特色社会主义文明。中国特色社会主义在创建新的社会形态，也在创建新的文明形态。从文明的演进历程来看，中国特色社会主义文明是中华文明、东方文明的新形态，也是社会主义文明的新形态。我们说创造了人类文明新形态，从总体上说就是创造了中国特色社会主义文明新形态，而这集中体现在创造社会主义现代化的文明新形态上。理解人类文明新形态，要从中国特色社会主义这一根本、基石、源头来把握。我们创造的人类文明新形态，是在中国特色社会主义的创立和发展进程中呈现出来的，是在中国特色社会主义道路、理论、制度、文化的支撑下生长起来的，是在中国特色社会主义各领域全方位建设实践中巩固完善的，是在社会主义现代化的文明新形态中彰显优势的。人类文明新形态，因中国特色社会主义文明而显示其独特本质；中国特色社会主义文明，因人类文明新形态而表明其时代高度。

人类文明新形态的创举是推动物质文明、政治文明、精神文明、社会文明、生态文明协调发展。物质文明、政治文明、精神文明、社会文明、生态文明，是现代化文明的主要领域。在资本主义文明发展过程中，由于资本主义制度的深层局限性，这些领域不可能协调发展，物质领域的文明成就往往是以其他领域文明的丧失或沉沦为代价的。中国共产党在领导和推动中国特色社会主义事业的过程中，把资本主义现代化过程中付出的巨大代价作为反面教训，充分发挥社会主义的政治优势和制度优势，及时纠正改革开放过程中出现的某些偏差，着力解决"一手硬、一手软"的问题，从物质文明和精神文明"两手都要硬"，逐步到经济建设、政治建设、文化建设、社会建设、生态文明建设"五位一体"总体布局，再提升为建设社会主义五大文明领域，进而到习近平在庆祝中国共产党成立 100 周年大会上的重要讲话中提出的五大文明协调发展，构成了社会主义现代化文明的总体形态。我们创造的社会主义现代化文明，不仅是五大文明领域的每个领域都取得相应成果，而且是各个领域的文明建设相互配合、相互促进，每个领域的文明建设都为其他领域的文明建设提供有利条件，又都以其他领域的文明建设为条件。

2022 年 7 月，习近平在省部级主要领导干部"学习习近平总书记重要讲话精神，迎接党的二十大"专题研讨班上发表重要讲话强调："在新中国成立特别是改革开放以来的长期探索和实践基础上，经过党的十八大以来在理论和实践上的创新突破，我们成功推进和拓展了中国式现代化。"[8]创造社会主义现代化的文明新形态，我们取得了很大成就，做出了很大贡献，但还不是完成时，是现在进行时，仍然任重道远。2021 年，我们全面建成了小康社会，正在向着全面建成社会主义现代化强国的奋斗目标迈进。全面建设社会主义现代化国家，是人类历史上的伟大创举，是科学社会主义的伟大创新，必将创造出更加丰富、更加先进、更高质量的人类文明新形态。

（执笔：颜晓峰）

第一章 人类文明形态的演进历程

文明是人类脱离蒙昧无知和野蛮状态后达到的较高的社会发展阶段，标志着社会的进步。它是人类在长期历史进程中，通过改造自然、改造社会、改造自身的活动，所创造出的包括经济、政治、文化等在内的各领域各方面的成果。文明是一种社会历史现象，文明时代的到来标志着人类历史的崭新阶段。从总体上看，人类文明随着社会发展不断发展，而推动文明不断发展的主要动力是人类的实践活动，尤其是生产实践活动。通过生产实践活动，人们不仅透过现象认识到客观事物的内部规律，而且不断对客观世界进行合乎规律性和目的性的改造，从而创造人类文明、推动文明进步。在生产实践发展的推动下，文明逐步扩散、逐步升级，从低级到高级、从简单到复杂、从古代到现代，呈现出不同的形态，展现出人类文明的演进历程。在这一演进过程中，现代化文明是迄今为止的新文明形态。

一 文明的形成

在各项实践活动中，人类完成了自身本质力量的对象化，创造了各种各样的文明要素，如器物、文字、礼仪等。这些文明要素在人的实践活动中不断发展演化，展现了人类摆脱蒙昧和野蛮、走向文明的进阶过程。当这些文明要素积累到一定的量和质时，人成为文明之人，人类社会进入文明时代，文明完成起源[1]。这里的"完成起源"，一般是对人类整体而言的，也可以表述为"文明形成"。相较于蒙昧状态、野蛮状态，文明的形成可以通过文明本质的一系列经济、政治、文化、社会标志展现出来。

在经济层面上，其一，表现为分工的发展，畜牧业、农业、手工业、商业的产生。分工在文明形成的过程中发挥着重要作用。正如恩格斯所说："文明时代是社会发展的这样一个阶段，在这个阶段上，分工、由分工而产生的个人之间的交换，以及把这两者结合起来的商品生产，得到了充分的发展，完全改变了先前的整个社会。"[2]农业、畜牧业的分工和农业、手工业之间的进一步分工促进了人与人之间的交换，当交换逐渐成为社会迫切需要时，文明时代所特有的标志——商业形成了。"在野蛮时代中级阶段，我们看到游牧民族已经有牲畜作为财产，这种财产，到了畜群具有相当规模的时候，就可以经常提供超出自身消费的若干余剩；同时，我们也看到了游牧民族和没有畜群的落后部落之间的分工，从而看到了两个并存的不同的生产阶段，也就是看到了进行经常交换的条件。在野蛮时代高级阶段，又进一步发生了农业和手工业之间的分工，于是劳动产品中日益增加的一部分是直接为了交换而生产的，这就把单个生产者之间的交换提升为社会的生活必需。"[3]于是具有市场的城市产生，同时在与乡村的对立过程中使这种分工得到巩固和加强，并"创造了一个不再从事生产而只从事产品交换的阶级——商人"[4]。商业的发展和商人的出现，促使作为商品交换等价物和必要中介的金属货币出现了。金属货币作为商品的商品，"以隐蔽的方式包含着其他一切商品，它是可以任意变为任何值得向往和被向往的东西的魔法手段。谁有了它，谁就统治了生产世界"[5]。商人拥有并牢牢掌握着金属货币，并"尽心竭力地叫人们知道，一切商品，从而一切商品生产者，都应该毕恭毕敬地匍匐在货币面前"[6]。进而，拥有金属货币的商人即便根本不参与生产也可以获取生产的领导权，对生产者进行剥削。此外，这时还出现了土地所有权和抵押，这些都促使财富向少数人手里集中，出现了贫富分化。其二，表现为生产工具的改进，石器到金属工具的产生。文明的形成与金属工具的产生和使用有着密切联系。在蒙昧时代高级阶段，人们可以制作磨制的石器，而到野蛮时代低级阶段，人们已经过渡到磨制石器的时代。在这一时期，石器的制作更加精致，种类更加多样，还有了各种具有专门用途的石器，这促使生产力提高，为文明的形成提供了可能[7]。进入文明时代之后，人们已能制造金属工具，并使其在农业、手工业、军事等多个领域得到广泛使用。工具的改进，提升了人类的实践能力，这直接体现在手工业制造门类的增加上，造船、石造或砖造建筑等复杂的制造技术得到发展。正如恩格斯所说："文明时代是学会对天然产物进一步加工的时期，是真正的工业和艺术的时期。"[8]其三，从集体生产过渡到个体生产。伴随着畜牧业、农业、手工业的形成和金属工具的应用，生产逐渐由氏族集体劳动转为大家族集体劳动，之后逐渐缩减人数，最后转化为小家庭单独劳作。家族或小家庭已经可以完全胜任放牧和农田耕作，相比于大家族集体劳动，这样可以节省劳动力，提高生产效率。因此，个体生产就变成一种必然选择。其四，私有制出现，贫富分化、奴隶产生。由于地理条件的差异，在野蛮时代已经出现了部落之间贫富的差异，而随着部落之间的冲突，一些部落通过征服其他部落，收取贡纳，部落之间的贫富差异日趋明显。同时，随着氏族、家族的发展，还出现了一些氏族、家族之间的贫富分化，而在父系大家族内部，少数父家长也开始逐渐把财产集中到自己手中，成为富有者，其他成员则沦为贫困者，这便又形成了家长和一般成员的贫富分化[9]。并且，第一次社会大分工在使劳动生产力提高的同时，也带来了奴隶制，社会"分裂为两个阶级：主人和奴隶、剥削者和被剥削者"[10]。"奴隶在刚产生时归大家族所公有，后来实际上成为大家族的家长所有，只有当大家族分化为小家族以后，才转变为小家庭所有。"[11]

在政治层面上，表现为部落的公共权力转化为城邦统治者的统治权力，以及世袭制的出现。在蒙昧时代高级阶段至野蛮时代低级阶段的部落，最初的公共权力已经开始形成。"各氏族选出氏族酋长，并由氏族酋长组成了部落议事会，这些构成了最初的独立于个人之外的公共权力，这时已开始了文明的形成过程。"[12]在野蛮时代低级阶段至中级阶段，亲属部落的联盟逐渐形成并成为普遍存在。在部落联盟中设有联盟议事会，它由各部落氏族酋长组成，负责处理部落联盟的各项公共事务。此后，部落联盟进一步发展为部族。在野蛮时代高级阶段，联结更为紧密的城邦开始出现。城邦为多个部落通过契约或征服联合形成，它既保持了一定的血缘关系，还具备国家的性质。随着掠夺性战争成为部族或城邦的常态化功能，最高军事首领及其下级的权力得到强化，实行禅让制的原始民主制的城邦逐渐转变为实行世袭制的原始君主制的城邦。

在文化层面上，表现为文字的产生及应用、文学和艺术的产生、技术知识的形成。文字作为文明的重要标志，其形成过程也展现出人类从野蛮向文明的过渡，从结绳记事、原始符号到象形文字再到表意文字和音节文字，尤其是拼音文字及其应用，表明人类文明已经形成。文字的形成促进了文学的发展，在野蛮时代高级阶段，各部族中出现了自己的史诗。其实，文学的产生还可以再追溯到野蛮时代中级阶段，那时虽然还没有形成真正文字记载的文学作品，但产生了以口头传诵为基础的诗歌和传说，这些都为文学的形成奠定了基础。在艺术方面，雕刻、陶塑、绘画、原始舞蹈和音乐等艺术也已经产生并有一定发展，其中，建筑艺术表现尤为引人注目。同时，在生产中也逐渐积累形成了一些技术知识，如天文历法知识、数学知识等，这些都为文明形成创造了成熟的条件。

在社会生活方面，则表现为城乡分离、脑体分工、个体家庭的出现。伴随着经济、政治各个方面的发展，城市也逐渐形成。城市表现为"人口、生产工具、资本、享受和需求的集中"[13]，而乡村则是隔绝和分散的。城乡之间的对立逐渐形成并逐渐成为社会分工的基础。与城乡对立同步发生的还有脑力劳动和体力劳动的分工。城乡分离使农村人口陷于愚昧，使城市居民受到各自的专门手艺的奴役。"它破坏了农村居民的精神发展的基础和城市居民的肉体发展的基础。……由于劳动被分割，人也被分割了。为了训练某种单一的活动，其他一切肉体的和精神的能力都成了牺牲品。"[14]此外，在家庭关系上，由蒙昧时代的群婚逐渐演变为专偶制，它是"在野蛮时代的中级阶段和高级阶段交替的时期从对偶制家庭中产生的；它的最后胜利乃是文明时代开始的标志之一"[15]。

以上分析从经济、政治、文化、社会多个层面反映了文明形成的主要特征。当然，这些特征是从整体上而言的，不同地域、不同民族文明的形成，在特征上都会存在差异。并且，这些特征之间也存在主次之分，每一类特征内部也都有着不同层次，出现的时间也未必相同。因此，在衡量文明的形成时，必须从多个维度系统地展开，从整体上加以分析。

二 古代文明的发展

文明形成之后，人类历史就进入了"文明时代"，后经数千年的历史发展，文明呈现出不同的形态。根据不同的标准，文明的形态可以划分为多种类型。例如，按时间可以划分为古代文明、现代文明；按技术可以划分为以手工技术、机器技术、信息技术、智能技术为标志的技术文明；按产业可以划分为以农业经济、工业经济、信息经济、智能经济为标志的产业文明；按社会形态可以划分为以奴隶社会、封建社会、资本主义社会、社会主义社会为标志的社会文明；按人的形态可以划分为"在狭窄范围内和孤立的地点上发展着、以物的依赖性为基础的人的独立性、建立在个人全面发展基础上的自由个性的人的文明三大形态"[16]。如果我们将这些标准结合起来加以系统分析，可以发现，文明的演进呈现出现代化趋势，机器技术意味着开始了技术文明的现代化，工业经济意味着开始了产业文明的现代化，资本主义社会意味着开始了社会形态的现代化，以物的依赖性为基础的人的独立性意味着开始了人的文明的现代化。而在整个古代，文明形态从各个方面向现代化演进。

马克思恩格斯指出："生产关系总合起来就构成所谓社会关系，构成所谓社会，并且是构成一个处于一定历史发展阶段上的社会，具有独特的特征的社会。"[17] 在他们看来，文明作为"历史的产物"，所有制是其产生的社会基础，不同的生产力与所有制关系会形成不同的社会形态，不同的社会形态可对应某一文明形态。据此，笔者将以社会形态为主要划分标准，并综合考虑其他标准，在现代化进程的整体背景下，对人类文明形态的演进进行分析。

（一）奴隶社会的文明

奴隶社会的文明代表着人类文明形态的第一阶段。在奴隶社会这一最不发达的初始阶段，"分工已经比较发达。城乡之间的对立已经产生，后来，一些代表城市利益的国家同另一些代表乡村利益的国家之间的对立出现了。在城市内部存在着工业和海外贸易之间的对立。公民和奴隶之间的阶级关系已经充分发展"[18]。具体而言，它具有如下历史特征。其一，在生产方面，这一时期畜牧业和农业并行，农业得到进一步发展，生产工具逐渐由青铜器向铁器过渡，在农奴制确立之后，铁器在农业生产中得到广泛应用。商业在这一时期"处于从属地位"，"真正的商业民族只存在于古代世界的空隙中"[19]。其二，这一时期出现了土地私有制和抵押，出现了奴隶劳动，确立了奴隶制，"发生了社会分成剥削阶级和被剥削阶级的第一次大分裂"[20]。奴隶主处于主导地位，对奴隶进行奴役和剥削，也促成了社会内部奴隶与奴隶主之间的政治对抗。奴隶主为了维持其专制统治，建立奴隶制国家，成为政治上占统治地位的阶级。实现和巩固对奴隶的统治和剥削，便构成了这一时期社会政治文明的主要内容。其三，这一时期出现了农业、手工业、商业的分工，出现了新的阶级——商人。虽然这一时期农业、手工业和商业都不发达，但它们确实作为一种社会分工被确定了下来。"分工慢慢地侵入了这种生产过程。它破坏生产和占有的共同性，它使个人占有成为占优势的规则，从而产生了个人之间的交换——这是如何发生的……商品生产逐渐地成了占统治地位的形式。"[21]其四，鉴于畜牧业、农业、手工业的需要，发展出天文学、数学、力学三个研究部门。"首先是天文学——游牧民族和农业民族为了定季节，就已经绝对需要它。天文学只有借助于数学才能发展。因此数学也开始发展。——后来，在农业的某一阶段上和在某些地区（埃及的提水灌溉），特别是随着城市和大型建筑物的出现以及手工业的发展，有了力学。不久，力学又成为航海和战争的需要。——力学也需要数学的帮助，因而它又推动了数学的发展。"[22]随着脑力劳动和体力劳动的分工，哲学、艺术不断发展，形成了人类文明的精神成果，对于这些成果的实际享用，构成奴隶制文明阶段的重要精神生活内容[23]。

在奴隶制社会晚期，出现了封建农奴制的前身——隶农制。"田庄一个一个地分成了小块土地，分别租给缴纳一定款项的世袭佃农，或者租给分成制农民，这种分成制农民只能获得他们一年劳动生产品的六分之一，或者仅仅九分之一，他们与其说是佃农，毋宁说是田产看管人。但是这种小块土地主要是交给隶农，他们每年缴纳一定的款项，被束缚在土地上，并且可以跟那块土地一起出售；这种隶农虽不是奴隶，但也不是自由的……他们是中世纪农奴的前辈。"[24]

（二）封建社会的文明

继奴隶社会时期之后，人类进入封建社会时期。封建社会文明始于封建制度的确立，"封建时代的所有制的主要形式，一方面是土地所有制和束缚于土地所有制的农奴劳动，另一方面是拥有少量资本并支配着帮工劳动的自身劳动"[25]，因此，"代表封建时代的基本形态，是封建的农奴制和租佃制及农民和手工业的小私有制及雇佣少量帮工而以自身劳动为基础的小私有制"[26]。

这一时期的文明具有如下历史特征。其一，农业是封建社会文明的支柱产业，农业的发展促使封建社会所有制形成并巩固。"在封建的土地占有制下，领主至少在表面上是领地的君王。……占有者和土地之间还存在着比单纯实物财富的关系更为密切的关系的外观。地块随它的领主而个性化……土地仿佛是它的领主的无机的身体。"[27]封建贵族是封建土地的主要主人，作为土地劳作者的农奴则沦为封建土地的附庸，是被剥削的对象。但是，相对于奴隶制而言，封建时代的农奴获得了属于自己的土地生产资料和较多的生产自由，在农业生产领域具有进步性。其二，农奴的定向流动促使新型封建城市的建立以及行会的形成。在封建时代，农奴不仅是农业生产的主力军，而且是手工业生产的主力军。随着手工业的发展，手工业行会建立了起来，农奴向城市涌入，这不仅极大地推动了封建城市经济的发展，还促进了手工业的全面进步。但需要明确的是，这种繁荣的手工业，在性质上仍旧属于自给自足的小生产，具有保守性和封闭性，会在整体上限制社会分工的进一步发展，并最终束缚封建生产力的发展。其三，在封建农业和手工业自给自足的小生产的基础上，封建社会发展出特有的、等级森严的专制权力机构与政治关系。在封建统治下的人与各种社会组织，都成了王权专制的附庸。其四，在西方，"随着封建制度的发展，基督教成为一种同它相适应的、具有相应的封建等级制的宗教……中世纪把意识形态的其他一切形式——哲学、政治、法学，都合并到神学中，使它们成为神学中的科目"[28]，知识体系笼罩在神学之下，被"从文明的殿堂拽进黑暗的野蛮之谷"[29]。

马克思和恩格斯对封建制度进行了无情批判，指出："封建制度就其最广泛的意义来说，是精神的动物王国，是被分裂的人类世界，它和有区别的人类世界相反，因为后者的不平等现象不过是平等的色彩折射而已。在实行单纯的封建制度的国家即实行等级制度的国家里，人类简直是按抽屉来分类的，那里伟大圣者（即神圣的人类）的高贵的、彼此自由联系的肢体被割裂、隔绝和强行拆散。"[30]同时，他们也揭示出其历史命运，指出"封建制度也由于城市工业、商业、现代农业（甚至由于个别的发明，如火药和印刷机）而没落了"[31]，封建社会文明将会被资本主义现代化文明所代替。

三　资本主义现代化文明的建立

伴随着社会生产方式的变革、社会经济形态的转变，在社会基本矛盾运动的过程中，出现了以资本主义文明为初始代表、以社会主义文明为未来方向的文明阶段，也开启了人类现代化的新篇章，展现出人类文明发展的新内涵、新价值。"科技革命造就的生产力的快速发展、人与自然关系主动地位的增强，工业革命造就的城市化组织化标准化、契约规则的通行，制度革命造就的现代政治文明"[32]，自由平等、个人主义等资产阶级价值观念，成为冲破封建制度统治的思想重炮，资产阶级"把宗教虔诚、骑士热忱、小市民伤感这些情感的神圣发作，淹没在利己主义打算的冰水之中"[33]。所有这一切，都宣告着资本主义现代化文明的到来。"资本主义现代化文明是建立在资本规律基础上的文明，是资本的运动、资本的理论、资本的逻辑为资产阶级建立了一个新世界、新社会、新文明。"[34]资本的逻辑是实现资本无止境增殖的逻辑，资本主义现代化文明就是资本逻辑为资本主义建立了一个新社会。

（一）资本主义文明全球化

资本主义原始积累的过程推动了资本主义文明的全球化，包括资本主义生产方式和生产关系的全球化、资本主义政治文明的全球化、资本主义思想文化的全球化。"一句话，它按照自己的面貌为自己创造出一个世界。"[35]资本追求剩余价值的目标促使资产阶级不断更新自己的生产工具和生产组织管理，以提高劳动生产率，获取更多的剩余价值。资本的原始积累处在劳动者和生产资料分离的过程中，并建立在农村与城市对立的基础上。资本通过圈地运动侵占农民土地和教会土地，把没有任何生产资料只能靠出卖劳动力生存的自由劳动力，从他们生产的土地上赶到城市的工厂里。资本主义商品经济用更高的生产力打败了家庭私有制和封建经济，确立了自己的统治地位。不仅如此，资产阶级还把目光放至整个世界。由资本扩张需要所建立的世界市场——在这里，一切国家的生产和消费都成为世界性的，"资产阶级，由于一切生产工具的迅速改进，由于交通的极其便利，把一切民族甚至最野蛮的民族都卷到文明中来了……它迫使一切民族——如果它们不想灭亡的话——采用资产阶级的生产方式；它迫使它们在自己那里推行所谓的文明，即变成资产者"[36]。

与经济发展相适应的是政治上的进步。封建所有制已经不再适应生产力发展的需要，"起而代之的是自由竞争以及与自由竞争相适应的社会制度和政治制度、资产阶级的经济统治和政治统治"[37]。资产阶级利用国家政权和残酷法律把无产阶级和资产阶级的斗争限制在对自己有利的范围内。资本主义的政治统治维护了资本主义经济的合理性和合法性。在思想上，资本主义生产和交换所要求的自由的交易环境、等价交换的原则、广大的市场需要和原材料产地，把自由的观念、平等的观念、人的需求解放的观念传播到世界各地，推动了资本主义思想文化的全球化。

（二）组织企业化

"资本生产追求剩余价值的驱动，催生出固定资本与劳动力紧密结合的企业组织，分工与协作的密切配合，时间与空间的充分利用，管理与制度的精密设计，发展出以现代企业为模本的组织文明，机器成为组织的内在机制，组织成为机器的社会形态。"[38]资本主义企业是一个社会化的生产组织和管理组织，通过物质资料的生产和交换实现对剩余价值的占有。"劳动的组织和划分视其所拥有的工具而各有不同。"[39]资本主义追求剩余价值的目标和生产高效率的特性推动科学技术应用于生产过程，推动了生产组织形式和管理方式的变革。在资本主义萌芽时期，以家庭为单位的生产组织在内部实行简单的分工与协作；随着地理大发现，世界市场极大地增加了对商品的需要，生产的空间突破了家庭单位，生产资料和劳动者集中在更大的空间中，在固定的时间里进行生产劳动。以分工和协作为基础的工场手工业成为资本主义生产的特殊形式，这一方面提升了组织和管理的效能，另一方面，手工工场中的劳动者受到严格的时间、空间限制和管理，劳动者自身所具有的特殊性和创造性被淹没在单一、乏味的商品生产环节中。18世纪西欧各主要资本主义国家开始产业革命，机器大工业取代工场手工业，资本主义生产方式建立起自己生产的物质技术基础，在大机器生产的条件下，"科学、巨大的自然力、社会的群众性劳动都体现在机器体系中，并同机器体系一道构成'主人'的权力"[40]。由此，资本主义经济战胜了封建经济和小商品经济，确立了自身的统治地位，劳动分工深化，生产走向社会化。19世纪末20世纪初，在自由竞争的演化过程中，自由资本主义向垄断资本主义过渡，资产阶级为了在竞争中取胜，不断革新生产技术、变革生产组织管理方式，生产规模扩大、竞争加剧，产生了大规模的垄断企业。垄断组织通过跨国公司向海外扩张，形成国际垄断组织。随着经营权与管理权分立，职业经理人和企业法人产生，科学完善的管理制度使企业走向成熟，形成了资本主义特有的生产组织形式。

（三）创新的文明

为了不断获取利润，完成资本增殖和扩张，资本所有者会通过各种手段来提高生产效率。他们会发现新原料、生产新产品、开辟新市场、建立新组织、构建新管理。在这一过程中，整个资本主义社会处于快速变化中，生产力不断变革、生产效率不断提高、创新不断涌现，形成了创新的文明。

马克思恩格斯在《共产党宣言》中说："资产阶级除非对生产工具，从而对生产关系，从而对全部社会关系不断地进行革命，否则就不能生存下去。反之，原封不动地保持旧的生产方式，却是过去的一切工业阶级生存的首要条件。"[41]资本主义必须通过不断创新来与这个世界相适应。一方面，为了实现资本的积累与积聚、为了在激烈的竞争中不被打败，资产阶级只有不断革新自己的生产工具和生产技术，从而变革自己的管理方式和组织方式，才能保持先进的生产力。在资本主义发展的历程中，在生产组织模式的演进上经历了以家庭为单位的简单分工与协作、工场手工业生产、以机器大工业为基础的社会生产。随着劳动的组织形式和技术手段的更新与变革，效率不断提高。另一方面，随着资本主义基本矛盾的激化，周期性的经济危机严重打击着资本主义的稳定运行，为了使资本主义社会不至于在一次次的经济危机中被摧毁，资本主义必须通过创新来开拓新的领域、提供新的产品、形成新的市场；调整其所有制形式以缓解生产社会化和生产资料私人占有之间的矛盾，把资本主义生产力和生产关系的矛盾缓和在容许的范围内；将科学与技术应用于生产过程中。

"现代资产阶级本身是一个长期发展过程的产物，是生产方式和交换方式的一系列变革的产物。"[42]生产不断变革、社会关系震荡不断，恒久的不安定和变动的环境促成了资本主义不断革新、不断超越的精神。资本主义高度市场化的经济形态把一切事物都投入激烈的竞争中去实现自身价值，以满足资产阶级追求利润最大化和资本增殖的需要，这从根本上决定了资本主义在生产力和生产关系、经济基础和上层建筑上的革命性和创新性，决定了资本主义文明是创新的文明。

（四）交往普遍化

资本雇佣劳动力的需要扩大了人的交往范围，以往人们局限于狭小、孤立地域的状态被打破，人的流动性增强，"淡化了人的血缘、村落之间的联系，而强化了机遇交换和契约的交往关系，产生了新的交往文明"[43]。

在资本原始积累初期，生产力的发展大大超过了维持劳动力生产所需的状态，剩余产品转化为资本，为了扩大生产规模，资本对劳动力的需求极大增加。随着三次分工的完成，资本主义生产关系在城市和农村对立的基础上建立起来，劳动力的需要打破了交往的狭小范围，造成人口的流动和交往的扩大。随着新航线的开辟与资本主义国家在海外进行殖民掠夺和奴隶贸易，交往随着资本主义生产方式从一个地区或民族国家扩展到世界各地，并在经济、政治、文化全球化的过程中进一步固化。

一方面，交往促进了资本主义经济、政治、文化的全球扩张；另一方面，商业和商人作为中介取代了生产者和消费者的直接联系，交往打破了原有狭小范围内的社会关系与社会规则。"过去那种地方的和民族的自给自足和闭关自守状态，被各民族的各方面的互相往来和各方面的互相依赖所代替了。"[44]代之以全球化的普遍市场原则和交往规则，以适应商品等价交换原则的需要。普遍的交往打破了人与人之间的地理限制，人们之间的关系从之前受到地域性、社会性的约束，转变为普遍的契约和规则的形式。交往的普遍化把一切事物都简便化、高效化，加速了财富积累的速度和资本主义全球化的进程，和生产力一起成为社会历史发展的动力。除此之外，交往的普遍化使社会关系普遍化，而社会关系普遍化的背后则是人的普遍化。

（五）人的普遍性

随着生产的社会性发展，社会关系普遍化，形成了"普遍的社会物质变换，全面的关系，多方面的需求以及全面的能力的体系"[45]，形成了新型的人的文明。

"人的本质不是单个人所固有的抽象物，在其现实性上，它是一切社会关系的总和。"[46]生产的普遍性促成了人的普遍的全面的关系，资本的社会化过程也是人的普遍化过程。资本主义生产方式伴随着全球化进程扩展到社会各个领域，资产阶级为了扩大生产规模，追求更多的剩余价值，使分散在世界各地的劳动力和生产资料都集中在大工厂中。同时，资产阶级开拓了世界市场，大多数国家的生产和消费都变成世界性的。"资产阶级日甚一日地消灭生产资料、财产和人口的分散状态。它使人口密集起来，使生产资料集中起来，使财产聚集在少数人的手里。"[47]资本的社会化把人的生活和生存的需要都纳入市场中，打破了以往人的独立、单个的状态，把人的社会关系从狭窄的领域中释放出来，形成一个紧密联系的社会关系体系。

同时，资本主义的发展创造了丰富的物质财富和精神财富，极大地丰富了人的需求，开发了人的能力，创造了高度文明的人。在资本主义文明模式下，生产的物品的种类越来越多、层次越来越高，从而鼓励全部社会成员不断地发现、创造和满足人的更多的需要。资本主义社会把人当作尽可能丰富和普遍联系的人生产出来。"全部社会生活在本质上是实践的"[48]，人的普遍化的过程也是一个从量变到质变的过程，实践是这个过程的中介，发挥了决定性作用。从量上来看，人通过实践作用于社会、自然界，创造了丰富且庞大的联系。从质上来看，新的联系改变了原有的人的存在状态。一方面，在人与人、人与社会的关系上，生产、交往、需求和能力的极大扩展创造了具有新的丰富属性的文明人；另一方面，在人与自然的关系上，"人的普遍性正是表现为这样的普遍性，它把整个自然界——首先作为人的直接的生活资料，其次作为人的生命活动的对象（材料）和工具——变成人的无机的身体"[49]。人与人、人与社会和人与自然的关系的变革创造了资本主义时代特有的新型的人的文明。

四　社会主义现代化文明的超越

"以社会制度为标志区分现代化文明，存在着两种文明形态，一种是资本主义现代化文明，一种是社会主义现代化文明。一切文明形态在历史上都有产生和存在的合理性，但都不会是万古不变的，都会被更高形态的文明所扬弃。"[50] 资本主义现代化文明建立在资本逻辑之上，资本自身的弊端和缺陷成为其自身发展的限制因素。伴随着资本的扩张，物质满足得到充分实现，但随之而来的还有"单向度的"社会、贫乏的精神世界、日益凸显的生态危机……建立社会主义社会、建设社会主义现代化文明成为必然要求。

（一）资本主义现代化文明的成果和弊端

在资本主义现代化文明中，科学技术成为推动整个社会生产力发展、社会历史进步和文明前进的革命性力量，交往的普遍化、人的普遍化、创新的文明创造出一个物质财富和精神财富高度发达的资本主义社会。然而，"由于文明时代的基础是一个阶级对另一个阶级的剥削，所以它的全部发展都是在经常的矛盾中进行的。生产的每一进步，同时也就是被压迫阶级即大多数人的生活状况的一个退步。对一些人是好事，对另一些人必然是坏事，一个阶级的任何新的解放，必然是对另一个阶级的新的压迫"[51]。资本主义的原始积累建立在城市对农村的剥夺的基础上，建立在资产阶级对无产阶级和农民的剥削上，资本主义的剥削取代了封建主义的剥削。在资本主义生产方式中，"生产剩余价值或赚钱，是这个生产方式的绝对规律"[52]。劳动者在机器大工业中成为机器的附庸，成为生产流水线上的一个零部件，劳动者生产越多，他自身得到越少，资本主义经济越发达，无产阶级受到的剥削就越严重。无产阶级不但在经济条件上受制于资产阶级，还受到资产阶级国家政权和残酷法律的压迫。资产阶级一方面掌握所有的权力，另一方面把一切责任都推给无产阶级，他们把自己的利益同整个社会的利益等同起来，用虚伪的政治、文化来维护自己的既得利益，对国内人民进行残酷的压迫，在海外进行殖民掠夺。"鄙俗的贪欲是文明时代从它存在的第一日起直至今日的起推动作用的灵魂；财富，财富，第三还是财富——不是社会的财富，而是这个微不足道的单个的个人的财富，这就是文明时代唯一的、具有决定意义的目的。"[53]从封建社会的灭亡中走出来的资产阶级并没有消灭阶级对立，而是使阶级对立简单化为无产阶级和资产阶级的对立，而且使这一对立普遍化了。资产阶级在创造自己的工业基础的同时，也创造了自己的掘墓人，即无产阶级。与此同时，在生产资料和劳动者分离、商品生产者和商品消费者分离的背景下，"生产者丧失了对自己生活领域内全部生产的支配权，这种支配权商人也没有得到。产品和生产都任凭偶然性来摆布了"[54]。这样，个别部门生产的有序性和整个社会生产的无政府状态，生产不断扩大和劳动者可支付需求的不断萎缩，造成了资本主义生产的痼疾——周期性的经济危机。

由此可见，资本主义现代化文明实际上只是资产阶级的文明，资产阶级文明的繁荣与发展建立在被削削阶级的悲惨牺牲上，这样的文明不是"真正的"文明，必须用真正的文明去取代，也就是必须用社会主义文明取代资本主义文明。"以个人自己劳动为基础的分散的私有制转化为资本主义私有制，同事实上已经以社会的生产经营为基础的资本主义所有制转化为社会所有制比较起来，自然是一个长久得多、艰苦得多、困难得多的过程。前者是少数掠夺者剥夺人民群众，后者是人民群众剥夺少数掠夺者。"[55]

（二）高于和超越资本主义现代化文明的社会主义现代化文明

"社会主义现代化文明是在资本主义创造现代化文明的基础上，

在对其进行汲取、批判和改造的过程中，在社会主义国家的建设和探索中，特别是在中国共产党人的不懈追求中，逐渐形成、展现、发展、完善的。"[56]

第一，社会主义现代化文明是创造经济新关系和社会新关系的文明。社会主义建立的经济关系和社会关系，"超越了资本主义生产无序状态和危机循环，不仅在人与自然关系的主动地位上使人类从动物界提升出来，而且在人类建立的经济关系和社会关系的自觉地位上从动物界提升出来，人类不再受自己创立的经济关系和社会关系的奴役，而是成为自己的经济关系和社会关系的主人"[57]。资本主义经济关系是建立在资本主义生产资料私有制基础上的雇佣劳动关系，以实现剩余价值作为生产目的，追求生产规模的扩大和资本的无限增殖，以交换和货币关系作为自己存在的必要条件。资本主义生产关系是人们之间的利益关系，经济关系中的主体是"理性经济人"，资本家作为资本的人格化在经济运行中处于支配地位，以效用最大化作为指导生产的原则。在资本主义经济关系下，人与人之间的社会关系变成了冰冷的金钱关系。以中国为代表的社会主义国家，在经济关系上，在社会主义发展的初级阶段实行社会主义市场经济体制，坚持以公有制为主体、多种所有制经济共同发展，坚持以按劳分配为主体、多种分配方式并存。社会主义国家在充分利用市场经济高效与灵活特性的同时，将资本扩张的无序性和盲目性控制在计划调控的范围内，发挥了市场调节和计划的双重优势，有效规避了周期性经济危机的爆发。在社会关系上，努力构建"真正的共同体"，这是人的本质的实现、人的真正自由的实现。社会主义社会中的人在经济关系和社会关系中跳出了资本逻辑的控制，能够站在更高的维度反思自己所创造的经济关系和社会关系，懂得如何看待人自身，懂得能动地建立人与外部世界的关系以及人与人的社会关系。在这个意义上，社会主义现代化文明超越了资本主义现代化文明。

第二，社会主义现代化文明是创造生产和劳动新价值的新文明。人的生存和发展离不开实践，尤其是劳动实践。通过劳动，人不仅获得自身生存发展的物质需要，还获得了人之为人的价值满足。但是，这种实践必须控制在合理的范围内。在资本主义现代化文明中，人们认识世界和改造世界的实践能力随着科学技术的发展得到了极大提升。随着工业革命的完成，人类生产实践的程度逐渐超出自然和人的承受限度，自然仅仅成为获得经济财富的原料地与排污池，而人则在物质享受与压抑劳动的割裂中、在劳动与价值满足的分离中，逐渐迷失价值追求而变得单一和贫乏。而社会主义文明将人的实践控制在合理的范围内，将"物的尺度"和"人的尺度"统一起来。"所谓物的尺度，是指人类实践必须遵循客观世界自然物的属性、本质和运动规律所设定的尺度。所谓人的尺度，是指人类实践还必须遵循由人的需要和人的'本质力量的性质'所设定的尺度，即人根据自己的要求、愿望和需要去改造自然物，使之适合于人类的发展。"[58] 社会主义的生产和劳动，一方面尊重自然的客观规律，把生产实践控制在自然条件的范围内；另一方面，生产劳动要符合人的需要，按照人的要求和愿望去改造自然界。在物的尺度与人的尺度统一下的生产劳动，不是为了实现资本增殖的被动的、奴役的劳动，而是实现人的发展的、人的自由的、符合本质规律的劳动，是人的解放的劳动。人的实践活动不是为了个人的、眼前的利益，而是为了整体的、长远的利益，生产和生活的选择按照最有利于人类共同体的方式进行，按照美的规律进行。

第三，社会主义现代化文明是经济规律和人的规律相统一的新文明。资本主义的生产以追求剩余价值最大化为目标，不断改造自己的生产工具、生产组织方式和管理方式，从工场手工业生产过渡到机器大工业生产。资本主义生产的财富越来越多，工人阶级受到的压迫越来越严重。一方面，劳动者的创造性和独特性被淹没在高度精确的分工和协作中，成为工厂流水线上机器的附庸，人的特殊性被抹杀了。另一方面，劳动者被限制在狭小的生产空间内，严格按照生产时间进行劳动。劳动者在精神上和肉体上遭受着双重折磨，"工人降低为商品，而且降低为最贱的商品；工人的贫困同他的生产的影响和规模成反比"[59]。"劳动所生产的对象，即劳动的产品，作为一种异己的存在物，作为不依赖于生产者的力量，同劳动相对立。"[60]劳动者同自己的劳动相异化，劳动产品异化，社会关系异化，自己的类本质异化。在资本主义的经济规律下，劳动者成为生产的奴隶。而在社会主义生产方式中，生产的根本目的是满足人民的美好生活需要，它"既要遵循经济规律，消耗最小的力量，更要无愧于和适合于人类本性，不以退化为物和工具为代价，消除经济规律和人的规律的对立"[61]。资本主义生产追求交换价值的实现，社会主义生产追求使用价值的实现；资本主义社会中的劳动是财富的源泉，资本家通过剥削工人的剩余劳动实现剩余价值增殖，社会主义社会中劳动不但是创造财富的源泉，还是人实现自身价值的方式；在资本主义机器大工业生产中的劳动是对劳动者的折磨，在社会主义社会中劳动是实现人自由而全面发展的途径；资本主义经济规律追求剩余价值最大化和资本的无限积累，而社会主义的生产发展不仅追求经济效益，而且追求人的价值关怀，社会主义现代化文明是经济规律和人的规律相统一的文明。

　　第四，社会主义现代化文明是创造人与自然、人与人、人与社会新关系的新文明。资本主义的自然观受到近代自然科学和机械唯物主义哲学观的影响，形成了主客二元论下的机械自然观。在资本主义看来，自然界是客观的、外在的、静止的存在物。人与自然的关系是孤立的、单向度的。在资本主义生产扩张性的推动下，"征服自然"的口号取代了"敬畏自然"的传统，在经济理性和消费主义的主导下，自然界在资本主义生产方式下成为生产资料与资源汲取地和污染废物排放地。为了扩大生产，资本家开垦森林、破坏荒地、开发矿产、捕杀野生动物、肆意改造自然，这一切都极大地破坏了自然生态系统的稳定循环。当人们还沉浸在战胜自然的喜悦中时，恩格斯在《自然辩证法》中提醒人们"对于每一次这样的胜利，自然界都对我们进行报复"[62]。事实上的确如此，资本主义生产方式无节制消耗自然和破坏自然的行为造成了全球性生态危机，人与自然的关系成为尖锐的对立关系，生态环境恶化已经威胁到人类的生存。资本主义控制自然的背后是人对人的控制，自然的反抗在一定意义上也是被压迫阶级的反抗，因此，自然的解放和人的解放是同一个过程。社会主义文明超越资本主义文明之处，在于社会主义从一开始就认识到人与自然是生命共同体，倡导人与自然和谐共生的发展理念。自然界是人类无机的身体，人的生存与生产离不开自然界，人靠自然界生活，人类必须与自然界进行不断的物质变换，同自然界相联系。劳动实践是人与自然相互联系的中介，"劳动首先是人和自然之间的过程，是人以自身的活动来中介、调整和控制人和自然之间的物质变换的过程"[63]，劳动是人类认识自然和改造自然的强大动力。人与自然相互作用的过程也是自然人化和人化自然的过程，人类通过劳动实践为自然打上人类的印记，自然影响着人们的生活方式和生产方式。为了实现人与自然和谐共生，需要"社会化的人，联合起来的生产者，将合理地调节他们和自然之间的物质变换，把它置于他们的共同控制之下，而不让它作为一种盲目的力量来统治自己；靠消耗最小的力量，在最无愧于和最适合于他们的人类本性的条件下来进行这种物质变换"[64]。社会主义现代化文明主张人与自然和谐共生的现代化，倡导"绿水青山就是金山银山"的发展理念，主张实现环境正义，推动环境资源的代际公平与代内公平，为人民群众提供最普惠的民生福祉。因此，在社会主义条件下，人与自然、人与人、人与社会内在联结为共同体——人的需要、社会的发展不再凌驾于自然之上，不再以破坏自然为代价，人与自然成为和谐的"生命共同体"；人与人之间的关系，不再因资源的垄断、匮乏和分配不均如同"一切人反对一切人的战争"，而是和谐友爱的真正共同体；人与社会的关系不再是被压迫被奴役的关系，而是在社会中居主导地位的公平正义[65]。社会主义现代化文明不但宣扬了生态环境保护，而且呈现了人本主义的关怀，是人与人、人与自然之间真正的和解。

（执笔：晋晓晓、叶丹凤）

第二章　人类文明形态的结构体系

文明是人类实践的产物，是衡量社会进步程度的重要标志，以社会生产的积极成果彰显着社会的发展演进。文明形态是文明的外在表现形式。汤因比认为："文明乃是整体，它们的局部彼此相依为命，而且都互相发生牵制作用……这是处于生长过程中的文明的特点之一，它们的社会生活的一切方面和一切活动都彼此调和成为一个社会整体，在这个整体里，经济的、政治的和文化的因素都保持着一种非常美好的平衡关系。"[1]人类文明形态的结构体系是历时性的，根据不同的划分标准，可将文明形态划分为多种类型，多样的文明形态类型折射了文明外在表现形式的丰富性与多样性。马克思恩格斯在对文明形态的理论阐释中，使用了时间、地域、产业、民族、国家、历史形态等多种依据，从不同的文明形态对人类文明进行了论述，对文明形态的划分是其中的一个主要内容。本章依据马克思主义的社会文明发展理论，主要从五维结构划分、制度形态划分、技术形态划分和产业形态划分四个层面对人类文明形态的结构体系进行阐述。同时，人类文明形态的结构体系是共时性的。尽管不同国家、民族因自然环境和文化传统的差异，其共时性的文明形态会呈现出不同的文明特征，但对其内部构成要素及内在逻辑关系进行横向解剖，可以考察不同文明历史形态的主要特质、社会性质与主要内容，从而形成对人类文明形态系统的理论认识。

一 人类文明形态五维结构划分及其内在逻辑

人类文明形态五维结构可看作人类文明的一般形态，即物质文明、精神文明、政治文明、社会文明和生态文明，这是按照现有的文明语境对文明形态的解构。从马克思主义经典文献来看，虽然马克思恩格斯没有对"五个文明"全部有明确的阐释，但我们能从他们对每一个文明形态直接或间接的分析和论述中，得出对包括五个文明在内的文明形态整体结构轮廓的认知。人类文明的一般形态由人类生活一般表现的客观存在决定。马克思认为："物质生活的生产方式制约着整个社会生活、政治生活和精神生活的过程。"[2] 在此，马克思所说的物质生活、社会生活、政治生活和精神生活，就是人类生活的一般表现。可以根据马克思所区分的四种人类生活，进而推衍出四种人类文明形态。虽然生态文明在 20 世纪 80 年代才被广泛关注，但马克思恩格斯在《1844 年经济学哲学手稿》《自然辩证法》等著作中已经对人与自然的关系进行了比较系统的论述。

（一）物质文明的基本结构及要素分析

就"物质文明"概念而言，马克思恩格斯并没有直接使用过该术语，但他们在许多著作中所使用过的一些其他概念和论断，明确地表达了这一概念的内涵。在《1857—1858 年经济学手稿》《1861—1863 年经济学手稿》等文献中，马克思便表达了物质文明如生产力、机器工业、科学技术、商业贸易等对社会结构、社会制度的影响。从对相关经典文献的梳理中可以看出，马克思恩格斯关于"物质文明"有以下几种话语表达方式：其一，以"物质生产""物质交往""物质生活"等术语代表物质文明；其二，以"物质产品""物质财富""生产力"等来指称"物质文明"成果；其三，用"文明"直接代替"物质文明"，二者基本可以互用。关于物质文明的定义，马克思在《1857—1858年经济学手稿》中给予了解释："文明的一切进步，或者换句话说，社会生产力（也可以说劳动本身的生产力）的任何增长，——例如科学、发明、劳动的分工和结合、交通工具的改善、世界市场的开辟、机器等等"[3]。

在马克思恩格斯看来，物质文明必须是人化的实践的产物，即"人化自然"的产物。因此，就物质文明的构成要素而言，就必然包含自然环境因素、人口因素和物质生产方式。自然地理环境是人类社会生存和发展永恒的必要的条件，是人们生活和生产的自然基础。自然地理环境虽然不直接构成物质文明的质料本身，但在一定程度上影响、制约着物质文明的性质与变化（尤其是在生产力水平低下的情况下表现更为突出），参与物质文明的生成与发展过程。人是社会历史的逻辑起点，是从事物质生产活动和其他一切社会活动的主体，是一切社会关系的承担者，没有人就没有社会。人口因素对物质文明的发展起着制约和影响作用，尤其是在现代社会，人口的职业构成、受教育程度和技术熟练程度等，对物质文明有着重要的影响。物质生产方式，即马克思所说的"物质生活的生产方式"，是生产力和生产关系的统一，是社会历史发展的决定力量，在物质文明的形成和发展中起着决定作用。马克思恩格斯将其中的生产力称为物质文明的核心构成要素，将"已经获得的生产力"称为"文明的果实"[4]，将"文明的一切进步"等同于"社会生产力（也可以说劳动本身的生产力）的任何增长"[5]。随着社会的发展，科学技术在生产力中发挥了越来越重要的作用。

（二）精神文明的基本结构及要素分析

和物质文明一样，马克思恩格斯也没有直接提出"精神文明"概念，但在《共产党宣言》《资本论》等著作中，他们已经开始在不同语境下使用"精神生产""精神交往""精神活动""精神生活""精神条件""精神文化""精神产品"等词语，尤其是在《共产党宣言》中所提出的"精神产品"一词，已经非常接近现在话语体系中的"精神文明"概念。

精神文明是从文明的文化维度进行分析的。人类社会的独特性和重要性表现在不仅通过对自然界的认识和改造，创造了巨大的物质成果，形成了物质文明，更在于人类个体所具有的强大的内在精神世界，以及构建在个体精神基础之上的群体精神世界，进而形成了精神文明。就精神文明的基本结构而言，马克思主义认为具有道德和物质生产内外双重基础。道德是精神文明存在的内在基础，"道德败坏企图摧毁对人的最高使命的信仰，同时也摧毁真正文明的基础"[6]，因此，道德也就构成精神文明的重要因素。道德是一定生产方式的产物，是对经济基础比较直观的反映。道德具有时代性和继承性，虽然时代不同、民族国家不同，道德也就有多种表达方式，但道德在一定时空内对人类个体和群体行为起到规范和制约作用。物质生产是精神文明形成和发展的外在基础。"人们首先必须吃、喝、住、穿，然后才能从事政治、科学、艺术、宗教等等。"[7]因此，物质文明构成要素中的某些成分也能成为精神文明的构成要素。比如,随着人类对"自然"开发力度的加强,自然界的"审美"价值在精神文明成果中的作用越来越大。

(三)政治文明的基本结构及要素分析

政治文明指人类社会自产生国家以来,以民主为主旨,包含自由、平等、正义、法治等思想、制度和行为的形成及其不断发展而呈现出的进步程度[8]。马克思在《关于现代国家的著作的计划草稿》中直接提出了"政治文明"概念,并在《德意志意识形态》《共产党宣言》等著作中阐明了政治文明的主张,提出了要建立无产阶级国家政权,形成了相对系统的政治文明思想。

政治文明是在政治生活中为了保证公共生活规则的效力,从而满足整合人类公共生活内部秩序的需要而产生的,亦即为了维系人类的公共生活的需要。就政治文明的结构来看,有政治理念文明、政治行为文明、政治手段文明、政治体制文明等,可以从政治主体文明、政治意识文明、政治制度文明、政治行为文明等维度来进行分析。政治文明本质上是一种回归主体性的文明,它强调每一个公民都拥有参与管理国家事务的权利,只是在不同的制度形态下,政治文明主体的外延会有所差别。就政治意识文明而言,其在政治文明结构中处于灵魂位置。政治意识文明即"法律的、政治的、宗教的、艺术的或哲学的,简言之,意识形态的形式"[9],"政治信念是国家的主观实体"[10]。政治意识文明的基本内容有国家根本政治指导思想和政治理论、社会政治思潮和公民的政治观念等[11]。在政治意识文明范围内,由于法律与政治联系得相当紧密,政治法律文明可以看作政治文明的一种具体形态,成为政治意识文明的核心,居于主导地位,对政治意识起导向和规范作用。政治制度文明指一定社会形态中的进步的政治法律制度和设施，政治制度文明是政治文明的核心，对政治意识文明和政治行为文明起支配作用。其基本内容有：由国家根本政治制度构成的制度体系和以宪法为核心的法律体系，以及国家建设的大政方针政策，如国家经济建设方针政策、政治建设方针政策、文化建设方针政策、社会建设方针政策、生态建设方针政策及配套的制度等。政治行为文明是指在一定的进步的政治意识的指导下的个人或集团所进行的推动政治向前发展的政治活动，包括政治斗争、政治管理、政治统治和政治参与等[12]。其基本内容有：公民个人与政治团体的政治心理、情绪，公民个人与政治团体的政治参与活动，社会革命时期公民和政治团体的政治革命活动[13]。

（四）社会文明的基本结构及要素分析

社会文明有广义与狭义之分。广义的社会文明指包含物质文明、精神文明、政治文明、社会文明、生态文明在内的整体文明。在此，我们探讨的是狭义的社会文明，是专指社会领域的文明，即社会主体在社会领域内构建健康良好的社会关系、形成健康运行的社会机制、塑造自身健康发展的社会个人过程中形成的文明成果。社会文明的构成要素包括社会主体文明、社会关系文明和社会生活文明三个层面。社会文明的主体是人，因此，社会文明其实就是人的文明。正如恩格斯所说，"文明是实践的事情，是社会的素质"[14]，而社会的素质实际上是人的素质。实现人的全面而自由的发展是人类文明的崇高目标，是社会文明最理想的形态。只有促进人的自由全面发展，才能真正构建社会主体文明，才能真正实现人与自然、人与人、人与社会的和谐发展，即构建社会关系文明和社会生活文明，使每个人共享幸福美好生活。社会文明理想状态的实现，需要以下三个条件：第一，成功的无产阶级革命是实现人的自由全面发展的政治前提和政治保障。只有通过无产阶级革命，使广大劳动人民即人口的绝大多数真正成为国家的主人，才能最大限度地实现人的全面发展。第二，高度发达的生产力是社会文明的物质基础。高度发达的物质文明是社会文明的前提和条件，只有生产力提高了，人们的社会关系才会得以更大协调，人们的幸福美好生活才会获得坚实的物质保障。第三，核心价值观的形成是社会文明实现的精神手段。构建社会的基本道德和伦理基础，在核心价值观的价值导向下，使个体行为的不同特质在社会整体文化氛围熏染下，确立社会整体的行动目标和行为指南。

（五）生态文明的基本结构及要素分析

生态文明建立在人们对传统工业文明反思的基础之上，不仅包括人与自然的关系，而且包括人与人、人与社会的关系，是在建立"人-自然-社会"和谐共生、协调发展关系过程中取得的物质、制度和精神成果的总和。生态文明的构成要素包括：第一，自然价值的存在。基于自然对人类的先在性和人类对自然的依赖性，自然不仅具有为人类提供物质资料的工具价值，而且具有维护人类生态系统生生不息的内在价值。"环境伦理之父"罗尔斯顿曾从人对自然的依赖角度出发，概括了自然的十种价值：经济价值、生命支撑价值、消遣价值、科学价值、审美价值、生命价值、多样性与统一性的价值、稳定性与自发性的价值、宗教价值、辩证的价值[15]。第二，尊重自然规律，对人与自然关系进行科学把握。人与自然的关系是一个古老而常新的话题，二者不仅在静态上同质同构，统一于物质，其唯一特性是客观实在性，而且在动态上相互生成、彼此共生并相互耦合，人类史依赖于自然史并丰富了自然史。因此，要对人与自然的关系进行审视，人与自然关系处理是否得当，不仅关系到人类生存的生态系统能否可持续发展，而且关系到人的生态需要的满足程度进而影响人的全面发展，间接地影响人与人、人与社会关系的可持续性。第三，促进自然生产力转化为社会生产力。马克思直接提出了"自然力"[16]这一概念，自然生产力即自然力在社会生产中的应用。其构成要素包括：其一，生活资料的自然生产力，如"土地的自然力"，即因为土地自身差异而形成的生产力差异；其二，劳动资料的自然生产力，即将自然力应用到社会生产中，如利用风能、水能发电，充分利用科学技术，增强自然力转化为社会生产力的能力，不断提高人们的生活水平。

二 人类文明的制度形态及其内在逻辑

从人类文明的制度维度来看，人类能够充分发挥主观能动性，在改造自然界和人类社会的实践过程中，形成复杂的社会组织和社会结构，并构建出有效的组织制度。制度对人类文明的进展非常重要，没有制度的发展和支撑，人类就缺乏复杂的合作基础，人类文明就很难从低级向高级发展。恩格斯在《家庭、私有制和国家的起源》中提出了"五种社会形态说"，即原始氏族社会、古代奴隶制社会、中世纪农奴制社会、近代雇佣劳动制（资本主义）社会、未来的共产主义社会。这是人类文明形态制度划分的原型，而后逐步演变为原始社会、奴隶社会、封建社会、资本主义社会和社会主义社会这五种社会形态。对一种文明形态进行制度评价是一件非常复杂的事情，但核心评价标准依然可以分为内外两个层面。对外而言，主要体现在代表生产力水平的生产工具以及科学技术水平的高低；对内而言，则主要体现在制度本身的善恶以及人民在制度下的生存状况如何。

（一）原始文明的基本结构及要素分析

原始文明是人类文明的第一阶段，主要指的是在原始社会所创造的物质成果和精神成果的总和，是一种带有淳朴自然本色的文明。原始文明是一种原初的朴素的尚未与自然彻底分开的文明形态，人类对自然的依赖性很强，在很大程度上依附于自然而生存。在这一文明阶段，虽然人类已经逐渐从自然界分离出来，但在很大程度上仍然受到自然规律的绝对支配。

从原始文明的基本结构来看，人类在群居的社会关系中，通过有效的制度形态形成了社会内部成员结构的相对合理分工和相对结构优化，比如在分工上根据性别不同和体力差异进行，在所有制上是物质极度匮乏的生产资料公有制，在分配制度上基本上平均分配，并在原始氏族内部就开始形成对儿童和长者的优抚等。从人与自然的关系来看，此时处于一种原初的天人合一状态。人类仍然在很大程度上作为自在自然的组成部分，人类的全部活动都是围绕自然界来满足自身生存需要，人类的生产、生活方式建立在此基础之上。人完全臣服于自然，对自然充满敬畏，形成了早期的图腾崇拜。从人与人、人与社会的关系来看，此时人类生活在石器时代，必须依赖集体的力量才能生存，物质生产活动主要靠简单的采集渔猎。人与人之间是集体合作的关系，人们的集体智慧得以发挥，发明了石器、火等重要工具，成为原始文明的标志性代表。此时，虽然人们生活条件艰苦，完全是靠天吃饭，并且匮乏的物质常常带来的是食不果腹，还处于茹毛饮血、刀耕火种的时代，但是此时的人类行为似乎不能简单地从善恶角度评价，人们生活在生产力水平极其低下但没有剥削、没有压迫的集体之中。

就原始文明的构成要素来看，在当时的历史条件下，自然环境因素、生产工具因素、人与人之间的合作因素等显得尤为重要。就自然环境因素而言，人刚刚从自然界中解放出来，和自然浑然成一体，人完全依附于自然，自然环境的好坏、自然条件的优劣直接关系到人类的生存状况，成为人类种族延续的重要乃至唯一条件。就生产工具而言，人们以极其简单的生产方式靠天生存，与自然界保持着"合一"状态。此时，人类处于石器时代，人类的生产工具几乎完全取自自然界，是自然的成品或者半成品。制造和使用劳动工具的类本质使人类从动物界中逐步独立出来，并且随着社会文明的历史推进，人类逐步对生产工具进行改造和升级。就人与人之间的合作关系来看，由于人类面对的自然界是强大的、可怕的，人在自然面前的渺小增加了人对自然的敬畏、恐惧和膜拜，自然及其对象的强大使人与人甚至部落与部落之间的合作互助成为人类维系生存的必然选择。劳动创造了人，也创造了社会关系、语言和文字。在劳动协作的过程中，人们产生了相互交流的需要，促使了意识的产生，并创造了语言和文字。语言和文字的诞生，标志着人类从蒙昧向文明迈进。

（二）奴隶制文明的基本结构及要素分析

随着生产力水平逐步提高，产品交换逐步扩大，当劳动产品在满足人类基本生活必需之外有了少许剩余，便出现了剩余产品。剩余产品出现后，私有制随之而生。私有制的产生促使部落内部不断分化，进而出现了两大对立的阶级——奴隶主阶级和奴隶阶级。随着阶级矛盾的加剧、阶级斗争的兴起，国家便诞生了。阶级的出现、国家的诞生，标志着人类从此进入了第一个阶级社会——奴隶社会，也标志着人类进入了文明时代。

从奴隶社会的基本结构来看，首先是社会出现了两大对立阶级——奴隶主阶级和奴隶阶级；其次是一部分人从繁重的体力劳动中脱离出来，成为专门从事社会管理、文化科学活动和创造精神产品的主要力量。奴隶社会的延续及其文明的创造和进化都是通过奴隶主对奴隶及其劳动产品的无偿占有来实现的。当然，奴隶主对奴隶的占有不是无条件的，而是具有一定社会基础的。"为了能使用奴隶，必须掌握两种东西：第一，奴隶劳动所需的工具和对象；第二，维持奴隶困苦生活所需的资料。因此，先要在生产上达到一定的阶段，并在分配的不平等上达到一定的程度，奴隶制才会成为可能。奴隶劳动要成为整个社会中占统治地位的生产方式，生产、贸易和财富积聚就要有大得多的增长。"[17]相比于尽情享受奴隶制文明成果的奴隶主而言，奴隶不仅不具有享受文明成果的权利，而且几乎完全失去了自由，被视为奴隶主的财产，被称为"会说话的牲口"。"在奴隶制关系和农奴制关系中……社会的一部分被社会的另一部分当做只是自身再生产的无机自然条件来对待。奴隶同他的劳动的客观条件没有任何关系；而劳动本身，无论是奴隶形式的，还是农奴形式的，都被作为生产的无机条件与其他自然物列为一类，即与牲畜并列，或者是土地的附属物。"[18]

从奴隶社会的构成要素来看，自然环境因素、生产工具因素依然很重要，与此同时，阶级产生所带来阶级之间的依附关系及斗争关系等因素日益凸显。相对于原始社会，此时的人类对自然的依赖虽然有所减少，但仍然处于"人对自然的依赖"阶段。人类开始制造比较复杂的生产工具，如金属工具，大大促进了生产力的发展，劳动生产率有了较大的提高。人与人的关系发生了深刻变化，人与人的平等关系被压迫和被压迫的对立关系所代替。奴隶主完全占有奴隶，奴隶属于奴隶主的私人财产，可以像牲口一样被自由买卖，奴隶能否生存和怎样生存掌握在奴隶主手中；奴隶主还完全占有奴隶的劳动及其产品，奴隶主强迫奴隶劳动，奴隶无权占用自己的劳动产品。因此，在奴隶制度下，一方面，奴隶对劳动生产毫无兴趣，不断通过破坏生产工具等方式来反抗奴隶主的剥削和压迫；另一方面，奴隶主阶级独享社会财富及残酷的剥削制度严重影响了劳动者创造力的发挥，社会文明进展缓慢。

（三）封建制文明的基本结构及要素分析

继奴隶制文明之后，人类文明又发展出另一个历史形态——封建制文明。在封建社会，地主和农民是两大对立的阶级，另外还有一部分手工业者和商人等，地主阶级是统治者，农民和手工业者等是被统治者。虽然农民所受的剥削和压迫依然很重，但有了一定的人身自由，一些农民拥有了自己的生产工具，农民的劳动和收获有一定的利益关系，这在一定意义上促进了劳动主体的生产积极性，推动了生产力的发展和社会文明的进步。

封建制是以地主占有土地、剥削农民的剩余劳动为基础的社会制度。地主阶级和农民阶级是封建制社会的两大对立的利益集团，二者是剥削和被剥削、统治和被统治的关系。然而，地主和农民的这种不平等关系与奴隶主和奴隶之间的不平等关系有一定的区别，也具有一定的历史进步性。首先，从封建主和土地之间的关系来看，"在封建的土地占有制下，领主至少在表面上是领地的君王。同样，在封建的土地占有制下，占有者和土地之间还存在着比单纯实物财富的关系更为密切的关系的外观。地块随它的领主而个性化，有它的爵位，随它的领主而有男爵或伯爵的封号；有它的特权、它的审判权、它的政治地位等等。土地仿佛是它的领主的无机的身体"[19]。由此可见，封建主是封建土地的主人，土地不仅是封建主的私有财产，而且是封建主政治权力的标志和象征。此时，农民作为土地上的耕作者则成为封建土地的附属物。但是，与古代城邦的奴隶不同，农民不能作为封建主的私有财产被卖掉或转移，他们作为自己所在土地的不可分割的组成部分，其封建主需要为他们提供劳动的条件和生计的方式。这样，农民获得了属于自己的土地生产资料，且拥有较多的生产自由，代表着封建文明在农业生产上的巨大进步。农民既是封建农业生产的主力军，同时也是手工业生产的主力军，促成了新型封建城市的建立以及行会的形成。但是，此时的传统农业和传统手工业，仍然是自给自足的小农经济和小工业，虽然发展到一定程度但仍有很大的局限性。和农业这一支柱行业相对应，在封建的保守的经济基础之上，封建社会发展出特有的权力机构与政治关系，这是一种专制而等级森严的政治权力机构和政治法律设施，以强权专制的形式管制着整个社会的经济生活、政治生活和社会生活。

从封建社会的构成要素来看，自然环境因素、生产工具因素依然在社会中起着重要的推动作用，随着人的自由度的增强，人的主体能动性在社会中发挥的作用也越来越大。农耕文明使人们附属于土地，对自然的依赖依然很大，主要是"靠天吃饭"，虽然逐步对自然进行不同程度的改造，但人与自然的关系在整体上仍然是"天人合一"的"和睦相处"状态。铁制工具在农业以及手工业上的应用逐步广泛，大大促进了社会生产力的发展。同时，相比于奴隶制，农民"对人的依赖性"减少，自身自由度加强，农民的积极性、主动性和创造性大大提高，创造了封建社会丰富的物质文明和精神文化。但是，由于小农经济自身所具有的历史局限性（如狭隘性、封闭性等）以及封建等级制度、封建宗法制度对人的压迫和束缚，劳动者在农业和手工业生产中发挥的想象力和创造力也受到很大的约束。与此同时，随着地主阶级日益腐化，阶级斗争日益加剧，民不聊生，不断发生起义，阶级斗争日益尖锐。几千年的封建时代，其文明成果在创造与破坏的循环中不断反复，文明的发展依旧迟缓，文明的水平也相对较低。

（四）资本主义文明的基本结构及要素分析

马克思恩格斯对资本主义文明阐释的篇幅最大，剖析最深刻、最全面、最丰富，对资本主义文明的产生、历史成就、野蛮现象及历史命运等问题进行了生动而全面的揭示。资本主义制度是以资本家占有生产资料和剥削雇佣劳动为基础的社会制度，也是人类历史上最后一个剥削制度，还是私有制下文明发展的最高阶段。

同前资本主义社会相比较，资本主义制度空前地提高了社会生产力，创造了人类社会前所未有的物质财富和精神财富。马克思恩格斯在《共产党宣言》中指出："资产阶级在它的不到一百年的阶级统治中所创造的生产力，比过去一切世代创造的全部生产力还要多，还要大。自然力的征服，机器的采用，化学在工业和农业中的应用，轮船的行驶，铁路的通行，电报的使用，整个整个大陆的开垦，河川的通航，仿佛用法术从地下呼唤出来的大量人口——过去哪一个世纪料想到在社会劳动里蕴藏有这样的生产力呢？"[20]在资本主义制度下的商品经济中，劳动力成为特殊的商品。阶级之间的人身依附关系已然不复存在，无产阶级可以自由地在市场上出卖自己的劳动力，而资本家则依托劳动力这一特殊商品最大限度地榨取剩余价值。相比于前几种社会文明形态，资本主义社会不再以使用价值的获取和物质生活需要的满足为主要目标，而是以价值作为追求目标，对价值和剩余价值的追求不受财富的使用价值形态的限制，可以无限制地扩大。因此，这一榨取剩余价值而形成的激励机制，调动了人的积极性和创造性，文明主体大大推进了资本主义的物质生产及精神生产，创造了丰富多样的物质的、精神的文明成果。同时，与发达的经济基础相适应，资本主义社会在战胜封建社会自给自足的小生产的生产方式的过程中，形成了自身的意识形态和政治制度，虽然本质上是为资产阶级服务的，但与奴隶制和封建制国家相比，在经济上保护自由竞争、等价交换，在政治上推崇自由、民主、平等，无疑是人类社会政治生活上的巨大进步，大大推动了社会生产力的发展，促进了社会文明的进步。

从资本主义文明的构成要素来看，自然环境因素在社会中的制约作用表现得越来越小，尤其是在工业革命之后，"主客二分"使人类成为自然界的征服者和主宰者，人类运用现代生产力和科学技术疯狂向自然界索取，人与自然之间的关系日渐紧张对立，生态危机不断加剧。现代科技成果日新月异，科学技术的作用越来越大，成为第一生产力，社会的生产能力空前提高。但是，由于生产资料私有制和资本家无限度剥削，贫富分化加剧，社会财富越来越集中在少数资本家手里，而创造社会财富的劳动者则变得相对贫困，且被"异化"为社会的"奴隶"和工具。由此，资本主义社会的基本矛盾和阶级矛盾日益变得不可调和，工人阶级反抗资本家剥削压迫的斗争亦持续不断。可见，资本主义文明在具有历史进步性的同时，也不可避免地存在诸多其自身固有的且不能自我解决的局限性，如资本主义基本矛盾严重阻碍着社会生产力的发展、财富占有两极分化、周期性频发的经济危机，以及不断激化的社会矛盾和冲突等。所以，资本主义社会在经济、政治、文化和社会等各个领域以及全球范围内必然产生冲突、动荡和危机，其必然会被新的更高级的社会制度和文明形态所代替。

（五）社会主义文明的基本结构及要素分析

社会主义制度的建立和社会主义文明的发展标志着人类文明进入了新的历史阶段。社会主义文明的历史进步性主要表现为：建立以生产资料公有制为主体的基本经济制度、以人民当家作主为根本的民主政治制度和以马克思主义意识形态为指导的文化制度，极大地推动了生产力的发展和社会财富的增长，逐步消灭剥削、消除两极分化，实现全体人民共同富裕，不断实现人民对美好生活的向往，促进人的自由全面发展。社会主义文明的先进性是社会主义制度优越性的体现，必将随着社会主义制度的完善、社会主义现代化建设的发展而不断彰显和提升。

第一次工业革命后，无产阶级作为先进生产力的代表，是最进步最革命的阶级，肩负着推翻资本主义旧世界、建立社会主义和共产主义新世界的历史使命。无产阶级通过无产阶级革命推翻资产阶级统治，建立社会主义制度，成为国家的领导阶级和推动社会发展的主力军。从社会主义社会的基本政治制度来看，无产阶级政党作为无产阶级的先锋队，是社会主义事业的坚强领导核心。从社会主义社会的基本经济结构来看，生产资料公有制是社会主义经济制度的根基，社会主义社会在生产资料公有制基础上组织生产，以满足全体社会成员的需要为生产的根本目的；同时要对社会生产进行必要的指导和调控，对生活资料实行按劳分配为主体、多种方式并存的分配制度。从社会主义的基本文化制度来看，社会主义社会坚持马克思主义在意识形态领域的指导地位。恩格斯认为，"我们党有个很大的优点，就是有一个新的科学的世界观作为理论的基础"[21]。社会主义社会在坚持马克思主义指导地位的基础上，大力发展社会主义文化，不断满足人民群众的文化精神需要。

从社会主义文明的构成要素来看，自然因素不再只是人类生存的条件，生态需要已经成为人类所追求的物质需要、精神需要之后的更高层次的需要，构成人类美好生活的必要组成部分。人类开始有意识地对黑色工业文明所带来的生态危机进行深刻反思，要求合乎自然规律地改造和利用自然，努力实现人与自然和谐共生。人的因素在社会发展中的作用越来越突出，人力资源成为"第一资源"。生产资料公有制决定了社会主义的生产目的是满足全体人民的需要，实现好、维护好、发展好人民群众的根本利益是社会主义的本质要求。社会主义制度从根本上确立了人民群众的主体地位，前所未有地调动了主体的积极性、主动性和创造性。在全面推进社会主义现代化建设的新征程中，人的全面发展事业也同时在逐步实现。

三　人类文明的技术形态及其内在逻辑

从人类文明的技术维度来看，在对人类文明形态的划分衡量中，最主要的一种方式就是用技术能力来衡量文明，通过技术形态的衡量划分，可以很容易勾勒出一个历史时空下某一人类社群所演化形成的高度。马克思主义认为，生产力是决定社会发展最根本的动力。在生产力构成因素中，最重要的因素就是科学技术。科技能力是衡量一种人类文明的最直观和最主要的标准，也是文明所具有的最核心的三个内在维度之一。未来学家阿尔温·托夫勒认为："锄头象征着第一种文明，流水线象征着第二种文明，电脑象征着第三种文明。"[22]也就是说，农业、工业、信息三种人类社会文明的基础分别为手工工具技术、机器生产技术、现代信息技术。因此，从人类文明的技术形态来看，可以划分为以手工工具技术为标志的人类文明形态、以机器生产技术为标志的人类文明形态和以现代信息技术为标志的人类文明形态。

（一）以手工工具技术为标志的人类文明形态的基本结构及要素分析

劳动是人类文明的基础和源泉，而手工劳动则是劳动的最初的基础形式，人类早期文明的开创与积累主要依赖于手工工具技术。马克思指出："在从事定居耕作（这种定居已是一大进步），而且这种耕作像在古代社会和封建社会中那样处于支配地位的民族那里，连工业、工业的组织以及与工业相应的所有制形式都多少带着土地所有制的性质；或者像在古代罗马人中那样工业完全附属于耕作；或者像在中世纪那样工业在城市中和在城市的各种关系上模仿着乡村的组织。"[23]人类农业文明经历了从原始社会一直到18世纪中叶大机器生产的漫长时期。在这一历史时期，人类以手工劳动为主要方式，从打制石器到配有木柄的石斧出现，从在自然界获取简单工具到各种复杂的复合工具的相继出现，虽然随着工具的结构性、有机性不断提升，人类掌握的技术也在不断提高，但始终没有超出手工工具的技术系统范围，手工工具技术一直是这个漫长过程生产力发展的主要标志。

在一定意义上，"劳动创造了人本身"[24]，劳动创造了人类文明。"劳动是从制造工具开始的。"[25]无论是打制生产工具还是磨制生产工具，都是把人从动物中根本提升出来的实践活动的具体表现，被解放了的、自由的"手"所直接操作的手工劳动是最基础的劳动方式。手工工具技术是渔猎文明、农业文明的基本依托，在漫长的时间里创造了数不胜数的时代文化精品，擎起了人类手工工具技术文明的大厦。像中国的长城、埃及的金字塔、印度的阿旃陀石窟以及民间数不胜数的手工工具技术，全面展现了手工劳动的巧夺天工，展现了渔猎文明、农耕文明的神奇伟力。因此，手工劳动成为人类物质文明、精神文明不竭的源泉和动力，并逐步积累、沉淀为手工文明。

如今，在现代科技和现代化文明风起云涌的同时，由传统手工艺蜕变而来的"新手工艺术"也正在全球范围内崛起，在现代艺术潮流中备受瞩目。"新手工艺术"的出现和兴起，标志着在现代审美与传统审美结合、传统工艺融入现代技术等诸多方面，手工生产作为普遍的社会实践方式将再度进入人类文明发展的新历史。

（二）以机器生产技术为标志的人类文明形态的基本结构及要素分析

手工工具的不断发展促使生产工具不断分化、简化和改进，形成了机器生产的物质条件。马克思认为："机器就是由许多简单工具结合而成的。"[26] 18 世纪 60 年代从英国发起的技术革命，是人类技术发展史上的一次巨大革命，实现了从手工工具技术时代到机器生产技术时代的过渡。

机器的功能和效率是手工工具无法比拟的，机器的使用大大提高了劳动生产率，促进了社会生产力的发展。18 世纪是人类历史上技术大发展的时期。在工业革命首先兴起的英国，许多生产领域机器逐步代替人工，尤其是纺织业，大量使用了纺织机。1776 年，瓦特发明了联动式实用蒸汽机，解决了织布机等机器工作所需的动力问题。于是，以机器生产代替手工工具为中心的技术系统快速形成，以机器为主体的大批新兴产业部门不断涌现，机器逐渐成为大工业的主要技术基础。机器生产技术的快速发展，不仅推动了生产力的飞速发展，而且促使了科学研究的兴起，促进了科学的发展。科学和技术日益紧密地联系起来，技术革命推动了科学革命，科学革命推动技术创新。科学技术的创新发展，推动着社会生产的快速发展。于是，便形成了生产-技术-科学的良性互动和繁荣发展。

现代工业凭借科学技术的指导和高效率的钢铁机器，取代了延续数千年的手工生产，将世界历史推进到工业文明时代。在这个时代，机器技术生产不断创造着生产力发展的奇迹，使人类物质文明呈现空前的繁荣；与此同时，机器技术亦渗透到经济、政治、文化、思想各个领域，以至于人类社会全面地卷入了以工业化为直接目标的现代化进程。在这个时代，人类的生存与发展紧紧依靠机器，但高度发达的机器虽然带来了生产力的高度发展，也引发了经济社会生活的一系列挑战。其一，"人是机器"，人对机器的高度依赖使人在发展过程中失去了自我，人对物的依赖重新回归，人的全面发展受到很大局限，出现了"人的异化"。其二，机器在解放人的双手的同时，也将人的工作岗位取代，大量第一、第二产业劳动者因此而转向第三产业。其三，伴随机器大生产发展起来的是"人征服自然"的价值观，人运用现代科技疯狂向自然索取，造成了生态资源的深层消耗和大量浪费，出现了威胁人类生存发展的生态危机。因此，工业文明也被称为"黑色文明"。

（三）以现代信息技术为标志的人类文明形态的基本结构及要素分析

20 世纪中期以来，科学技术的理论和实践发生了重大变化，信息技术日益成为科学界关注的焦点。随着电子计算机的发明和普及，人类的生产活动和社会活动发生了巨大的变化，人类文明从机器技术时代逐渐过渡到了"信息时代"。如果说手工工具的功能在于充当了人与自然之间关系的媒介、解放了人的双手，机器技术的功能在于进一步解放了人的体力，而信息技术的功能则是在二者的基础上，进一步使人类的劳动从以体力劳动为基础开始向以智力劳动为基础转化，进入了智力解放的全新阶段。

信息技术的发展经历了以核能的释放和利用为标志、以人造卫星发射成功为标志、以重组脱氧核糖核酸试验的成功为标志、以微处机的大量生产和广泛使用为标志、以软件开发和大规模产业为标志到以纳米科技的研发为标志几个阶段，形成了以信息化为支撑的核技术、生物技术、微电子技术、软件技术、新材料技术等构成的现代高科技群。信息技术首先在军事领域开发和利用，随后迅速和广泛应用于社会生产领域，并辐射到社会生活的各个领域和环节，人类的生产方式、生活方式和思维方式发生了重大变化。信息技术应用于生产领域促成生产力的信息化，即机器生产技术被信息化，从而实现了新的提升和质的飞跃。社会生产力由工业生产力进化为大数据时代的信息生产力，产业结构得以优化升级，社会关系模式得以重构，人类行为方式得以转变，思想观念不断更新，人类的文明形态发生深刻变革。

现代信息文明是人类文明形态的一个新的发展阶段，社会的信息化与社会步入信息文明是同一个过程。从二者的逻辑关系来看，信息文明是信息化的产物，信息化则是信息文明的技术支撑。21世纪，新一轮科技与产业革命蓄势待发，以信息技术、智能技术在人类生产生活中的广泛渗透应用为特点的智能社会正向我们走来，将成为科学技术和人类文明发展的一个新阶段。

四 人类文明的产业形态及其内在逻辑

实践观点是马克思主义首要和基本的观点，马克思主义对文明形态的研究，也同样是沿着实践的思路展开的。人类的劳动实践创造着人类文明，推动着人类文明形态的历史演进，使人类社会从原始野蛮逐步走向现代文明。由于物质生产方式的每一次飞跃，都会引起文明形态的改变，因此，可以根据生产工具或者物质资料的生产方式把人类文明形态划分为以渔猎经济为主的文明形态、以农业经济为主的文明形态、以工业经济为主的文明形态和以信息经济为主的文明形态。

（一）以渔猎经济为主的文明形态的基本结构及要素分析

早在300多万年前，原始人类以采集和渔猎为主要生存方式，在地球上延续发展了大约200万年之久。由于生产力水平低下，生产工具简陋，人类生存技能较低，主要以捕鱼和猎狩野生动物以及采集野生植物的果实和根茎等来维持生存。后来，随着生产工具的技术改进及种类增多，人类的生存技能逐步增强，也具备了制造简单工具的能力，人类改造自然的能力逐步加强，逐渐形成了与采集渔猎社会相适应的渔猎文化。

原始部落以狩猎采集、游牧和刀耕火种等方式维持生存，自然环境和生态资源的因素是人类生存和发展的直接影响因素。随着人类使用工具的进化尤其是弓箭的发明，渔猎社会的经济生活有了较大进步，人类在渔猎过程中基于外界威胁和自身劳动实践经验积累，逐步学会利用自然存在物作为抵御外界威胁的工具并进一步对工具加以改进。虽然人类在这个时期使用的还是自然界自身形成的简单粗糙的石器和木器，但人类在抵御外界威胁的过程中，逐步学会利用自然存在物来对抗恶劣环境，如使用自然存在物制造出抗寒衣物、生产工具等，并学会使用火，人类开始进入文明时代。与这种对自然的适应性生存方式相适应，人类在渔猎经济中创造了渔猎文化。渔猎文化是人类在与大自然的直接互动中孕育的文化，是与自然环境和生态资源相互对应的社会文化形态，是人类社会历史进程中普遍经历的文明形态，也是人类文明发展的一个重要环节。

（二）以农业经济为主的文明形态的基本结构及要素分析

农业文明的产生使人们的生产生活方式都发生了实质性的变化。人类从仅仅依靠自然界的施舍来谋生，转变为开始依靠农业和畜牧业来定居生活，人类结束了居无定所的流浪生涯，从自然界存在物的采集者和狩猎者变成了生产生活必需品的生产者。农业经济开始取代渔猎经济，渔猎文明则被农业文明所代替。具有代表性的农业文明主要有东亚农业文明、地中海农业文明、印度河流域农业文明、美洲农业文明等。

农业文明的形成是一个极其漫长的过程。随着距今 1.2 万年前后末次冰期的结束，全球气候变暖，一定地域范围内的自然资源数量相对减少，人类依靠原始的工具和传统的方法难以获取保障最低生存需要的食物，于是倒逼谋生方法的革命性变革。人类逐步开始种植谷物和驯养动物，过渡到原始农业经济时期。在农业经济时代，各个国家和地区的农业资源包括种质资源、生产加工技术、人员物资及农业贸易等相互影响。人类赖以生存的典型农作物如粟、稻、麦、桑、麻、棉、玉米和马铃薯等，起初独立出现于世界不同的地区，后来随战争、人口迁移和商品贸易等方式传播到世界各地。农作物的传播，不仅涉及农作物本身及其副产品，而且还涉及相关农业工具、耕作制度、栽培技术、农作思想、饮食文化、风俗习惯、语言文字等，产生了广泛而深远的社会影响。随着西方的兴起并逐步支配世界，世界农业的面貌也发生了深刻变化，但包括中国在内的非西方国家的农业变革迟缓而零散，传统农业仍继续处于支配地位。

人类社会的发展史，实际上就是人与自然环境的关系史，人类的生产和生活既受制于自然环境，又作用于自然环境，导致自然环境发生变化。从农业生态环境变迁与文明古国兴衰的关系中可以看出，生态环境优劣与农业文明兴衰具有密切关系，文化的生态适应性是古文明持续发展的重要因素。因此，农业文明的核心要素是农民、农村、农业、农场手工业、熟人社会、自给自足、等级结构等。而在不同的地理环境中，技术手段、生产率和人口增长是不平衡的。

（三）以工业经济为主的文明形态的基本结构及要素分析

英国是工业革命的发源地，也是工业文明的诞生地。19 世纪，被称为"世界工厂"的英国开始迈上工业化道路，并首先完成工业革命，建立工业文明。英国成为世界上其他国家的榜样和工业文明的中心，其他国家几乎都以英国为参照，在以英国为核心的资本主义世界体系中确立各自的位置，通过与英国相比较来衡量其工业化发展特征和经济结构的合理性，并根据本国政治状况和社会条件，选择通过工业化确立产业文明的多样化道路。此时，以工业经济为主的人类文明形态登上了历史舞台，整个世界逐渐以产业经济代替农业经济，人类的农业文明也逐渐被工业文明所代替。工业文明对应的社会统称为工业社会，呈现出资本主义社会和社会主义社会两种不同的社会制度形态。

工业革命是人类历史的伟大飞跃，随之建立的工业经济从根本上提升了社会的生产力，创造出巨大的社会财富，完成农业经济的社会转型。工业经济以工业化为重要标志，机械化大生产在社会生产中占主导地位。以 1873 年开始的世界性经济危机为界，工业经济的经济结构转换和经济基础重整彻底完成，经济重心从以纤维制品等轻工业为中心的消费品生产，重整为以包括炼铁业在内的金属、机械、化学、电机产业等重化学工业为中心的生产资料生产。工业革命使经济、政治、文化、社会结构及人的生存方式等发生了巨大变革，主要表现为工业化、城市化、法制化、民主化、社会阶层流动性增强、非农业人口比例大幅度增长、经济持续增长等。

从工业文明的构成要素来看，与农业文明依赖于地理环境、凭借经验性技术的发展模式不同，工业文明对地理环境、自然要素的依赖性大大减弱，生产领域不断从本国转向全球；在技术上，工业文明从经验性技术转向科学与技术的发展，工业文明的核心要素也开始转向工人、工厂、资本、城市、陌生人社会、市场经济、层级化管理等。

（四）以信息经济为主的文明形态的基本结构及要素分析

信息文明是指以信息与通信技术为核心的技性科学作为支撑，以信息的传播、挖掘、利用等为资源，以数字化和智能化发展为趋势的一种新型文明[27]。作为一种新的文明，信息文明在工业文明之后成为工业文明时代的终结者，其对应的有信息社会、网络社会、后工业社会及智能社会等多样与复杂的社会形态。信息经济以信息技术与信息产业为发展引擎和发展动力，反过来对当代经济社会转型起到了重大促进作用。

信息文明为人类追求美好生活提供了新的平台和领域，实现了人类从物质文明到精神文明到生态文明的质的飞跃。信息文明源于信息革命。人类的"信息革命"经历了语言、文字、印刷术、电子通信技术以及当代信息通信技术五次革命。1946 年第一台电子计算机的诞生，标志着第五次信息革命开始，拉开了信息文明的帷幕，人类开始真正拥有了信息文明。在经济发展中，知识和技术作为生产力的一个独特要素，开始发挥越来越大的作用；互联网逐步呈现商业化趋势，逐步成为经济发展新的引擎，并促成新的发展平台的构建。量子信息科学、无人驾驶技术、智能家居、自媒体、智能城市、绿色能源等，信息革命掀起了一场前所未有的经济、政治、社会、文化等领域的大革命，人类开始重新审视人与自然、人与人、人与社会之间的关系，一种新型的系统发展观逐步建立。

信息文明是内生于工业文明却反过来摧毁其支持体系、概念框架与思维方式的新型文明，其发展进程比工业文明更快。从构成要素来看，其科学基础是以量子力学为核心的当代技性科学，核心要素包括网民、网络、信息、数据、社会资本主义、数字共享主义、追求全面发展和智能化生活以及扁平化管理等。信息文明的技术支撑是以信息通信技术为核心的当代技性科学，如计算机技术、微电子技术、量子信息技术、通信技术、网络技术、人工智能、纳米技术、多媒体等。信息文明的发展以超链接乃至万物互联为特征，以高度个性化和互动性为目标，以信息的传播、挖掘、利用等为资源，以数字化和智能化发展为趋势[28]。

（执笔：柳兰芳）

第三章　中国共产党领导人民成功走出中国式现代化道路，创造了人类文明新形态

现代化作为人类文明发展进步的标志，是中国人民近代以来孜孜以求的梦想，也是中华民族实现伟大复兴的具象体现。习近平在庆祝中国共产党成立 100 周年大会上的重要讲话中指出："中国共产党一经诞生，就把为中国人民谋幸福、为中华民族谋复兴确立为自己的初心使命。一百年来，中国共产党团结带领中国人民进行的一切奋斗、一切牺牲、一切创造，归结起来就是一个主题：实现中华民族伟大复兴。""中国特色社会主义是党和人民历经千辛万苦、付出巨大代价取得的根本成就，是实现中华民族伟大复兴的正确道路。我们坚持和发展中国特色社会主义，推动物质文明、政治文明、精神文明、社会文明、生态文明协调发展，创造了中国式现代化新道路，创造了人类文明新形态。"[1]

一　中国式现代化是让人民过上美好生活、实现中华民族伟大复兴的现代化

现代是现代人历史的活动和现代人活动的历史。而"现代化"

的概念在英语里是一个动态名词"modernization"，意为"to make modern"，即"成为现代的"。"modern"是表示时间概念的形容词，在普通英语字典里解作"of the present or recent times"，原意为"现世（代）的"或"近世（代）的"。作为历史上使用的一个时间尺度，在英语里，"modern times"大致是指从公元 1500 年前后到现今的历史时期[2]。"现代化"的内涵非常广泛，这里特别要指出的是，现代化是相对于非现代化而言的，应该有定性分析和定量标准。就后者来说，中外往往大同小异，而定性分析最为重要，其核心是为多数人还是为少数人的现代化。

马克思恩格斯在《共产党宣言》中明确指出："过去的一切运动都是少数人的，或者为少数人谋利益的运动。无产阶级的运动是绝大多数人的，为绝大多数人谋利益的独立的运动。"[3]恩格斯还指出，无产阶级运动应当"结束牺牲一些人的利益来满足另一些人的需要的状况"，使"所有人共同享受大家创造出来的福利"[4]。这些论述深刻地揭示出现代化问题的关键，阐明了社会主义现代化与资本主义现代化的本质区别。实践证明，只有以为绝大多数人谋利益为目标取向的现代化，才能保证现代化建设成果的积极意义，才能实现现代化建设的可持续发展。

在中国，这个"绝大多数"毫无疑义就是人民大众。中华民族是伟大的民族，有着光辉灿烂的文明，曾经在很长的历史时期内位居世界经济强国之列。西方列强的入侵改变了中国社会自身发展的轨迹，使中国逐步沦为半殖民地半封建社会，从而使中国任何现代化的努力都只能以殖民地化为前提，因此而艰难百倍。也正是因为这一特殊的国情，中国现代化的探索自始便同救亡图存紧密地交织在一起。为了改变中华民族的悲惨命运，无数仁人志士前仆后继，苦苦探寻救亡图存、建设现代化国家和实现民族复兴的出路。从效仿西方的"师夷长技以制夷"开始，太平天国运动、洋务运动、戊戌变法、义和团运动、辛亥革命接连而起，各种救国方案轮番出台，但都以失败而告终，落得了"四万万人齐下泪，天涯何处是神州"[5]的结局。直到十月革命一声炮响，给中国送来了马克思列宁主义，为艰辛求索的先进分子指明了方向，中华民族的命运才开始出现根本性的改变。正是在中国人民和中华民族的伟大觉醒中，在马克思列宁主义同中国工人运动的紧密结合中，中国共产党应运而生。从此，中国革命的面貌焕然一新，中国的现代化事业和中华民族的伟大复兴才成为可能。

中国共产党自登上政治舞台以来，始终代表最广大人民的根本利益，与人民休戚与共、生死相依。正是因为有了这样的党，中国人民致力于国家现代化、实现民族复兴的斗争才有了主心骨，才能够在精神上由被动转为主动，成功走出一条让中国人民过上美好幸福生活、实现民族伟大复兴的具有鲜明中国特色和时代特色的社会主义现代化道路。

二　中国共产党领导人民为中国式现代化道路奋斗的百年历程

中国共产党成立以来，团结带领中国人民进行的一切奋斗、一切牺牲、一切创造，归结起来只有一个主题：实现中华民族伟大复兴。而中国的现代化是实现民族伟大复兴的必要条件，中国共产党领导的革命、建设和改革，包括反帝反封建的民主革命、"建设工业化"、"建设'四个现代化'"、"建设小康社会"、"全面建设小康社会"、

"全面建成小康社会"，都是实现中国式现代化的阶段性目标和重要历史进程。

（一）新民主主义革命时期中国式现代化道路的设想与奠基

为了实现中国的现代化和中华民族的伟大复兴，中国共产党团结带领中国人民，浴血奋斗、百折不挠，创造了新民主主义革命的伟大成就。

早在建党时期李大钊就指出："社会主义不是使人尽富或皆贫，是使生产、消费、分配适合的发展，人人均能享受平均的供给，得最大的幸福。"[6]陈独秀说，国家"必须建设在最大多数人民的幸福上面"[7]。正是在这种认识的基础上，党的一大通过的《中国共产党第一个纲领》规定，党的一个主要任务是"消灭资本家私有制，没收机器、土地、厂房和半成品等生产资料，归社会公有"[8]。《中国共产党第二次全国代表大会宣言》进一步明确，"中国共产党是中国无产阶级政党"，"为工人和贫农的目前利益计"。中国共产党的最近任务是"消除内乱，打倒军阀，建设国内和平；推翻国际帝国主义的压迫，达到中华民族完全独立"。中国共产党的最高纲领是"组织无产阶级，用阶级斗争的手段，建立劳农专政的政治，铲除私有财产制度，渐次达到一个共产主义的社会"[9]。我们党在实践中逐步认识到，实现中国的现代化和中华民族的伟大复兴，首先要进行反帝反封建的民主革命，推翻旧制度，建立新政权，实现民族独立、人民解放。在此基础上继续奋斗，实现国家富强、人民幸福。这里的关键问题，是如何完成从民主革命向社会主义革命的转变。

1939 年 10 月至 1940 年 1 月，毛泽东先后发表了《〈共产党人〉

发刊词》《中国革命和中国共产党》《新民主主义论》等重要著作，系统阐述了中国共产党的新民主主义革命理论，深刻阐明了中国式现代化的社会主义方向。1945 年 4 月，毛泽东明确地提出了"为着中国的工业化和农业近代化而斗争"[10] 的历史任务和前进方向。可以说，这是中国共产党以马克思主义为指导、以人民大众幸福为目标实现中国式现代化的早期设想。

通过 28 年的艰苦斗争，其间经历北伐战争、土地革命战争、抗日战争、解放战争，中国共产党领导全国人民以武装的革命反对武装的反革命，推翻帝国主义、封建主义、官僚资本主义"三座大山"，建立了人民当家作主的中华人民共和国，实现了民族独立、人民解放，为实现中国式现代化创造了根本政治前提和制度基础。对此，习近平深刻指出："新民主主义革命的胜利，彻底结束了旧中国半殖民地半封建社会的历史，彻底结束了旧中国一盘散沙的局面，彻底废除了列强强加给中国的不平等条约和帝国主义在中国的一切特权，为实现中华民族伟大复兴创造了根本社会条件。"[11]

（二）社会主义革命和建设时期中国式现代化道路的起步和探索

为了实现中国现代化和中华民族的伟大复兴，中国共产党团结带领中国人民，自力更生、发愤图强，创造了社会主义革命和建设的伟大成就。

新中国的成立开辟了中国历史的新纪元，是中华民族由衰弱走向强盛的历史转折点，同时拉开了中国式现代化的大幕。毛泽东提出我们的任务就是，安下心来，团结奋斗，把我们国家建设成为"现代化的工业、现代化的农业、现代化的科学文化和现代化的国防"[12] 的强大国家。

新中国成立之初，中国共产党所接手治理的是一个贫穷落后、千疮百孔的国家。在这样的情况下，怎样建设社会主义，如何推进中国的现代化，对于中国共产党来说是一个全新的课题。当时，中国共产党面临的最紧迫任务，是把中国从一个落后的农业国变为一个先进的工业国，实现国家的工业化。在党的七届二中全会上，毛泽东向全党提出了"使中国稳步地由农业国转变为工业国，把中国建设成一个伟大的社会主义国家"[13]的历史任务。由于认真执行了党的七届二中全会和《共同纲领》规定的方针政策，中国共产党在领导完成繁重的社会改革任务和进行抗美援朝战争的同时，使旧中国遭到严重破坏的国民经济得到迅速恢复，全国工农业生产在 1952 年底达到历史最高水平，特别是国民经济中的社会主义因素得到显著增长。在此情况下，我们党于 1953 年正式提出了过渡时期的总路线，即"要在一个相当长的时期内，逐步实现国家的社会主义工业化，并逐步实现国家对农业、对手工业和对资本主义工商业的社会主义改造"[14]，从此开启了社会主义革命的伟大征程。

经过全党和全国人民的共同努力，到 1956 年，全国绝大部分地区基本完成了对生产资料私有制的社会主义改造，表明社会主义经济已经成为国家的主体，中国已经从新民主主义社会进入社会主义社会。在此过程中，周恩来代表党中央在 1954 年召开的第一届全国人大第一次会议上明确提出，要"把我国建设成为强大的社会主义的现代化的工业国家"。他强调指出："如果我们不建设起强大的现代化的工业、现代化的农业、现代化的交通运输业和现代化的国防，我们就不能摆脱落后和贫困，我们的革命就不能达到目的。"[15]

在社会主义道路上实现国家的现代化，是一项史无前例的艰巨事业，中国共产党团结带领人民进行了前无古人的探索。1956 年 4 月，毛泽东在中央政治局扩大会议上作了《论十大关系》的报告，明确提出了社会主义现代化建设的基本方针："我们一定要努力把党内党外、国内国外的一切积极的因素，直接的、间接的积极因素，全部调动起来，把我国建设成为一个强大的社会主义国家。"[16]他还特别强调要"以苏为鉴"，走自己的路。同年 9 月召开的党的八大明确指出，我国国内的主要矛盾"已经是人民对于建立先进的工业国的要求同落后的农业国的现实之间的矛盾，已经是人民对于经济文化迅速发展的需要同当前经济文化不能满足人民需要的状况之间的矛盾"，因此，"党和全国人民的当前的主要任务，就是要集中力量来解决这个矛盾，把我国尽快地从落后的农业国变为先进的工业国"[17]。实践证明，党的八大路线是正确的，为建设社会主义现代化指明了方向。

1964 年 12 月，周恩来代表党中央在第三届全国人大第一次会议上郑重提出"四个现代化"的宏伟目标和"两步走"的设想，即"在不太长的历史时期内，把我国建设成为一个具有现代农业、现代工业、现代国防和现代科学技术的社会主义强国，赶上和超过世界先进水平"[18]。党中央确定分"两步走"实现现代化的战略构想是：从第三个五年计划开始，第一步，经过三个五年计划时期，建立一个独立的比较完整的工业体系和国民经济体系；第二步，全面实现农业、工业、国防和科学技术的现代化，使中国经济走在世界前列。从此，"四个现代化"成为党和全国各族人民的共同奋斗目标，成为凝聚和团结全国各族人民不懈奋斗的强大精神力量。

历史证明，在此后的探索中，即使党和国家遇到种种艰难险阻，甚至犯过"文化大革命"那样严重的错误，但是中国共产党为实现现代化目标而奋斗的决心始终没有动摇，并且取得了巨大成就，"为新时期开创中国特色社会主义提供了宝贵经验、理论准备、物质基础"[19]。对此，习近平深刻地指出："我们进行社会主义革命，消灭在中国延续几千年的封建剥削压迫制度，确立社会主义基本制度，推进社会主义建设，战胜帝国主义、霸权主义的颠覆破坏和武装挑衅，实现了中华民族有史以来最为广泛而深刻的社会变革，实现了一穷二白、人口众多的东方大国大步迈进社会主义社会的伟大飞跃，为实现中华民族伟大复兴奠定了根本政治前提和制度基础。"[20]

（三）改革开放新时期中国式现代化道路的牢固确立与拓展前行

为了实现中国现代化和中华民族的伟大复兴，中国共产党团结带领全国人民，解放思想、锐意进取，创造了改革开放和社会主义现代化建设的伟大成就。

"文化大革命"结束后，如何坚持社会主义，通过什么途径发展社会主义，成为摆在全党面前的首要问题。1978 年 12 月，邓小平在中央工作会议上大声疾呼全党要解放思想。他说："一个党，一个国家，一个民族，如果一切从本本出发，思想僵化，迷信盛行，那它就不能前进，它的生机就停止了，就要亡党亡国。"[21]他还明确提出了改革经济体制的任务，强调："再不实行改革，我们的现代化事业和社会主义事业就会被葬送。"[22]随后召开的党的十一届三中全会做出了把全党的工作重点和全国人民注意力转移到社会主义现代化建设上来、实行改革开放的历史性决策，开启了我国改革开放和社会主义现代化建设的新时期。

十一届三中全会后，中国共产党对中国式现代化的发展思路逐渐清晰。1979 年 3 月，邓小平在会见英中文化协会执行委员会代表团时指出："我们定的目标是在本世纪末实现四个现代化。我们的概念与西方不同，我姑且用个新说法，叫做中国式的四个现代化。"[23]随后，他在中共中央政治局会议上又将"中国式的四个现代化"表述为"中国式的现代化"。他说："我同外国人谈话，用了一个新名词：中国式的现代化。到本世纪末，我们大概只能达到发达国家七十年代的水平，人均收入不可能很高。"[24]这是一个非常重要的调整，改变了过去要在 20 世纪末"走在世界前列"，在钢铁、粮食等工农业生产指标方面赶上或超过世界先进水平的设想，代之以实事求是的、承认落后和差距的现实的目标，反映出中国共产党对社会主义建设规律和经济发展规律的新认识和新把握。1979 年 12 月，邓小平在会见日本首相大平正芳时指出："我们的四个现代化的概念，不是像你们那样的现代化的概念，而是'小康之家'。"[25]当时，他参照发达国家人均收入，给出了人均 1000 美元的标准。稍后，又将"人均收入"修正为国际通用的"人均国民生产总值"的衡量标准。也是在这一年，邓小平还向全党强调："社会主义现代化建设是我们当前最大的政治，因为它代表着人民的最大的利益、最根本的利益。"[26]

1980 年 11 月，邓小平在会见新加坡总理李光耀时指出："中国要摆脱自己的贫困，绝不是本世纪末的事情，甚至于还需花下个世纪的一半时间才能达到。"[27]1981 年 9 月，邓小平在会见美国客人时开始提出建成"小康之家"后 50 年的设想。1982 年 8 月，在会见联合国秘书长德奎利亚尔时邓小平再次阐释了这个设想："我们摆在第一位的任务是在本世纪末实现现代化的一个初步目标，这就是达到小康的水平。如果能实现这个目标，我们的情况就比较好了。更重要的是我们取得了一个新起点，再花三十年到五十年时间，接近发达国家的水平。"[28]

1982 年 9 月召开的党的十二大确定，从 1981 年到 20 世纪末，力争使全国工农业总产值翻两番，使人民的物质文化生活达到小康水平，并且确定了分"两步走"的战略部署。在此前后，邓小平经过反复思考，以战略家的远见卓识和政治家的历史责任感，带领全党科学擘画了从 20 世纪 80 年代初到 21 世纪 50 年代中国式现代化发展的蓝图，这是一幅整整 70 年的宏伟蓝图。

在此基础上，1987 年 4 月，邓小平在会见西班牙工人社会党副总书记、政府副首相格拉时，完整提出了"三步走"的现代化战略构想[29]，并在党的十三大上得到确认。党的十三大提出，到 21 世纪中叶分三步走，基本实现现代化的战略目标："第一步，实现国民生产总值比一九八〇年翻一番，解决人民的温饱问题。这个任务已经基本实现。第二步，到本世纪末，使国民生产总值再增长一倍，人民生活达到小康水平。第三步，到下个世纪中叶，人均国民生产总值达到中等发达国家水平，人民生活比较富裕，基本实现现代化。"[30] 从此，中国实现现代化有了清晰的路线图。

为了实现这个宏伟战略，党中央带领全党紧紧围绕搞清楚"什么是社会主义，怎样建设社会主义"这个重大问题不懈探索，深入推进改革开放，深刻揭示社会主义本质，郑重宣布"把马克思主义普遍真理同我国的具体实际结合起来，走自己的道路，建设有中国特色的社会主义"[31]，郑重确立党在社会主义初级阶段"一个中心、两个基本点"的基本路线，科学回答了建设、巩固和发展中国特色社会主义，实现中国式现代化等一系列基本问题，开创了我国现代化建设新局面。

党的十三届四中全会以后，党中央带领全党在严峻复杂的国内外形势下，坚持党的基本理论、基本路线不动摇，在实践中加深了对什么是社会主义、怎样建设社会主义和建设什么样的党、怎样建设党的认识，成功地把中国特色社会主义推向 21 世纪。同时，展望 21 世纪前 50 年的发展蓝图，提出了实现现代化的新"三步走"战略："第一个十年实现国民生产总值比二〇〇〇年翻一番，使人民的小康生活更加宽裕，形成比较完善的社会主义市场经济体制；再经过十年的努力，到建党一百年时，使国民经济更加发展，各项制度更加完善；到世纪中叶建国一百年时，基本实现现代化，建成富强民主文明的社会主义国家。"[32]这是对邓小平提出的"三步走"战略第三步目标的展开和具体化。

党的十六大以后，党中央带领全党根据新世纪新要求，深刻认识和回答了实现什么样的发展、怎样发展等重大问题，提出在人民生活总体上达到小康水平之后，要抓住 21 世纪头 20 年这个重要战略机遇期，集中力量全面建设惠及十几亿人口的更高水平的小康社会，使经济更加发展、民主更加健全、科教更加进步、文化更加繁荣、社会更加和谐、人民生活更加殷实。这些论述表明，"小康社会"已不只是"中国式现代化"水准和人民生活水平这个概念，而是上升到中国共产党要带领全国人民努力实现的现代化重要发展阶段。对此，习近平深刻指出，在这一历史时期，"我们实现新中国成立以来党的历史上具有深远意义的伟大转折，确立党在社会主义初级阶段的基本路线，坚定不移推进改革开放，战胜来自各方面的风险挑战，开创、坚持、捍卫、发展中国特色社会主义，实现了从高度集中的计划经济体制到充满活力的社会主义市场经济体制、从封闭半封闭到全方位开放的历史性转变，实现了从生产力相对落后的状况到经济总量跃居世界第二的历史性突破，实现了人民生活从温饱不足到总体小康、奔向全面小康的历史性跨越，为实现中华民族伟大复兴提供了充满新的活力的体制保证和快速发展的物质条件"[33]。

（四）中国特色社会主义新时代中国式现代化道路的全面推进与创新发展

为了实现中国现代化和中华民族的伟大复兴，中国共产党团结带领全国各族人民，自信自强、守正创新，统揽伟大斗争、伟大工程、伟大事业、伟大梦想，创造了新时代中国特色社会主义的伟大成就。

党的十八大以来，以习近平同志为核心的党中央坚持以人民为中心的根本宗旨，全面审视国际国内新形势，通过总结经验、展望未来，深刻回答了坚持和发展什么样的社会主义、怎样坚持和发展中国特色社会主义这个重大时代课题，统筹推进"五位一体"总体布局，协调推进"四个全面"战略布局，确立坚持和发展中国特色社会主义的基本方略，提出一系列新理念新思想，出台一系列重大方针政策，推进一系列重大工作，解决了许多长期想解决而没有解决的难题，办成了许多过去想办而没有办成的大事，取得了改革开放和社会主义现代化建设的历史性成就，推动党和国家事业发生历史性变革，引领中国特色社会主义进入新时代，推动中国式现代化发展进入新阶段。

2012 年 11 月 15 日，党的十八大刚刚落幕，习近平在同中外记者见面时就明确指出："我们的人民热爱生活，期盼有更好的教育、更稳定的工作、更满意的收入、更可靠的社会保障、更高水平的医疗卫生服务、更舒适的居住条件、更优美的环境，期盼孩子们能成长得更好、工作得更好、生活得更好。人民对美好生活的向往，就是我们的奋斗目标。"[34] 2015 年 10 月，习近平在党的十八届五中全会上，首次提出了坚持以人民为中心的发展思想，进一步丰富了"为人民谋幸福"的理论内涵。他在省部级主要领导干部学习贯彻党的十八届五中全会精神专题研讨班上的讲话中指出："以人民为中心的发展思想，不是一个抽象的、玄奥的概念，不能只停留在口头上、止步于思想环节，而要体现在经济社会发展各个环节。"[35]

中国特色社会主义新时代是决胜全面建成小康社会，进而全面建设社会主义现代化强国的伟大时代。党的十九大确定决胜全面建成小康社会、开启全面建设社会主义现代化国家新征程的目标，明确提出："从二〇二〇年到本世纪中叶可以分两个阶段来安排。第一个阶段，从二〇二〇年到二〇三五年，在全面建成小康社会的基础上，再奋斗十五年，基本实现社会主义现代化。……第二个阶段，从二〇三五年到本世纪中叶，在基本实现现代化的基础上，再奋斗十五年，把我国建成富强民主文明和谐美丽的社会主义现代化强国。"[36]

按照这样的战略部署，2020 年 10 月，在决胜全面建成小康社会取得决定性成就的关键时刻，党的十九届五中全会通过了《关于制定国民经济和社会发展第十四个五年规划和二〇三五年远景目标的建议》，进一步规划了基本实现社会主义现代化的战略安排。习近平指出："我们所推进的现代化，既有各国现代化的共同特征，更有基于国情的中国特色。""我国现代化是人口规模巨大的现代化。……我国现代化是全体人民共同富裕的现代化。……我国现代化是物质文明和精神文明相协调的现代化。……我国现代化是人与自然和谐共生的现代化。……我国现代化是走和平发展道路的现代化。"[37] 全党要准确把握中国式现代化的特征，切实贯彻第十三届全国人民代表大会第四次会议通过的《中华人民共和国国民经济和社会发展第十四个五年规划和二〇三五年远景目标纲要》的一系列顶层设计和部署安排，准确把握开启全面建设社会主义现代化国家新征程的方向和路径[38]。

2021年1月，习近平在省部级主要领导干部学习贯彻党的十九届五中全会精神专题研讨班上发表重要讲话，语重心长地指出："人民是我们党执政的最深厚基础和最大底气。为人民谋幸福、为民族谋复兴，这既是我们党领导现代化建设的出发点和落脚点，也是新发展理念的'根'和'魂'。只有坚持以人民为中心的发展思想，坚持发展为了人民、发展依靠人民、发展成果由人民共享，才会有正确的发展观、现代化观。"[39]对于中国共产党领导人民在这一时期创造的伟大成就，习近平深刻指出："党的十八大以来，中国特色社会主义进入新时代，我们坚持和加强党的全面领导，统筹推进'五位一体'总体布局、协调推进'四个全面'战略布局，坚持和完善中国特色社会主义制度、推进国家治理体系和治理能力现代化，坚持依规治党、形成比较完善的党内法规体系，战胜一系列重大风险挑战，实现第一个百年奋斗目标，明确实现第二个百年奋斗目标的战略安排，党和国家事业取得历史性成就、发生历史性变革，为实现中华民族伟大复兴提供了更为完善的制度保证、更为坚实的物质基础、更为主动的精神力量。"[40]

2021年7月1日，在庆祝中国共产党成立100周年大会上，习近平指出："中国特色社会主义是党和人民历经千辛万苦、付出巨大代价取得的根本成就，是实现中华民族伟大复兴的正确道路。我们坚持和发展中国特色社会主义，推动物质文明、政治文明、精神文明、社会文明、生态文明协调发展，创造了中国式现代化新道路，创造了人类文明新形态。"[41]

2021 年 11 月，党的十九届六中全会通过的《中共中央关于党的百年奋斗重大成就和历史经验的决议》总结指出："党领导人民成功走出中国式现代化道路，创造了人类文明新形态，拓展了发展中国家走向现代化的途径，给世界上那些既希望加快发展又希望保持自身独立性的国家和民族提供了全新选择。""明确坚持和发展中国特色社会主义，总任务是实现社会主义现代化和中华民族伟大复兴，在全面建成小康社会的基础上，分两步走在本世纪中叶建成富强民主文明和谐美丽的社会主义现代化强国，以中国式现代化推进中华民族伟大复兴。"[42]

为了实现中国现代化和中华民族伟大复兴，中国共产党人做出了卓越的历史性贡献，无论是在革命、建设、改革时期，还是在中国特色社会主义新时代，一代又一代中国共产党人勇往直前以赴之，断头流血以从之，殚精竭虑以成之，书写了坚守初心使命的壮丽篇章。习近平在党史学习教育动员大会上指出："世界上没有哪个党像我们这样，遭遇过如此多的艰难险阻，经历过如此多的生死考验，付出过如此多的惨烈牺牲。一百年来，在应对各种困难挑战中，我们党锤炼了不畏强敌、不惧风险、敢于斗争、勇于胜利的风骨和品质。这是我们党最鲜明的特质和特点。在一百年的非凡奋斗历程中，一代又一代中国共产党人顽强拼搏、不懈奋斗，涌现了一大批视死如归的革命烈士、一大批顽强奋斗的英雄人物、一大批忘我奉献的先进模范。"[43]中国共产党人用行动诠释了自己的初心和使命。历史充分证明，赢得人民信任，得到人民支持，中国共产党就能够克服任何困难，凝聚起建设中国式现代化的磅礴力量，就一定能够在新中国成立 100 周年时，把我国建成富强民主文明和谐美丽的社会主义现代化强国。

三 中国共产党领导人民成功走出中国式现代化道路的经验和启示

中国共产党领导人民为中国式现代化道路奋斗的百年历程，为我国实现全面建成社会主义现代化强国的第二个百年奋斗目标、实现中华民族伟大复兴的中国梦，提供了宝贵经验和深刻启示。

（一）坚持党的领导

中国人民和中华民族之所以能够扭转近代以后的历史命运、取得今天的伟大成就，最根本的是有中国共产党的坚强领导。历史和现实充分证明，中国共产党是领导中国特色社会主义和现代化建设伟大事业的核心力量。中国式现代化是中国共产党领导的现代化，这既是中国人民的正确选择，也是近代历史发展的必然结果。中华民族近代以来180多年的历史、中国共产党成立以来100多年的历史、中华人民共和国成立以来70多年的历史都充分证明，没有中国共产党就没有新中国，就没有中国特色社会主义现代化，就没有中华民族的伟大复兴。习近平强调："办好中国的事情，关键在党。""中国共产党领导是中国特色社会主义最本质的特征，是中国特色社会主义制度的最大优势，是党和国家的根本所在、命脉所在，是全国各族人民的利益所系、命运所系。"[44]在新的征程上，"治理好我们这个世界上最大的政党和人口最多的国家，必须坚持党的全面领导特别是党中央集中统一领导，坚持民主集中制，确保党始终总揽全局、协调各方"[45]。

（二）坚持人民至上

习近平指出："江山就是人民、人民就是江山，打江山、守江山，守的是人民的心。中国共产党根基在人民、血脉在人民、力量在人民。中国共产党始终代表最广大人民根本利益，与人民休戚与共、生死相依，没有任何自己特殊的利益，从来不代表任何利益集团、任何权势团体、任何特权阶层的利益。"[46]这是中国共产党立于不败之地的根本所在。民心是最大的政治，正义是最强的力量。在新的征程上，"坚持全心全意为人民服务的根本宗旨，坚持党的群众路线，始终牢记江山就是人民、人民就是江山，坚持一切为了人民、一切依靠人民，坚持为人民执政、靠人民执政，坚持发展为了人民、发展依靠人民、发展成果由人民共享，坚定不移走全体人民共同富裕道路，就一定能够领导人民夺取中国特色社会主义新的更大胜利"[47]。

（三）坚持马克思主义科学指引

马克思主义是我们立党立国、兴党强国的根本指导思想。中国共产党之所以能够完成中国其他各种政治力量不可能完成的艰巨任务，根本在于坚持马克思主义基本原理和中国实践相结合。《中共中央关于党的百年奋斗重大成就和历史经验的决议》指出："党之所以能够领导人民在一次次求索、一次次挫折、一次次开拓中完成中国其他各种政治力量不可能完成的艰巨任务，根本在于坚持解放思想、实事求是、与时俱进、求真务实，坚持把马克思主义基本原理同中国具体实际相结合、同中华优秀传统文化相结合，坚持实践是检验真理的唯一标准，坚持一切从实际出发，及时回答时代之问、人民之问，不断推进马克思主义中国化时代化。"[48]100 年来，中国共产党团结带领中国人民为实现现代化和民族伟大复兴的一切奋斗、一切牺牲、一切创造，都是在马克思主义指导下的伟大实践。对此，习近平进行了深刻的总结："中国共产党为什么能，中国特色社会主义为什么好，归根到底是因为马克思主义行！"[49]在建设社会主义现代化强国新的征程上，习近平明确要求："坚持把马克思主义基本原理同中国具体实际相结合、同中华优秀传统文化相结合，用马克思主义观察时代、把握时代、引领时代，继续发展当代中国马克思主义、21 世纪马克思主义！"[50]

（四）坚持和发展中国特色社会主义

习近平深刻指出："走自己的路，是党的全部理论和实践立足点，更是党百年奋斗得出的历史结论。"[51]方向决定道路，道路决定命运。中国共产党在百年奋斗中始终坚持从国情出发，探索并形成符合中国实际的正确道路。中国特色社会主义是党和人民历经千辛万苦、付出巨大代价取得的根本成就，是创造人民美好生活、实现中国现代化和中华民族伟大复兴的正确道路。习近平在全面总结中国特色社会主义取得重大成就的基础上指出，中国特色社会主义"创造了中国式现代化新道路，创造了人类文明新形态"。这一重大论断，全新概括了中国特色社会主义的重大理论和实践意义，丰富和拓展了"中国式现代化"的重大命题。"脚踏中华大地，传承中华文明，走符合中国国情的正确道路，党和人民就具有无比广阔的舞台，具有无比深厚的历史底蕴，具有无比强大的前进定力。只要我们既不走封闭僵化的老路，也不走改旗易帜的邪路，坚定不移走中国特色社会主义道路，就一定能够把我国建设成为富强民主文明和谐美丽的社会主义现代化强国。"[52]

（五）坚持开拓创新

《中共中央关于党的百年奋斗重大成就和历史经验的决议》指出："创新是一个国家、一个民族发展进步的不竭动力。越是伟大的事业，越充满艰难险阻，越需要艰苦奋斗，越需要开拓创新。"[53]100年来，中国共产党秉持"为中国人民谋幸福、为中华民族谋复兴"的初心和使命，团结带领人民在浴血奋战中上下求索，在筚路蓝缕中艰难起步，在封闭僵化中勇毅破局，在严峻考验中坚强捍卫，在伟大斗争中砥砺前行，实现了从新民主主义革命到社会主义革命和建设、到改革开放新的伟大革命，再到进入中国特色社会主义新时代的伟大变革。特别是党的十八大以来，以习近平同志为核心的党中央，以高瞻远瞩的战略眼光、始终如一的历史担当、为民无我的崇高境界、兴党强国的使命情怀，对新时代中国特色社会主义发展做出战略安排，党和国家事业取得历史性成就、发生历史性变革，开创了新局面。中国共产党带领人民以"敢为天下先"的勇气，走出了前人没有走出的路。历史和实践证明："只要我们顺应时代潮流，回应人民要求，勇于推进改革，准确识变、科学应变、主动求变，永不僵化、永不停滞，就一定能够创造出更多令人刮目相看的人间奇迹。"[54]

（六）坚持敢于斗争

敢于斗争、敢于胜利，是党和人民不可战胜的强大精神力量。纵观世界社会主义发展史，从巴黎公社起义到俄国工人赤卫队攻占冬宫，从中国革命到多国社会主义革命，从美苏两大阵营相互对峙到"和平演变与反演变"……马克思主义产生和发展、社会主义国家诞生和成长的历程充满着艰辛的斗争。作为用马克思主义理论武装起来的无产阶级政党，中国共产党历经百年征程，领导着一个古老民族自历史深处走来，从神州陆沉中奋起，于"一穷二白"中奋进，在"开除球籍"边缘奋斗，在斗争中诞生、斗争中成长、斗争中壮大，在斗争中锻造成烈火真金。习近平强调："全面从严治党、坚持马克思主义在意识形态领域的指导地位、全面深化改革、推进供给侧结构性改革、推动高质量发展、消除金融领域隐患、保障和改善民生、打赢脱贫攻坚战、治理生态环境、应对重大自然灾害、全面依法治国、处理群体性事件、打击黑恶势力、维护国家安全，等等，都要敢于斗争、善于斗争。领导干部要做敢于斗争、善于斗争的战士。"[55]在建设社会主义现代化强国新的征程上，只要我们把握新的伟大斗争的历史特点，抓住和用好历史机遇，下好先手棋，打好主动仗，发扬斗争精神，增强斗争本领，凝聚起全党全国人民的意志和力量，就一定能够战胜一切可以预见和难以预见的风险挑战。

（七）总结历史经验，把握历史主动

中国共产党走过了100年的光辉历程，团结带领人民取得了举世瞩目的重大成就，也积累了极其宝贵的历史经验。《增广贤文》说："观今宜鉴古，无古不成今。"对历史进程的认识越全面，对历史规律的把握越深刻，中国共产党的历史智慧越丰富，对前途的掌握就越主动。总结历史是为了使全党从历史进程中洞察历史发展规律和时代发展大势，提高认识水平和辨别能力，增强锚定既定奋斗目标、意气风发走向未来的勇气和力量，更加清醒、更加坚定地办好当前的事情。中国式现代化是中国共产党顺应世界大势、领导民族复兴的百年奋斗与世界现代化发展潮流的有机统一。历史证明，一个国家要实现现代化，一个民族要实现伟大复兴，就必须在历史前进的逻辑中前进，在时代发展的潮流中发展。党的十八大以来，习近平指出："只要把握住历史发展大势，抓住历史变革时机，奋发有为，锐意进取，人类社会就能更好前进。""只有顺应历史潮流，积极应变，主动求变，才能与时代同行。"[56]在建设社会主义现代化强国新的征程上，要把中国共产党的历史经验作为正确判断形势、科学预见未来、把握历史主动的重要思想武器，作为想问题、作决策、办事情的重要遵循，作为判断重大政治是非的重要依据，作为加强党性修养的重要指引，顺应世界大势，胸怀宏观视野，把实现中国式现代化和民族伟大复兴放到世界和我国发展的大历史中去把握。

（八）不断推进党的建设新的伟大工程

"勇于自我革命是中国共产党区别于其他政党的显著标志。自我革命精神是党永葆青春活力的强大支撑。"[57]习近平深刻指出："我们党历经千锤百炼而朝气蓬勃，一个很重要的原因就是我们始终坚持党要管党、全面从严治党，不断应对好自身在各个历史时期面临的风险考验，确保我们党在世界形势深刻变化的历史进程中始终走在时代前列，在应对国内外各种风险挑战的历史进程中始终成为全国人民的主心骨！"[58]"中国共产党的伟大不在于不犯错误，而在于从不讳疾忌医，敢于直面问题，勇于自我革命。"[59]在建设社会主义现代化强国新的征程上，"我们要牢记打铁必须自身硬的道理，增强全面从严治党永远在路上的政治自觉，以党的政治建设为统领，继续推进新时代党的建设新的伟大工程，不断严密党的组织体系，着力建设德才兼备的高素质干部队伍，坚定不移推进党风廉政建设和反腐败斗争，坚决清除一切损害党的先进性和纯洁性的因素，清除一切侵蚀党的健康肌体的病毒，确保党不变质、不变色、不变味，确保党在新时代坚持和发展中国特色社会主义的历史进程中始终成为坚强领导核心！"[60]

历史伟业在代代相继中成就，美好蓝图在接续奋斗中实现。习近平指出："建成社会主义现代化强国，实现中华民族伟大复兴，是一场接力跑，我们要一棒接着一棒跑下去，每一代人都要为下一代人跑出一个好成绩。"[61]我们坚信，在中国共产党的坚强领导下，中国人民必将更加紧密团结、共同奋斗，在 21 世纪中叶，把中国建成以人民为中心的社会主义现代化强国，创造更高水平的人类文明新形态，为世界文明增添更亮丽更精彩的中华文明之花。

（执笔：杨丽雯）

第四章 人类文明新形态是社会主义
现代化的文明新形态

在中国共产党领导下，中国人民和中华民族成功走出中国式现代化道路，创造了人类文明新形态。这个新形态，是社会主义现代化的文明新形态。这个新形态，"新"在区别于传统文明形态的现代特征，"新"在超越资本主义文明形态的人民特征，"新"在发展社会主义文明形态的进步特征。这个新形态，表明中国特色社会主义道路是人类文明发展的正途，宣布人类文明迎来了新发展阶段。这个新形态，以实现人的全面而自由发展为最终目的，作为共产主义文明的初级阶段，将开启新的人类文明。

一 扬弃传统文明的社会主义现代化文明新形态

中国传统文明是世界传统文明的优秀代表，构筑了同时期传统文明的"高地"。同时，我们也要看到，传统文明当然不是尽善尽美、无可挑剔的，而是具有明显的历史局限。顺应时代的要求，我们必须剔除传统文明中的糟粕，从而促进传统文明向现代文明转型。从鸦片战争开始，经过 100 多年的艰苦探索，中国终于开辟了符合中国国情的具有独创性的转型路径，形成一种大力发展生产力、全面融入世界历史、继承弘扬中华优秀传统文化的社会主义现代化文明新形态。

（一）彻底解放和大力发展生产力的文明新形态

物质文明是人类文明进步的基础。正如马克思所说："物质生活的生产方式制约着整个社会生活、政治生活和精神生活的过程。"[1]中国用几十年的时间走过西方发达国家数百年的现代化道路，实现了从传统的农业国向工业化、信息化制造大国的转变，并正在为建成社会主义现代化强国而努力奋斗。

1. 社会主义现代化的文明新形态是解放生产力的文明新形态

在马克思主义视野里，社会主义社会、共产主义社会是生产力高度发达的社会。传统文明相较于资本主义文明、社会主义文明，在生产力方面都是极其落后的。从 1840 年鸦片战争开始，中国传统文明的大门被西方列强的坚船利炮无情摧毁，中国由此沦为半殖民地半封建社会。由于内部封建势力与外部列强的阻碍，中国的生产力长期被束缚在"三座大山"筑起的"牢笼"中。在中国共产党成立以前，中国现代化一直被动"裹挟"于西方资本主义国家现代化轨道中，走的是一种依附性的发展道路。然而，中华文明本身是一种具有强大生命力的独特的文明形态，具有非常突出的自我更新、自我修复和自我完善的内驱力。中国共产党成立后，带领中国人民在强大的外在压力下，开始回应西方文明的挑战，积极促进社会转型。中国共产党深刻了解解放生产力的重要意义，以争取民族独立与人民解放为目标，通过土地革命，没收封建地主的土地，实现"耕者有其田"，使农业从封建制度中解放出来；通过大生产运动增加供给，有力支持了战时需求；明确建立工业国的奋斗目标，并通过没收官僚资本，初步建立起国营工业；适时完成社会主义改造，建立起社会主义制度，从根本上打破了束缚生产力发展的旧的生产关系桎梏。中国在这一时期虽还未形成完整的工业体系，但是在中国共产党领导下，生产力开始获得前所未有的解放。

2. 社会主义现代化的文明新形态是发展生产力的文明新形态

1954 年召开的第一届全国人民代表大会，第一次明确提出要实现工业、农业、交通运输业和国防"四个现代化"的任务。社会主义制度建立之后，我国开始了全面建设社会主义的历史时期。20 世纪 60 年代初，逐步将"四个现代化"修改为现代农业、现代工业、现代国防和现代科学技术的现代化，并于 1964 年底 1965 年初召开的第三届全国人民代表大会第一次会议上，宣布分两个阶段、到 20 世纪末达到实现"四个现代化"的目标。"1978 年，三大产业增加值在 GDP 中的占比分别为 27.7%、47.7% 和 24.6%，工业成为国民经济主导产业。"[2]我国建立起独立的比较完整的工业体系和国民经济体系。党的十一届三中全会做出改革开放的历史性决定，全党围绕"以经济建设为中心"开启了解放和发展生产力的改革开放之路。从农村的联产承包责任制到城市的"放权让利"，从最初五个经济特区到全方位开放，从社会主义市场经济体制的确立到财税、国企等制度的改革，毋庸置疑都为中国经济发展进入快车道、在社会主义现代化中发展生产力提供了澎湃动力。

3. 社会主义现代化的文明新形态是生产力高速度发展的文明新形态

马克思指出："生产力是人们应用能力的结果，但是这种能力本身决定于人们所处的条件，决定于先前已经获得的生产力，决定于在他们以前已经存在、不是由他们创立而是由前一代人创立的社会形式。"[3] 中国的社会主义现代化，是在人口多、底子薄、经济文化落后、发展不平衡的基础上蹒跚起步的。作为发展中国家，中国的现代化道路是一条压缩式的现代化道路，因而我们需要在更短的时间内最大限度地聚集资源实现快速发展。在中国现代化道路上，社会主义制度集中力量办大事的优越性得到充分发挥，中国特色社会主义的巨大潜力得到充分释放，社会主义现代化的文明新形态实现了生产力高速发展的奇迹，中国稳居世界第一大工业国、世界第二大经济体。我国经济保持了长期的高速、中高速发展，是由生产力高速度发展作为坚强支撑的。斗转星移，沧海桑田。数十年间，中国由站起来到富起来，并且迎来了强起来的光明前景，与中国在传统文明末期积贫积弱的状况相比，真可谓是天壤之别。

4. 社会主义现代化的文明新形态是高质量发展的文明新形态

与社会主义现代化的文明新形态相伴随的生产力，不仅高速度发展，而且高质量发展。当前，我国经济由高速度发展转向高质量发展，在此背景下生产力高质量发展的特点更加鲜明。从高速铁路到载人航天工程，从杂交水稻到新冠病毒疫苗的研发，从线上经济到5G的开发运用，中国创造了人类生产力高质量发展的文明新形态。数字化与人工智能带来的第四次工业创新浪潮，将大大提升制造业生产力，进而推动经济转型和产业发展。我们一方面保持制造业的占比，遏制"去工业化"，着力打造制造业创新发展体系；另一方面实现工业化和信息化、智能化融合的新型工业化，用5G和人工智能等先进科技抢占国际竞争制高点，从而保持生产力较高水平的发展。在这个过程中，中国共产党把实现全体人民共同富裕放在更加重要的位置，为实现人的自由全面发展创造更坚实的物质基础。

（二）全面融入世界历史的文明新形态

党的十九届六中全会通过的《中共中央关于党的百年奋斗重大成就和历史经验的决议》明确指出，中国式现代化道路和人类文明新形态，"拓展了发展中国家走向现代化的途径，给世界上那些既希望加快发展又希望保持自身独立性的国家和民族提供了全新选择"[4]。由此可见，社会主义现代化的文明新形态，不仅构筑在中国特色社会主义道路的正途大道之上，更是跻身于人类文明的传播与交流之中，是对世界历史演进的深刻总结，旨在实现全人类文明的发展进步。

1. 从马克思主义文明观来看，社会主义现代化的文明新形态是世界历史深入演进的文明新形态

其一，在马克思主义理论视域下，文明是由一定的社会关系中的、从事实践活动的人来创造的，是使人类脱离野蛮状态的所有社会行为和自然行为构成的集合。因此，文明的本质需要从物质生产方式中去找寻。文明之变迁，实为生产方式之变迁。其二，马克思始终从人的发展程度来考察人类文明的历史进程，始终从人的解放的总体进程来把握人类文明进步的总体走向，始终从人的解放的历史阶段来把握人类文明进步的历史特征。因此，马克思主义认为，人类文明的进步不是一蹴而就的，而是一个渐进发展的动态过程，文明的进步程度是和人的发展程度相一致的。作为共产主义社会第一阶段的社会主义社会，必然也是对资本主义社会形态的超越，是在对世界历史演进历程进行深入把握基础上提出的。

2. 从人类文明发展是求同存异的演进历程来看，社会主义现代化的文明新形态是世界历史深入演进的文明新形态

16 世纪之前的中华文明，一直占据着世界上传统文明群体的领先位置。传统文明是在孤立的地点上各自发展的。近代以来，西方资本主义国家在航海、殖民和贸易等多种因素推动下，开始了现代化历程，使文明形态产生了新的跃迁。但这种文明是一种霸权文明，"它使未开化和半开化的国家从属于文明的国家，使农民的民族从属于资产阶级的民族，使东方从属于西方"[5]。然而，不同的民族在不同空间范围内绵延发展，文明的时空差异不可能被彻底抹去，世界文明必然是在相互借鉴和交流中实现自身发展的。社会主义现代化的文明新形态，正是在继承中华民族优秀传统文化，吸收世界各民族先进文化的基础上形成的，是对世界文明和谐发展、共同繁荣的最好证明。在 2022 年北京冬奥会开幕式上，由代表无数国家的小雪花组合而成的"一朵雪花"，在象征奥运"团结"精神的同时，也体现着"我们是一家"的文明理念，彰显着人类文明的相互包容与交汇融合。

3. 从人类文明新形态重塑人类文明走向来看，社会主义现代化的文明新形态是全面走向世界历史的文明新形态

在世界"百年未有之大变局"下，世界格局的重新调整、东西方之间意识形态的对立，都在对人类文明发展构成不小的挑战。如何推动世界百年未有之大变局正向发展，使人类社会向着更加光明、文明的方向前行，中国共产党给出了全新的答案——积极推动构建人类命运共同体。党的十八大以来，以习近平同志为核心的党中央在深刻把握世界发展大势的基础上，提出了构建人类命运共同体的主张，这一主张不仅继承了马克思主义的宏大世界历史视野和思想逻辑，也蕴含着源远流长的中国智慧，在引领经济全球化的同时，也在引领人类文明的全面转型，为回答和解决21世纪人类面临的共同挑战，开拓了新的思想维度。

（三）中华传统文化现代转型的文明新形态

"文化"具有广义与狭义之别。广义的"文化"可理解为"文明"的同义语，既包括精神层面的成果，也包括物质层面的成果。这里取"文化"的狭义内涵，仅指精神层面的文化。文化是民族的血脉，是人民的精神家园。在中国，传统文明对应着中华传统文化。社会主义现代化的文明新形态不是割断历史文化，而是对传统文化进行创造性转化、创新性发展的文明新形态。

1. 社会主义现代化的文明新形态是走共同富裕道路的文明新形态，实现了"富民""均平"理念到"共同富裕"的现代转型

中华优秀传统文化中蕴含着丰富的"富民""均平"理念，《管子·治国》中提出了"凡治国之道，必先富民"的思想，"富民"是古代治国安邦的必要举措。"均平"则是古代中国人民孜孜以求的伟大梦想，体现了对社会公正的希冀。东汉黄巾起义提出的"致太平"，北宋王小波、李顺起义宣扬的"吾疾贫富不均，今为汝均之"，

皆体现了农民阶级朴素的"不患寡而患不均"的思想。南宋钟相、杨幺领导的农民起义不仅要求"均富",还渴望社会地位的平等,主张"我行法,当等贵贱、均贫富"。太平天国运动所代表的旧式农民阶级运动,提出了平分土地的愿望,而且希望建立一个"无处不均匀、无人不饱暖"的理想社会,把古代农民的"均平"思想又上升了一个高度。但是,这种"均平"带有浓厚的空想色彩,康有为和孙中山都曾为这一理想追求进行了艰难求索却均以失败而告终。中国共产党既坚持了天下大同的理想,又找到了科学的实现路径。毛泽东曾说:"大同者,吾人之鹄也。"[6]他将大同思想与共产主义理想相结合,通过建立公有制和实行土地革命,开辟了由天下为公的大同理想走向共同富裕的共产主义现实的革命路径。改革开放以来,中国共产党人通过实践"先富带后富""效率优先、兼顾公平""共享发展"等分配制度,使人民不仅生活富足,还能切实感受到社会的公平公正,创造了人类文明新形态。2022年初,科技部、浙江省人民政府联合印发《推动高质量发展建设共同富裕示范区科技创新行动方案》。按照该方案,到2035年,浙江将建成高水平创新型省份和科技强省,成为展示新型举国体制优越性的"中国创新之窗",为基本实现共同富裕提供可复制、可推广的经验模式。

2. 社会主义现代化的文明新形态是将自身发展与人类进步统一起来的文明新形态,实现了"协和万邦"到"人类命运共同体"的现代转型

"协和万邦"思想是中国传统"和"文化的重要表征,是中华民族对外交往理念的集中体现。《尚书·虞书·尧典》中写道:"克明俊德,以亲九族。九族既睦,平章百姓。百姓昭明,协和万邦,黎民于变时雍。"这是尧帝为维持部族关系和谐而提出的政治理念，他的这种"协和万邦"思想也促进了之后各个朝代对外交往的繁荣发展。秦朝初步形成朝贡制度，朝贡作为一种经常性的对外贸易交往方式深受统治者的重视。在朝贡制度下，中国与朝贡国建立互动交往关系，形成了早期的国际交流体系。例如，汉代张骞出使西域开辟"丝绸之路"，唐朝鉴真东渡日本传播博大精深的中国文化，明朝郑和七下西洋极大地推动了中国与亚非各国的互动交往。中国共产党的"人类命运共同体"理念是对古代"协和万邦"思想的继承与发展。2012 年 11 月，党的十八大提出"倡导人类命运共同体意识"，习近平对此多次做出阐发，特别是 2015 年在博鳌亚洲论坛年会上从相互尊重、平等相待、互利共赢、交流互鉴等不同角度对构建人类命运共同体提出具体阐释。为推动构建人类命运共同体，习近平 2013 年提出共建"一带一路"倡议。截至 2022 年 6 月初，我国已与 149 个国家和 32 个国际组织签署共建"一带一路"合作文件 200 多份[7]。

3. 社会主义现代化的文明新形态是以人民为中心的文明新形态，实现了"民惟邦本"到"人民至上"的现代转型

民本思想是中国传统政治文化的核心内容，强调人民才是国家发展的根本。夏朝大禹之孙太康，因为缺乏君主的德行和修养，长期在外田猎不归，招致百姓不满，被有穷后羿侵占了国都。对此，太康的弟弟做了《五子之歌》，最早提出了"民惟邦本，本固邦宁"的民本思想。周朝对这一民本思想进行了发展，基本内核是"敬德"和"保民"。春秋战国时期，各诸侯出于自身利益的考虑，提出了爱民、养民、安民、亲民、惠民、利民等主张，以巩固自身的统治。总体而言，中国传统的民本思想重视人民的作用，但归根结底还是为君主服务的。无论是"民贵君轻"的政治信条，还是"民心向背"的古训，实际上旨在让君主顺民心，以维护统治。中国共产党对古代的民本思想既有延续，又有超越。从毛泽东提出的"全心全意为人民服务"，到习近平指出的"人民是我们党执政的最大底气"[8]和"我将无我，不负人民"[9]，始终坚持了以人为本、人民至上的理念。在价值观念上，以人民为中心、人民至上，转化和发展了"民惟邦本"的思想，超越了古代统治阶级和百姓的根本对立，切实以保障人民的利益和幸福为旨归。在治理原则中，以人为本、人民至上，超越了古代依靠"贤君""能臣"的"贤能政治"，建立了现代民主政治，把传统的被统治角色转变为参与国家治理的主体角色，确保和彰显了人民的主体地位。2022年"两会"期间，在内蒙古代表团审议现场，坐在后排的史玉东代表举手发言，向习近平讲述自己对奶业发展的思考和建议，习近平和他深入探讨，并对他们的下一步工作提供了科学指导，史玉东激动地说："我觉得这就是民主最生动的体现。"[10]

4. 社会主义现代化的文明新形态是人与自然和谐共生的文明新形态，实现了"天人合一"到建设美丽中国的现代转型

中华传统文化中的"天人合一"强调人与自然的和谐统一，承载着中华文明几千年积淀的生态智慧。庄子强调人与自然之间的共生共存、和谐统一："天地与我并生，而万物与我为一。"[11]孔子讲："人能弘道，非道弘人。"[12]"天道"由人来彰显，"人"对"天"负有神圣的责任。这就要求"人"不仅应该"知天"，而且应该"畏天"。若一味把"天"当作征服的对象，必将受到"天"的惩罚。周文王在临终之前还不忘嘱咐武王："山林非时不升斤斧，以成草木之长；川泽非时不入网罟，以成鱼鳖之长；不麛不卵，以成鸟兽之长。是以鱼鳖归其渊，鸟兽归其林，孤寡辛苦，咸赖其生。"[13]意思还是要加强山林川泽的管理，保护生物，因为国家治乱兴亡与生态的好坏密切相关。古代"天人合一"的思想更多指向的是人与自然的关系问题，主要经历敬天、知天、畏天的发展过程，最终达到人与自然共生的理想境界。中国共产党从具体实际出发，借鉴吸收中华传统文化"天人合一"思想的精髓，创造性提出了"绿水青山就是金山银山""人不负青山，青山定不负人"等一系列理念，持续推动美丽中国建设，为实现经济发展和环境保护协同共进、构建人与自然生命共同体探索了一条切实可行之路。2021年6月，原本栖息在云南省西双版纳傣族自治州境内的一群野生亚洲象北上及返回之旅，引发全球关注。中国政府与民众携手护象的行动得到世界点赞，这正是美丽中国的生动体现。

二　超越资本主义文明的社会主义现代化文明新形态

18世纪，西方资本主义国家在工业革命的影响下走上了现代化道路，把人类文明推向了一个新的发展阶段。但是，在资本主义私有制的支配之下，资本主义国家的现代化是一种遵循资本逻辑的现代化，其所创造的资本主义文明形态，片面追求资本利益，造成了人的"物化"和"片面化"，奉行殖民掠夺主义，建立和维护世界霸权，是违背人类文明的发展规律的。"中国共产党带领人民创造的人类文明新形态，就是社会主义现代化的人类文明新形态，是高于和超越资本主义现代化文明的人类文明新形态。"[14]社会主义现代化道路在实现了对资本主义文明超越的同时与世界文明紧紧相连，为世界文明的发展提供了活力。

（一）摒弃资本为王的文明新形态

文艺复兴后，许多国家摆脱了封建统治，选择了资本主义文明形态，走上了资本主义道路，在此后几百年里创造了大量的物质财富。资本主义国家积累了巨大的财富，为资本主义文明的进一步发展奠定了雄厚的物质基础，使资本主义文明也呈现出一种以资本为"本"、以资本为"王"的形态。随着资本主义生产关系的不断发展，越来越多的国家被卷入其中，随着全球化进程的加快，全球多数国家和地区都成为西方资本主义文明体系的组成部分。

在资本主义文明体系中，一方面，由于生产资料私有制导致工人逐渐成为生产的工具，资本无限度地压榨工人的剩余价值，工人既感受不到作为人的力量，也感受不到作为人的尊严，在这种生产活动中找不到乐趣和意义，能够感受到的只有来自资本家的剥削与压迫。比如在人类近代史上带有极度罪恶性质的黑人奴隶贸易，一是为了赚取更多的资本，二是为了获取廉价劳动力。霸权主义行径、严重社会问题等都是资本主义文明的产物，严重危害了人类社会的和谐发展，只为了满足资本家的利益。另一方面，在利益的驱动下，为了使生产资料可以满足生产活动的需要，资本主义文明影响下的资本所有者不顾人与自然之间的互相依存关系，对自然界进行过度掠取，从而导致环境破坏、污染问题严重、自然系统平衡力与整体性遭到破坏。随之而来的是自然环境的退化、资源的再生能力变差以及人类的生存环境恶化等方面的问题。在 19 世纪二三十年代的欧美，资本主义农场需要肥料，于是驱使农场主大量进口鸟粪；为了掠夺鸟粪，提高产量，美国政府在 19 世纪下半叶抢占了几十个海岛。随着磷肥和氮肥的合成，

化肥被资本家滥用，无限量供应的化肥让资本家可以种植出高产量的
农作物，却大大损害土壤固有的有机物，妨碍植物吸收无机氮。过量
的化肥渗入水源对人类及其他生物生命安全造成了极大的威胁。20
世纪 30～70 年代，在资本主义国家陆续发生了"八大公害事件"。其
中最严重的是 1952 年发生的"伦敦烟雾事件"，大量的工厂废气被
排放在空气中严重污染城市空气，从 12 月 5 日到 12 月 8 日的 4 天
里，伦敦市死亡人数比常年同期多出 3000～4000 人[15]。其他 7 个事
件也都是由于空气、水源、食物等遭到工业污染，从而导致各种
公害。

　　资本主义现代文明最根本的缺陷在于把资本看作一切事物的前
提。资本家在资本逻辑的驱使下，把自身的贪婪与欲望建立在奴役多
数人、破坏自然生态系统的基础上。因此，这种文明本质上是一种维
护小部分人的利益从而牺牲大部分人的利益的文明。随着人类文明的
不断推进和发展，资本主义终将被人类社会所摒弃，亦会被更高的新
的文明形态所替代，这便是社会主义现代化的文明形态。

　　社会主义现代化文明是"物质文明、政治文明、精神文明、社
会文明、生态文明协调发展"[16]的文明形态，"五大文明"协调发展
是人类文明新形态的基本特征。由此可见，中国式现代化道路是多维
度文明协调发展的文明，有效避免了西方资本主义文明中以资本为
"本"所导致的一系列危机。从人与社会的角度来看，与资本主义文
明不同的是，成长于中国大地的人类文明新形态是从人类本身出发，
立足于人类社会，目的是促进人的全面发展。在马克思主义看来，人
才是社会的主体，人作为历史的创造者和社会进步的推动者，其主体
地位不是一种抽象的精神性存在，只有在具体的现实的生活中才能展
现。在中国现代化道路中，党和国家注重引导个体的人进入复杂的社

会关系中，通过在社会关系中的交往、沟通丰富自身的物质生活和精神生活，从而实现人的全面发展和社会文明的全面进步。然而，资本主义文明却是以资本为"本"，其目的是实现资本的无限积累。人尤其是工人被资本剥削、压迫、控制和"异化"，"工人的产品越完美，工人自己越畸形；工人创造的对象越文明，工人自己越野蛮"[17]。从人与自然的角度来看，人类文明新形态以人与自然和谐相处为原则，提倡走"绿色、协调、可持续"的发展道路，致力于构建人与自然之间的共同体，从而实现人与自然和谐共处的美好景象，这与西方资本主义为了资本增殖而牺牲自然环境的文明有着本质的区别。从国家与国家之间的关系以及人类共同命运的角度来看，在全面推进中国特色社会主义现代化建设的新征程上，习近平创造性地提出构建"人类命运共同体"的理念，倡导全人类共同价值，提倡世界各国和人民和谐发展，共同应对人类所面对的挑战，共同享受发展的成果。中国以实际行动诠释了"人类命运共同体"，彰显了大国担当，也为世界文明发展贡献了中国智慧，提出了中国方案。

目前我国已经实现第一个百年奋斗目标，在实现全面现代化道路上，党和国家在马克思主义理论的指导下始终把为人民谋幸福，为中华民族谋复兴作为初心使命，把实现共产主义作为最终目标。中国共产党所创建的人类文明新形态，也会随着共产主义事业的蓬勃发展，在未来社会以一种更高程度的文明形态造福于人类社会。

（二）坚持人民至上的文明新形态

中国共产党百年来始终践行着为人民谋幸福、为中华民族谋复兴的初心和使命，始终坚持以人民为中心，不断探索中国式现代化道路，创造了人类文明新形态。人类文明新形态是对人的全面发展的关注与追求，其实践路径是践行以人民为中心的发展思想，坚持代表最广大人民的根本利益，坚持发展为了人民、发展依靠人民、一切成果由人民共享。坚持以人民为中心是中国共产党在百年奋斗中始终坚持的一个原则，党的各项工作都是围绕为了人民这一主题开展的，党的一切奋斗都是为了带领人民实现对美好生活的向往，推动全体人民共同富裕和人的全面发展。

1. 在物质文明上，中国共产党团结带领广大人民以满足和改善人民的需求为目标进行经济建设，不断创造幸福生活

无论是在战火纷飞的革命年代，还是在艰苦卓绝的建设时期，中国共产党都注意发展生产以改善人民生活。特别是在改革开放以来的40多年里，中国共产党始终坚持以保障和改善民生为经济发展的目标，充分发挥社会主义制度的优越性，建立社会主义市场经济体制，大力发展生产力，发展包括教育、社会保障等各项社会事业，在实现经济快速增长的同时形成了社会长期稳定的良好局面。20多年前，西部地区存在大片"空中不飞鸟，地上不长草，风吹沙砾满地跑"的戈壁滩，而"干沙滩"如今变成了"金沙滩"，西部地区的变化正是我国脱贫攻坚伟大工程的缩影，是中国特色社会主义制度优越性的彰显。

2. 在政治文明上，党和国家坚定不移地走出了自己的政治发展道路

全过程人民民主是在党和国家不断发展和完善社会民主、实现人民当家作主的过程中形成的中国式民主，是一种吸收和借鉴人类政治文明优秀成果的新型民主。不同于西方所谓的少数人的狭隘的"民主"模式，全过程人民民主从中国国情出发，是全民的民主。在推进党和国家的政治体制日益完善、人民当家作主制度体系更加健全、中国特色社会主义法治体系全面建设的历史进程中，全过程人民民主始终广泛、全面、充分地发挥着作用，使各方面制度充分体现人民意志，保障人民权益，人民历史主体地位得到充分彰显。

3. 在精神文明上，中国共产党始终立足中国优秀传统文化的数千年传承，创造和发展了革命文化和社会主义先进文化

中国共产党以马克思主义为指导，继承和弘扬中国革命精神，学习和发扬时代精神，切实推动我国精神文明建设的各项工作。核心价值观承载着一个民族的精神追求，是国家文化软实力建设的重点。中国共产党扎实推进社会主义核心价值体系建设，切实把社会主义核心价值观贯穿于社会生活方方面面，不断推动社会主义核心价值观内化于心、外化于行，确保精神文明建设的各项工作取得实效。2021 年 7 月 20 日，求是网特别推出"中国共产党人的精神谱系"专栏，集中展现百年来中国共产党从"伟大建党精神"这一源头出发而形成的一系列伟大精神，彰显了百年来中国共产党的精神力量。

4. 在社会文明上，党和国家从人民的根本利益出发，着眼于人民的基本需求，搞好民生建设和社会治理

党和国家以保障和改善民生为重点加强社会建设，完善社会治理体系，把提升社会文明作为建设社会主义文化强国的重要任务。党的十八大以来，以习近平同志为核心的党中央在教育、就业、社会保障、医疗卫生等方面提出了一系列重大举措，人民生活水平得到了全方位提升，人民的获得感、幸福感、安全感不断增强，形成了百姓安居乐业、社会稳定有序的良好局面。随着小康社会的全面建成，我国已经开启了全面建设社会主义现代化国家新征程，我国的社会文明建设将会得到更快更好的提升。

5. 在生态文明上，党和国家把马克思主义生态文明思想同中国的具体实际相结合，走具有中国特色的社会主义生态文明道路

党和国家探索人与自然和谐共生的生命共同体发展战略，先后出台了一系列重大决策，坚决落实"绿色发展理念"。坚持以生态优先、绿色发展为导向的高质量发展路径；坚持"绿水青山就是金山银山"理念，加大生态治理和保护力度；着力打赢污染防治攻坚战，打好蓝天、碧水、净土保卫战，全力推进"碳中和""碳达峰"战略目标等，都是我国在推进生态文明建设过程中提出的方案，并且取得了明显成效。据统计，截至 2020 年底，我国单位 GDP 二氧化碳排放量较 2005 年降低约 48.4%，超额完成下降 40%~45% 的目标[18]。

（三）坚持和平发展的文明新形态

现代化是世界历史发展的必然趋势和主要旋律，而走向现代化的道路绝不是唯一的。中国式现代化道路是立足于中国现实的独特道路，与西方国家"靠暴力掠夺殖民地实现崛起""以其他国家落后为代价的现代化"[19]相区别，中国式现代化道路是独立自主与和平发展的文明新形态，是推动人类共同发展的文明新形态。

资本主义国家的现代化是侵略性的、掠夺性的。纵观整个西方国家现代化发展历程，资产阶级是通过血与火的战争实现资本的原始积累，才走上现代化发展道路的。马克思指出："在欧洲以外直接靠掠夺、奴役和杀人越货而夺得的财宝，源源流入宗主国，在这里转化为资本。"[20]资本主义文明是在资本扩张生存空间中形成的，在资本的原始积累阶段，资本扩张的罪恶罄竹难书。"从 15 世纪最后 30 多年到 18 世纪末，伴随着对人民的暴力剥夺的是一连串的掠夺、残暴行为和人民的苦难。"[21]这场持续了 300 多年的圈地运动给人民带来了不可预知的苦难，并在此后的几百年里发展成一种趋向"完善"的制度，守护着"吃人的羊群"；臭名昭著的奴隶贸易的实质是资本主义国家依靠人类血肉贸易来达到资本增殖的目的；英国东印度公司的鸦片贸易给中国人民造成了巨大灾难，正是其罪恶史的集中体现；美国殖民者驱逐印第安人的血泪史，经过几百年将北美印第安人由最初的 500 多万屠杀到只剩 25 万左右，资本主义国家的殖民主义行径令人发指。

当代资本主义发达国家的殖民掠夺披上了"文明"外衣，其本质并未有所改变。西方资本主义国家打着"传播现代化文明"的口号，利用经济、军事、科技等方面的优势在全世界范围内进行文化输出和价值渗透，通过所谓的"跨国资本的转移"来剥削不发达国家和地区，通过垄断现代科学技术以获取暴利。尽管前宗主国迫不得已同意非洲国家从殖民地状态独立出来，但它们仍然以一种更隐蔽的方式输出自己的政治体制以及经济社会治理模式。它们所提供的援外方案都有着非常严格的附带条件，或者要求跨国企业优先抢占市场份额，或者变相要求提供资源的开采权或特定市场领域的垄断地位。"2003 年格鲁吉亚发生了'玫瑰革命'，2004 年乌克兰发生了'橙色革命'，2005 年伊拉克发生了'紫色革命'、吉尔吉斯斯坦发生了'郁金香革命'、黎巴嫩发生了'雪松革命'。"[22]这一系列"颜色革命"不是任何真正意义上的革命，而是西方势力挑起动乱、用以掩盖资本主义国家在世界范围内维持霸权体系的工具。从这些资本主义国家的现代殖民手段中我们可以发现，资本主义的现代化依赖于对外扩张和海外殖民，虽然现阶段方式方法不同于原始积累时期，但是在资本逻辑主导下的掠夺与殖民的本质丝毫没有变化。

中华传统文化秉持"以和为贵""国泰民安""求同存异""有容乃大""亲仁善邻"的价值理念，这显然与资本主义生产方式所呈现出的掠夺性和侵略性不同。在世界安全与和平问题上，中国共产党始终奉行独立自主、和平共处的外交政策，坚持走和平发展道路。中国政府和人民始终以独立姿态参与国际事务，在国际争端中始终坚持以对话化解冲突，始终站在道义的、正确的一边，中国人民绝不接受"国强必霸"的西式逻辑，不会将自身的发展建立在侵害他国核心利益之上，而是立足于全人类的共同价值，与世界爱好和平发展的国家一道共同处理全球事务、共同分享发展成果。这是基于中国传统文化、中国具体国情以及世界发展趋势的必然选择。中国坚持和平共处五项原则，先后提出秉持和平、发展、合作、共赢的理念，提出和谐世界思想，提出推动构建"人类命运共同体"的理念；建立起了与各国家或地区深化经济、战略合作的制度框架，其中既有金砖五国、上海合作组织，也包括中国欧盟论坛、中国中东欧领导人会晤、中非论坛、中国-阿拉伯国家合作论坛以及中拉加共同体论坛等多边合作机制；以更大力度、更高水平的对外开放，充当着"世界工厂"与"世界市场"的双重身份，为各国分享"中国红利"创造更多机会；以"立己达人、兼济天下"的胸怀搭建多边对话和合作平台、推动"一带一路"建设、积极开展对外援助，开创了人类共同发展的文明新形态；打破了西方资本主义对于现代化道路的"垄断"，创新现代化的发展路径，成功走出中国式现代化的发展道路，同时尊重世界文明的多样性，将中国的现代化道路同世界文明紧紧相连，向世界展现

了一种不同于西方国家依赖殖民掠夺的、真正顺应人类文明发展规律
的文明新形态，为世界上其他发展中国家建设现代化提供了新的选择
和路径，为人类文明共同进步提供了新的参照。

三　发展社会主义现代化的文明新形态

近代以来，中国在努力实现现代化的进程中，一方面从"努力
学习西方"到"西方文明在中国人民心目中的破产"再到"大胆吸
收和借鉴人类社会创造的一切文明成果"和"文明互鉴"，实现了对
资本主义文明的超越；另一方面经历了从"走俄国人的路"到"以
苏为鉴"再到"走自己的路"，中国式现代化道路实现了对传统社会
主义文明的新形态的超越[23]。中国式现代化道路开创的人类文明新
形态是一个充满活力的有机系统，作为人类文明进程的一部分，是不
断推动社会主义文明自我完善、自我革新、自我提高，不断发展社会
主义文明的文明新形态。

（一）遵循客观规律的文明新形态

坚持一切从实际出发、按规律办事，是马克思主义的基本要
求，也是中国共产党的工作原则和优良传统。邓小平认为："实事
求是，是无产阶级世界观的基础，是马克思主义的思想基础。过去
我们搞革命所取得的一切胜利，是靠实事求是；现在我们要实现四
个现代化，同样要靠实事求是。"[24]搞社会主义建设，发展社会主义
经济，必须正确认识和尊重社会主义经济建设的客观规律。他说：
"我们要按价值规律办事，按经济规律办事。搞得好，有可能为今后

五十年以至七十年的持续、稳定、协调发展打下基础。"[25]中国特色社会主义进入新时代，习近平也指出："要防止出现颠覆性错误，就要深入认识共产党执政规律、社会主义建设规律、人类社会发展规律，而要认识规律，就要牢牢掌握和运用辩证唯物主义和历史唯物主义，牢牢掌握和运用中国特色社会主义理论体系。"[26]社会主义文明新形态正是通过深化对不同领域不同层面的规律的认识，在遵循客观规律中发展起来的文明新形态。

1. 一切从实际出发、立足国情的人类文明新形态

由于历史条件、文化传统、现实情况等因素的影响，不同国家不可能走同样的现代化道路。中国作为后发国家，在现代化的进程中经历了一段曲折的历程。鸦片战争以后，中国人在遭受半殖民地惨痛境遇的同时也认识到西方文明的先进。许多仁人志士试图"向西方国家寻求真理"，在几经尝试之后，西方文明最终在中国破产。在中国人陷入迷茫之际，马克思列宁主义传入了中国，给中国人民带来了曙光和希望。在社会主义建设初期，尽管我们学习、借鉴了苏联经验，如计划经济、发展重工业，但是并没有亦步亦趋模仿苏联发展模式。以毛泽东同志为主要代表的中国共产党人清楚认识到走一条独立自主的现代化道路的重要性。毛泽东提出："最重要的是要独立思考，把马列主义的基本原理同中国革命和建设的具体实际相结合。"[27]历史和实践证明，中国的现代化道路正是符合人类社会发展规律的原创性的现代化道路。中国以实现人的自由而全面的发展为目标，坚持"人民至上"的发展理念，扎实推动全体人民共同富裕、持续推动人与自然和谐共生、提出构建人类命运共同体等，开启了人类文明新形态。从"两手论"到"五位一体"总体布局，提出不断推进"物质文明、

政治文明、精神文明、社会文明、生态文明"协调发展，充分体现了中国式现代化道路是立足中国实际的道路。中国式现代化道路用实践破解了世界各国关于现代化道路的迷思，向世界表明，没有"放之四海而皆准"的具体发展模式，也没有一成不变的发展道路，后发国家同样可以依据本国国情推进现代化，这是人类社会发展的客观规律。

2. 遵循经济社会发展规律、坚持全面协调发展的人类文明新形态

人类社会经常处于各种各样的问题与风险当中，经济状况不良、发展动力欠缺、社会秩序紊乱、环境持续恶化等问题频频出现。在社会主义制度诞生之前，剥削制度是其根源。但是，在社会主义国家发展史上，这些状况也屡见不鲜，究其原因，在很大程度上是没有很好地遵循经济社会发展规律所致。我们在社会主义现代化建设中也曾经有过类似的深刻教训。改革开放以来，中国共产党积极把握经济社会发展规律，不断推进科技、文化、体制机制各方面的自主创新，建设创新型国家。中国共产党既把握市场经济的一般规律，又把社会主义国家的宏观调控同市场相结合，更好发挥政府作用，在一定程度上避免了市场的盲目性、自发性以及滞后性等弊端；在宏观和微观上都注意合理配置资源、节省劳动、增强活力，不断提高经济效益；引导经济从高速度发展转变为高质量发展，实现增长与发展的统一，以保持经济持续健康发展；注重社会的活力与秩序相统一，在稳定中谋发展、以发展来促稳定。中国在现代化道路上成功化解了一系列风险与挑战，中国经济社会发展成为一个遵循客观规律的过程。

3. 遵循自然发展规律、促进人与自然和谐共生的人类文明新形态

"只有尊重自然规律，才能有效防止在开发利用自然上走弯

路。"[28]中国的现代化道路也经历了一个向自然界进军、改造自然、征服自然的历史过程。在工业化不断发展、为现代化奠定物质基础的过程中，自然环境、生态系统也曾遭受到极大的伤害，绿地面积减少，土地逐渐沙化，湿地开始干枯，水土不断流失，水、土、空气遭到污染，出现了严重的生态问题。自然规律要求人们充分认识到人与自然是共同体，在追求经济发展的过程中不能突破自然所能承载的极限。中国共产党适时提出生态文明建设，坚持尊重自然、顺应自然、保护自然，促进人与自然和谐共生；提出"绿水青山就是金山银山"理念，倡导保护生态环境就是发展生产力；坚持推动绿色发展，努力开创遵循自然规律的社会主义生态文明。

（二）注重整体发展的文明新形态

在西方资本主义发展历史上，现代化起源于工业化，而其他国家正是看到西方资本主义国家走上现代化的历程，便一致认为"工业化即现代化"。从生产力的历史作用来看，这是有道理的。然而，仅仅以工业化作为开端的现代化必然会造成社会发展和人的发展的物化、片面化和工具化[29]。如果仅从经济发展角度进行现代化，必然会导致一种"唯GDP"论，对文明发展造成伤害。马克思恩格斯曾经揭露资本逻辑导致的只注重物质文明所带来的种种后果。传统社会主义文明超越了资本主义文明对物质文明片面追求的重大缺陷，但尚未完全克服其弊端。这一方面是因为执政党对社会主义文明认识不足，社会主义文明的发展还缺乏经验；另一方面则是由于社会主义长期处于资本主义和敌对势力的包围、遏制、封锁中，很难从容地、系统地整体发展。

中国式现代化道路正是既实现了对资本主义文明的超越，又实现了对传统社会主义文明的扬弃，是注重整体发展的现代化之路。中国创造的社会主义现代化的文明新形态表明，现代化不能仅仅定义为工业现代化或者政治现代化，现代化应该是一个复合概念，即包含经济、政治、文化、社会、生态等全面发展的现代化。中华民族是理性、务实的民族，讲求辩证法是其思维模式中的最大特征。中国共产党将这一特点与马克思主义立场观点方法相结合，在中国现代化道路上更注重辩证性、全局性，在借鉴和学习中形成了系统的、整体的文明观。

纵观中国现代化的发展历程，整体发展的文明新形态有其清晰的形成脉络。改革开放之后，党提出一手抓物质文明，一手抓精神文明，"两手抓，两手都要硬"[30]的"两手论"。随着改革开放的不断深化和经济社会的持续发展，"两手论"已经不能充分体现人民对民主政治发展的需求，党的十五大报告明确提出政治文明建设的要求。党的十六大明确提出"全面建成小康社会"，并形成新的现代化建设目标。随着我国社会转型和体制转轨的速度进一步加快，城乡差距、人口问题等社会建设方面的问题显现，中国共产党明确了"社会建设"对和谐社会构建的重要性，现代化建设扩展为"四位一体"。长期高速的经济发展也带来资源环境方面的欠账，为实现人与自然的和谐发展，党的十八大正式提出"生态文明建设"，标志着"五位一体"的中国特色社会主义现代文明体系的形成。党的十九大报告阐明，到2050年，"把我国建成富强民主文明和谐美丽的社会主义现代化强国"[31]。全面建成社会主义现代化国家就是要把我国建设成为经济现代化、国家治理体系和治理能力现代化、文化现代化、社会现代化、生态文明现代化的社会主义现代化强国。这是对"五位一体"的进一步发展和创新，是我国社会主义现代化建设中的理论瑰宝和经验总结。

新时代，中国式现代化道路日趋成熟，为世界现代化道路提供了中国方案，为各发展中国家建设现代化提供了新的选择路径。人类文明新形态是一个相互联系、辩证统一的整体。中国式现代化道路和人类文明新形态"对于中国的现代化实践来说，是建设性的；对于片面的西方现代性来说，是完整的；对于西方的'现代性之殇'来说，是反思的、批判的、革命的；对于世界各国的现代化建设来说，是可选择、可借鉴的"[32]。中国式现代化道路始终面向未来、面向世界，在不断发展和完善中以一种"和平辐射"的方式为现代化的发展提供了更广阔的空间。

（三）高扬人的价值的文明新形态

未来社会是人的自由全面发展的社会。人是社会的主体，是文明的创造者；同时，人也是价值主体，不仅是社会价值的创造者，而且是社会价值的享有者。社会主义文明高于和优于资本主义文明的一个重要方面，便是充分尊重和确立了人的社会主体和价值主体地位，把人的价值和人的发展作为社会的核心价值和根本目标。中国特色社会主义坚持科学社会主义的一般原则，坚持人的全面发展的社会主义本质要求，坚持以人为本、人民至上，充分尊重人民群众的主体地位和创造性，为人的自我实现和全面发展提供支撑和动力。可以说，中国人民既是人类文明新形态的创造主体，也是人类文明新形态的价值主体。

1. 成就"人的尊严"的文明新形态

在中国式现代化道路进程中，"人的尊严"突出体现为对人的尊重。人民群众主体地位的确立，尊重群众的人格和权利，以民主协商的方式来解决问题等，充分体现了对人的尊重。"人民至上"作为中国共产党百年历史经验之一，深刻表达了中国共产党尊重人、理解人、关心人的人民情怀。在社会主义现代化道路上，中国共产党始终坚持"人民至上"的根本立场，把人民赞不赞成、高不高兴、拥不拥护，作为衡量中国共产党一切工作的标准，充分尊重人的主体地位。"人的尊严"还鲜明体现在为实现"尊严"不断创造条件。中国式现代化道路不同于资本主义现代化道路，正如邓小平说的那样，我们的现代化是四个现代化，是"小康之家"[33]，与西方国家现代化的概念是不一样的。在长期努力实现总体小康的基础上，党的十八大以来开展脱贫攻坚战，解决了上亿群众的温饱问题，实现了全面小康。党和国家还出台了一系列民生保障措施，致力于国家与社会的长治久安。由此可见，社会主义现代化是成就人的生存、生活尊严的现代化道路，是尊重人民当家作主的主体地位、成就人的主体性尊严与自由的现代化道路。

2. 突出"人的价值"的文明新形态

根据马克思主义的价值概念，"人的价值"归根到底即"人有什么用""人的意义在哪里"。"自由全面发展"的实现与"人的价值"的实现是同一过程，存在于社会现实中的个人实现了自由全面发展时，"人的价值"就得到了实现。"人的价值"实现过程就是德智体美劳全面发展的过程。因此，要求人的个性、人格、创造性和独立性最大限度地、不受任何阻碍地发展。社会主义文明新形态为人的全面发展提供了广阔、和谐、稳定的发展空间。其中，社会主义市场经济和法治国家建设对突出"人的价值"意义重大。社会主义市场经济为人的价值的实现提供了一种平等、自由的环境。在市场经济环境下，企业要想长久生存下去就必须遵循市场竞争、优胜劣汰的规则，只有不断地创新发展，才能在市场上立于不败之地。社会主义市场经济的发展还彰显了人的价值实现的主体性。市场经济的繁荣发展，突出了人的独立个性，市场经济的活力与效率激发每一个个体的主体性和独立性。依法治国在为社会发展提供制度保障的同时也为实现人的自由全面发展提供了重要条件。法治建设一方面培养人的法治思维、法治能力、法治行为，保障人的自由，推动人的全面发展、"人的价值"的实现；另一方面通过健全法律制度，营造一种平等、和谐的社会氛围，为"人的价值"的实现创造稳定环境。

3. 发挥"人的力量"的文明新形态

人民群众是中国现代化建设和创造文明新形态的主体。马克思指出："历史什么事情也没有做……正是人，现实的、活生生的人在创造这一切。"[34]首先，"人的力量"体现在改造自然界的过程和成果中。在建设社会主义现代化过程中，人通过对人与自然如何相处的思考，重新审视人类行为。充分发挥"人的力量"解决问题的主体性与主观能动性，一方面提高了人的科学文化素质和思想道德素质，另一方面通过制度建设、法律监督手段防止人类对自然的破坏，从而使人与自然的关系更加协调。其次，"人的力量"还体现在改造社会的过程和成果中。习近平指出："我们党来自人民、植根人民、服务人民，党的根基在人民、血脉在人民、力量在人民。失去了人民拥护和支持，党的事业和工作就无从谈起。"[35]人民始终是中国共产党的力量源泉。在各个历史时期，中国共产党坚持群众观点和群众路线，在中国人民的支持与拥护下，由小到大、由弱变强，团结带领中国人民取得新民主主义革命胜利，成立了新中国；完成社会主义改造，建立起社会主义制度；全面建设社会主义，巩固和发展社会主义国家；实行改革开放，推动社会主义建设日新月异；走进中国特色社会主义新时代，在全面建成小康社会的基础上开启全面建设社会主义现代化国家新征程。最后，"人的力量"在自我改造中也发挥了重要作用。人在改造自然、改造社会的过程中也在不断地认识自我，不断地完善自身，实现了对自身的改造，使自身的活动更加丰富、个性更加饱满、本领更加高强，更加趋向于自由全面发展的"人"。

（四）倡导文明互鉴的文明新形态

在历史长河中，文明始终是其中最璀璨、最耀眼的一部分，民族、国家、环境、时代等不同因素影响下的文明也呈现出多元特征。"一枝独放不是春，百花齐放春满园。"文明是多彩的，人类文明因多样才有交流互鉴的价值。这一特征正是文明的魅力所在，亦构成了人类文明发展的内在动力。在工业文明代替农业文明的过程中，资本主义国家学者忽视文明的发展规律与一般特征，不仅在理论上提出了"文明冲突论""历史终结论"等片面论断，而且在近400年的实践中，西方国家始终以"主宰者"的态度征服甚至毁灭其他文明，并向其他国家和地区推广和移植资本主义文明。一方面，资本主义文明向全世界传播资产阶级文化，把西欧民族的、地方的文化变成"世界文化"，以达到对人的思想的控制和主导，将世界各民族人民变成资本统治的奴隶；另一方面，利用经济、军事、科技等方面的优势，在全世界范围内进行文化输出和价值渗透，试图以一种所谓的"普世价值"取代世界各民族的文化特色。社会主义文明的勃兴，打破了资本主义文明的一统天下。然而，由于历史发展的特殊际遇，在相当长的时期内社会主义模式几乎等同于苏联模式，社会主义文明等同于苏式社会主义的文明。中国式现代化道路驳倒了"现代化＝西方化""社会主义＝苏联模式"的悖论，开创了一条"平等包容""交流互鉴""自主融合"的现代化道路。

1. 社会主义现代化的文明新形态要求走文明平等包容之路

中国选择走文明平等包容之路，是社会主义国家性质的必然要求，也是传承中华优秀传统文化的必然结论。中华民族自古以来讲究"仁义礼智信"，坚信"君子和而不同"，警惕"国虽大，好战必亡"，坚守一种以天地人和为根本，以天下为公为大道，以天下大同为目标，秉承中和之道的文化传统。中国式现代化道路继承和发展了中华优秀传统文化，反对文化霸权，尊重多样文明，以交流促理解、以互鉴促团结、以共存促发展。这是一条尊重世界各民族经济、政治、文化等各方面发展的道路，是以更加开放包容的文化姿态与其他各民族交流互鉴的道路。2014年春，习近平发表以人类文明的"多彩、平等、包容"为主题的演讲，阐明了人类的相处之道。在2015年联合国发展峰会、2016年二十国集团杭州峰会、2017年"一带一路"国际合作高峰论坛、2018年上海合作组织成员国元首理事会第十八次会议、2019年亚洲文明对话大会以及2021年世界经济论坛"达沃斯议程"对话会等多个国际场合，习近平多次阐明了中国文明平等、包容多样的文明观，为中国特色大国外交提供了新的理论指导[36]。

2. 社会主义现代化的文明新形态要求走文明交流互鉴之路

党的十八大以来，习近平多次强调："文明交流互鉴，是推动人类文明进步和世界和平发展的重要动力。"[37] "一带一路"倡议作为构建人类命运共同体的具体实践,不仅是经济发展之路,更是文明交流互鉴之路。"一带一路"倡议以建立政治互信、经济融合、文化包容的共同体为目标,不仅有助于推动沿线经济政治的发展,更是促进文明交流互鉴的"生力军"。中国始终致力于推动世界文明相互借鉴、推陈出新、与时俱进,以强大的包容力"开放交流、互学互鉴",用对话代替冲突、用合作代替对抗,以文明交流超越文明隔阂、以文明互鉴超越文明排斥、以文明共存超越文明优越,最终实现人类命运共同体的美好愿景。

3. 社会主义现代化的文明新形态要求走文明自主融合之路

在马克思主义的视野里,人类文明最终会走向共产主义文明。共产主义作为人类历史上最合理、最进步、最美好的社会制度,是人类解放的最终实现,这是历史的必然结论,也是文明发展、文明融合的大趋势。然而,马克思主义同时认为,文明融合绝不是"强迫融合""被动融合",而是"自愿融合""自主融合"。基于马克思"自由人联合体"的设想以及中国传统文化中的"大同世界"的美好向往,中国共产党始终站在文明融合高度上面对世界上各个国家和地区不同的历史与文明。党的十八大以来,习近平提出推动构建人类命运共同体、弘扬全人类共同价值的崇高理念。党的十九大明确提出"坚持和平发展道路,推动构建人类命运共同体"[38],这是以实现全人类根本利益为前提的新价值观,是中国人民同世界各国人民一道创造美好未来的共同选择。当然,"共同体"并不是无差别的"抽象的同一",而是包含多元特征的"和而不同"。当今世界已经成为一个丰富多彩、多元多样的整体,不同文明的发展与变化呈现出明显的相关性。

人类社会超越以往的文明冲突与文明隔阂，融合成一种普遍的共同价值追求的共同体，是不可逆转的历史发展大势。这种自主、自觉融合的共同体是凝结了人类整体利益与整体价值追求的力量，是人类文明发展过程中必然衍生出的一种健康自觉的人文精神关怀，是人类文明发展的美好未来。

（执笔：朱大鹏）

第五章 中国式现代化道路是
人类文明新形态的基石

文明与道路紧密相关，道路承载着文明，决定着文明兴衰。在世界历史的现代转型中，面对现代性挑战，国家蒙难、文明蒙尘、人民蒙辱，民族复兴遭遇整体性危机的中华民族必须顺应世界潮流走现代化之路。现代化具有一般性规律、普遍性特征，但一般不等于抽象、普遍不等于同质。中国共产党以高度的历史自觉将科学理论运用于独特的历史境遇中，坚持走自己的路，在长期的历史性实践中走出中国式现代化道路，现代化同中华文明和社会主义文明交融共生创造出了全新的人类文明形态。

一 人类文明新形态是走出中国式现代化道路的文明旨归

人类文明新形态的孕育生发是以地域性历史转变成世界历史为前提的。中华民族曾创造辉煌文明，但因为长期闭关锁国，逐步落后于世界。面对世界数千年来未有之变局，在中国向何处去的重大历史关头，中国先进分子从西方世界引进现代性文明，但这种基于西方现代性要素的简单复制、机械嫁接并没有切中文明复兴的深层脉搏。中国共产党跳出西方现代文明强大旋涡，立足中国历史和现实需要独立自主启动并推进现代化，探索出契合中国又关联于世界的人类文明新形态。

（一）在适应世界现代化进程中探寻人类文明新形态

近代以来，当中国以天朝上国自居时，工业革命已使中西文明易位，中国被迫以从属形式同资本主义现代性创造的世界历史建立起联系。世界走向中国是历史的必然，但当西方以非文明形式打开中国大门时，西方所代表的现代性带来的是恐惧，因而尚处前现代、自恃处于文明中心的中华民族对其采取敌视态度。在现代性冲击下中国先进分子正视中西发展差距，选择"开眼看世界"，适应世界现代化潮流由浅入深、由表及里地学习西方"文明之本"。向西方学习成为时代最强音，中国成为现代化文明"试验场"。

古老文明的复兴必须接纳现代化。"现代化一经在世界上任何一地展开，其影响便无可避免地渗及全球各处，不管这种影响靠的是物力还是人心所向。"[1] 但是，西方式的现代化即使将中国导向现代，这种文明也必然与现代性危机交织，阵痛不断，文明发展伴随着文明消解。"自从一八四〇年鸦片战争失败那时起，先进的中国人，经过千辛万苦，向西方国家寻找真理。……要救国，只有维新，要维新，只有学外国。那时的外国只有西方资本主义国家是进步的，它们成功地建设了资产阶级的现代国家。"[2] 最先探寻中国现代化出路的是企图维护旧有统治的官僚阶层，洋务派在中西文明互动中认识到西方之强盛在于"力"，因而将现代化具体化为器物现代化，将西方文明简化为物质性文明，但历史证明在封建体制中简单嫁接西方现代性外显要素不可行。作为精英阶层的维新派进一步认识到西方之强盛在于制度，企图在封建制度框架内融入现代性制度，但这种改良在触及既得利益时很快受挫。革命派推翻封建统治，建立西方式的资产阶级共和国，但忽略中国社会性质和社会阶级特殊性建立的所谓"现代国家"难以在国内外反动势力中站稳。新文化运动希冀通过西方民主科学等文明精神改造国民性，但观念上层建筑的变革未抓住救亡之根本。变革范畴的拓展延伸结束了中国长期孤立于现代世界之外的历史，但形形色色的改良均未找到通向现代文明的可行道路。

中华民族的现代转型、中华文明的现代转化因马克思主义而得以实现。19 世纪末 20 世纪初，在西方各种思潮涌入之时，以中国共产党人为代表的中国先进分子在反复比较论战中选择了马克思主义，选择了社会主义，为中华民族的文明转向确定了正确方向。"一个国家实行什么样的主义，关键要看这个主义能否解决这个国家面临的历史性课题。"[3]马克思主义占据真理和道义制高点，契合中国对科学理论的需求，这一孕育生成于资本主义时代的理论，是在继承人类文明成果基础上剖析资本主义现代文明之双重性而生成的，是关于建构有益于人的自由全面发展的高度文明的"联合体"的科学理论，旨在将资产阶级按照理性原则建立的虚幻共同体确证为实现人的解放的真正共同体。它不仅具有理论可行性，也具有现实可行性。中俄国情相似，十月革命将马克思主义由理论变为现实，也将马克思列宁主义导入中国人视野，李大钊等革命先驱前瞻性地预见这一思想将"影响于未来世纪文明之绝大变动"[4]。在新文明前景启迪下，中国共产党自觉以马克思主义为文明复兴的根本指南，根本扭转了中国通向现代化的被动局面，中华民族也由此从迷茫走向觉醒，从危亡走向复兴。

（二）在探索中国现代化道路中孕育人类文明新形态

　　现代文明伴随世界历史发展必然传导辐射至现代生产力所触及的一切民族国家，中国不可能长期站在这一文明圈之外。"人们自己创造自己的历史，但是他们并不是随心所欲地创造，并不是在他们自己选定的条件下创造，而是在直接碰到的、既定的、从过去承继下来的条件下创造。"[5]"近代以后，创造了灿烂文明的中华民族遭遇到文明难以赓续的深重危机，呈现在世界面前的是一派衰败凋零的景象。"[6]在内外交困的历史境遇下，革命成为文明现代转化的"首要主张"。

　　复兴文明首先要以彻底的革命来清除文明更新和文明发展的障碍。"在一个半殖民地的、半封建的、分裂的中国里，要想发展工业，建设国防，福利人民，求得国家的富强，多少年来多少人做过这种梦，但是一概幻灭了。"[7]民族矛盾和阶级矛盾相互交织，如果不能同时彻底地反帝反封建就不能推翻任何一个反动统治，复兴文明也就不具备任何现实可能性。因为有了为人民立言的马克思主义、更具借鉴意义的俄国道路、新的组织凝聚力量，中国革命发生了历史性转折。通向现代化、创造新文明具有更大可能性，但更为关键的是如何运用理论，如何选择正确的革命道路。"方向决定道路，道路决定命运"，俄国革命提供了参考而非现成"公式"。特殊的经济社会状况、阶级状况决定中国不能实行欧美式的民主主义革命，也不能直接地建立苏联式的社会主义国家。中国要实行的"不是一般的民主主义，而是中国式的、特殊的、新式的民主主义"[8]，中国革命是无产阶级领导的、以工农联盟为基础的、以广泛统一战线为保障的新民主主义革命。经由新民主主义革命浴血奋战，创造现代化的新文明拥有了根本社会条件。

中国社会的特殊历史规定使马克思主义成为解决中国"历史性课题"的必然选择，马克思主义内在地决定新民主主义要以社会主义为自己的完成形式。新民主主义革命建立了蕴含文明发展的多种可能性的新社会，这些可能性归结起来就是发展资本主义或社会主义。走资本主义道路中国可以成为现代化国家，但也只能发展从属于资本主义既成体系的现代文明，"是痛苦的道路"；社会主义道路符合世界历史发展规律，必然能将中国导向现代化，更关键的是它契合社会化大生产需要，能创造具有广阔前景的新文明。经由中国式的社会主义革命，一穷二白、人口众多的东方大国以和平方式迈进社会主义社会，这"使我们能够用与西欧其他一切国家不同的方法来创造发展文明的根本前提"[9]。继之而起的任务是以新文明表征社会主义制度的优越性，使贫穷落后的中国成为现代文明国家。工业是巩固革命成果的必然要求，工业化成为中国共产党对现代化的最初理解。在革命胜利前夕，毛泽东向全党提出了"使中国稳步地由农业国转变为工业国，把中国建设成一个伟大的社会主义国家"[10]的新的历史任务。社会主义建设初期以苏联为范本，在实践展开中对中国自己的社会主义建设道路有了更清晰的认识，现代化内涵逐步丰富。1954 年提出建设"现代化的工业、现代化的农业、现代化的交通运输业和现代化的国防"[11]，构成了"四个现代化"的雏形，几经调整，1964 年确立为建设"一个具有现代农业、现代工业、现代国防和现代科学技术的社会主义强国"[12]的发展目标。因对社会主义的认识偏差，这一时期的现代化探索艰难前行，但为新时期建设现代文明提供了宝贵经验、理论准备和物质基础。

（三）在推进中国式现代化建设中开创人类文明新形态

从受现代文明冲击到主动探索社会主义现代文明，标志着中华文明发展的重大转向。现代性因素和马克思主义真理性力量的融入使中华文明由衰微走向振兴，但被唯一化的西方现代化道路和被神圣化的苏联现代化模式接续影响中国现代化道路的探索。在经历阵痛后，解放思想、实事求是，彻底从现代化的固化模式中剥离出来，走自己的路，"中国式的现代化"因此具备了真正内涵。

解放思想的号角将创造新文明的社会主义现代化建设拉入正轨。人类文明新形态的核心是社会主义现代化，回答社会主义和现代化的结合这一全新命题需要解放思想。"与实事求是相一致的解放思想，绝不意味着主观思想的任意性，而是意味着从遗忘和偏离现实的外在反思中摆脱出来，以便使我们的思想能够重新面向特定的现实并从而把握之。"[13]也就是说，要从对马克思主义的教条理解中走出来，依据中国进入社会主义的历史条件和马克思主义关于社会主义的立论基础，明确中国社会主义所处的历史方位。一方面，跨越资本主义"卡夫丁峡谷"建立社会主义社会实现了社会形态的超越，但基于新生产关系的社会形态是以生产力的高度发达为支撑的，因而社会主义现代化建设首先要立足于解放和发展生产力，奠定社会主义文明的坚实根基；另一方面，在中国独特的境遇中建立的社会主义社会同资本主义社会的关系不是表现为在时间上继起，而是在空间内并存，资本主义社会以其先在性而抢占现代文明优势，在较长时期内掌握现代化"绝对权力"，因而要从反资本主义现代文明的固化思维中摆脱出来，充分占有人类创造的积极文明成果。

走自己的路将创造新文明的理论可能性变为现实可行性。在中国独特的历史长河中，社会主义成为中国救亡和复兴的必然选择，历史选择了社会主义，但又以其现实性制约人们的主观愿望。因此，在中国这么一个具有悠久历史和复杂现实条件的大国搞社会主义、建设现代化，首先必须从实际出发，确立符合社会发展规律的战略目标。邓小平指出："现在搞建设，也要适合中国情况，走出一条中国式的现代化道路。"[14]底子薄、耕地少、人口多特别是农民多这一基本国情使"中国式的四个现代化"不同于西方的现代化，而是"小康式的现代化"。随着现代化建设的推进，中国共产党根据形势的变化不断调整完善社会主义现代化建设的规划和部署，将"小康"提升为"总体小康"，再到"全面小康"。2021 年，我国如期完成全面建成小康社会的任务，实现了中华民族的千年梦想。从此，中国社会进入着力解决不平衡不充分的发展、以高质量发展满足人民美好生活新期待的全面建设现代化国家的"后小康"时代。其次，必须创新发展机制。社会主义是对资本主义的扬弃，是对其生产关系的超越、生产力的继承。中国式现代化回归实际，突破传统社会主义观，将解放和发展生产力提升到本质高度。以公有制为基础的社会化大生产借助于市场经济释放出了极大的创造力，一方面以市场机制激活生产要素活力，改变贫穷落后面貌；另一方面以社会主义公有制属性保证劳动者创造的社会财富为人民所有。可见，承载中国式现代化的小康和社会主义市场经济构建出了人类文明全新样态。

（四）在走出中国式现代化道路中形成人类文明新形态

新时代，中国共产党准确把握国内社会主要矛盾、国际社会不确定性因素的变化，顺应时代大势、遵循历史规律，主动在大变局中定谋略、育先机、开新局。在"两个大局"构成的目标任务和空间场域下，以新的理论范式和实践模式开启了世界现代化新叙事，创造出契合人类社会发展规律的新文明。

以新的理论范式为指南的中国式现代化道路创造了人类文明发展新的可能性。虽然我国仍处于社会主义初级阶段，但经过长期积累跃迁，中国式的现代化文明已由改革开放之初的小康式现代化升级为全面现代化。面对社会主义现代化建设新的时代课题，要守正，更要创新，否则必然会透支或消解社会主义的优越性和生命力。中国共产党坚持辩证唯物主义和历史唯物主义，从历史长河、时代大潮、全球风云变幻中不断深化规律性认识，以新的理论引领文明新发展。中国共产党遵循执政规律，探索出跳出"历史周期率"的新途径。中国式现代化最本质特征和最大优势是中国共产党领导，创造优于资本主义文明和传统社会主义文明的新文明，关键在于中国共产党勇于自我革命，牢记初心使命，把人民幸福、民族复兴和世界大同作为根本追求。遵循社会主义建设规律，中国共产党不断完善制度设计，以中国特色社会主义根本制度、基本制度、重要制度搭建起社会主义现代化的"四梁八柱"，使现代文明的"原体规定"和"时空规定"实现了有机融合。遵循人类社会发展规律，中国共产党深刻把握世界历史发展大势，积极倡导构建人类命运共同体，主张在各国现代文明的良性关联互动中推动人类文明演进。习近平新时代中国特色社会主义思想丰富和深化了对"三大规律"的认识，丰富和发展了中国化的马克思主义，为开创中国式现代化新道路、创造人类文明新形态提供了根本指南。

以新的实践模式展开的中国式现代化道路破解了现代化悖论，创造了新的现代文明。西方是现代化的先行者，以资本为基本建制的资本主义文明成为现代文明的原初表现形式，但资本运作逻辑也决定了资本主义文明的历史限度；与资本主义对抗的苏联模式曾引领社会主义现代文明，但也因其片面性而遭受严重挫折甚至失败。中国在现代化的实践展开中，正确处理现代化蕴含的各种矛盾和种种问题，确立了新的文明向度。首先，正确认识和处理经济社会发展与自然环境保护的关系。人类与自然界处于持续不断的交互作用中，"自然界，就它自身不是人的身体而言，是人的无机的身体"[15]。经济发展和生态保护本应该并行不悖，但在资本逐利本质下，生产的"较近"结果起着直接支配作用，而其"较远"影响"完全退居次要地位"。中国式现代化践行"两山论"，将生态转化为生产力，实现经济和生态良性双向发展。其次，正确认识和处理整体布局与重点突破的关系。中国的现代化是规模巨大人口的现代化，最终表现为共同富裕。共同富裕不是单一的物质充裕，要求全面布局、全面发展。最后，正确认识和处理传统与现代之间的关系。现代化不是对传统的全面否定，现代文明也不是无本之木。中国式现代化从历史深处走来，具有深厚的历史底蕴，既以现代文明激活传统文化的活力，又从优秀传统文化中汲取智慧力量，实现了现代文明和传统文明的融合共生。

中国式现代化道路是对中国之问、世界之问、人民之问、时代之问的积极探索，其在以现代性因素复兴中华文明的同时，也在解决交织叠加的矛盾问题中不断拓展现代化的广度、深度和精度，延伸着现代文明的价值意蕴，创造着新形态的人类文明。

二 人类文明新形态是坚持中国式现代化道路的实践成果

人类文明新形态是人类文明演进中诞生于中国又关联于世界的一

种文明形态，是在独立探索中国现代化道路中生发的新文明，是中国特色社会主义建设实践的文明表征。它承袭了世界走向中国所带来的现代文明，承载着振兴科学社会主义文明的重任，担负着复兴中华文明的使命。走向强起来的中国正面向世界开创现代文明、社会主义文明和中华文明新图景。

（一）现代文明是人类迄今创造的最高文明形态

文明是人类在认识世界和改造世界活动中创造的有形和无形的积极成果的总和。人类文明有多种形态，也有共同的本质特性，是特殊性和普遍性的统一。文明发展是一个由低向高、由不发达到发达的进步过程。现代文明是人类迄今创造的最高文明形态。中国式现代化道路是发展现代文明之路，在这条道路上创造的人类文明新形态，不能游离于现代文明之外，而是必须融进现代文明之中，并以此为基础进而推陈出新。

文明直接来自生产，是以生产力为中轴由低级向高级演进的。恩格斯以生产力标准分析了人类文明演进历程。生产和再生产是历史的决定性因素，由此也是文明发展的决定性因素，生活资料的生产和人自身的生产直接决定着文明样态。在生产力极不发达的状况下，人类经历了"以获取现成的天然产物为主"的蒙昧时代以及"学会畜牧和农耕"和"学会靠人的活动来增加天然产物生产"的野蛮时代。随着金属等生产工具的出现和改进，人类逐步摆脱自然界的全面支配，渐渐"学会对天然产物进一步加工"；随着分工、交换和商品生产的发展，货币、私有制、国家机器等出现，人类社会开始进入"真正的工业和艺术的时期"[16]，即自觉创造自己历史的文明时代。文明时代随生产力的发展而升级，蕴藏巨大生产力的工业革命成为传统文明和现代文明的分水岭——"在狭小的范围内和孤立的地点上发展着"的传统社会升迁为"以物的依赖性为基础的人的独立性"[17]为鲜明特征的现代社会。机器大生产不可遏制地、迅速地进行着，突破时空限制向全球扩张，不自觉地开启了人类现代文明新图景。

面对人类文明质的飞跃，中华古老文明在现代文明尺度下愈显落后，全方位的文明危机促使中国人民觉醒。经由彻底革命，中国的现代化建设得以真正开启，改革开放奋起直追，经过几十年的积累实现从落后时代到赶上时代及至引领时代的跨越。现代化在中国直接表征为小康社会，在全面建成小康社会后，继之而起的是全面建设社会主义现代化国家的新发展阶段。站在新起点上的现代文明，是历史的积淀，也是创造新文明的逻辑起点。新时代对社会主义现代化和文明形态的推进，不仅是时间意义上的自然演进，更是实践展开的提质升级。在"两个大局"交织中，我们要正确研判时与势，结合新的时代课题，反思中国历史性实践及世界现代性张力，积极重构占据历史主动的现代文明。要着眼不平衡不充分的发展，以新发展理念为指导原则，强调现代化建设的全面性、协调性，通过变革生产的质量、效率和动力，回应现代化进程中的深层次、结构性问题，逐步克服所谓"现代性悖论"，促进更高质量的发展，创造现代文明的更高形态。

（二）社会主义现代化必然创造全新的现代文明形态

资本主义现代化开创了世界历史新图景，历史性地革新了人类文明，但资本主义现代文明是进步和野蛮的双重变奏，是一种对抗性文明。"资产阶级的生产关系是社会生产过程的最后一个对抗形式……

在资产阶级社会的胎胞里发展的生产力，同时又创造着解决这种对抗的物质条件。"[18]社会主义社会是在批判、扬弃资本主义现代文明中建构的解决对抗性危机的社会。因此，以资本主义现代文明为参照，社会主义现代化所开创的必然是一种全新的文明形态。

社会主义现代文明首先是对人类创造的优秀文明成果的肯定。社会主义社会所要开创的文明形态是对资本主义文明的否定，但这种否定不是同既往文明的全面机械切割，而是形成有着原则性区别和全新内在规定的文明。社会主义的理论设想和实践模式，表明社会发展不一定要经过资本主义发展的各个阶段，但必须经由资本主义生产力所达到的水平。以资本为基本建制的现代文明因重构了自然和社会秩序而展现出"文明面"，并具有世界历史意义。资本主义现代性使人类摆脱宗教神学束缚，也斩断了"形形色色的封建羁绊"，强调人的理性、突出自我精神气质，"第一个证明了，人的活动能够取得什么样的成就"[19]，建构起推崇自我解放和自我实现的现代世界。资本主义现代性肯定人的价值的直接成果是将蕴藏在社会劳动力中的巨大生产力开发出来，机器大生产以前所未有的速度创造出惊人的生产力，以至在一段时期内出现"社会上文明过度"和"生产过剩的瘟疫"。生产力的发展，要求跨越国界开辟世界市场，世界市场打破了人类的地域性发展，使在世界范围内"普遍地交换各种不同气候条件下的产品和各种不同国家的产品"[20]成为可能。为开发新的"有用物体"，资本突破各种界限不断拓展人类认知范围，自然科学研究不断攀向高峰。资本主义现代文明重构了世界图景、人的思维方式和价值规范，历史性地推进了人类文明进程。对这一文明成果的批判性占有是建设社会主义现代文明的基础。

社会主义现代文明是对资本主义文明的超越。资本主义历史性地将文明推向现代并使其具有一定高度，但其对"价值理性"的过度追求使现代文明发生了分裂蜕变，甚至衍生出现代性危机。反思资本主义现代性危机，把对现代性弊端的批判转化为对资本逻辑的超越，是社会主义现代化开创新文明形态的根本所在。资本主义现代文明所呈现的"文明面"是对传统的全面超越，但"不论它较之旧制度如何合理，却决不是绝对合乎理性的"[21]。资本主义现代化创造着财富也积累着贫穷，让人摆脱宗教束缚又使人深陷物质奴役中，开创着世界历史也带来侵略扩张，以人的理性征服着自然也制造着人与自然的对立。资本主义现代性一方面开发创造新的要素，拓展人类社会发展空间；另一方面侵入各领域，吞噬着人的发展空间、消解着现代文明成果。这种现代性悖论源于资本主义生产方式内在的不可克服的对抗性矛盾。资本逻辑使其不断突破各种限制，但"这些限制在资本发展到一定阶段时，会使人们认识到资本本身就是这种趋势的最大限制"[22]。只要发展仍是未来的规律，开启现代文明的资本主义社会就不可能终结人类文明，相反它的内在历史限度必然引发人类文明形态改弦易辙。文明形态的区别"不在于生产什么，而在于怎样生产，用什么劳动资料生产"[23]。以公有制为基础的社会主义社会克服资本逻辑，适应社会化大生产需要保证生产分配有序进行，防止资本无序扩张、野蛮生长，逐步使人从自己建立的经济社会关系的奴役下脱离出来，成为自觉的存在、自己和社会的主人。作为超越资本主义社会的更高社会形态，社会主义社会和现代化具有更高契合度，为新文明形态的创造提供了广阔空间。

（三）中国式现代化道路以自己的文明逻辑创造了人类文明新形态

文明是一种基于实践方式和社会形态的客观存在，内生于道路之中，中国式现代化道路以独特的文明逻辑丰富了人类文明的宝库。中国式现代化道路着眼于文明演进历史大势、时代大局，以中国之治为原点，在文明的转化、扬弃和创新中将现代化建设引向深处，也发出了文明形态的中国宣言，给出了"人类社会向何处去"的文明之解。就此而言，中国式现代化道路创造了人类文明新形态。

1. 在继承中实现对传统文明的现代转化

现代化的独特出场语境决定了中国式现代化的文明底色，历史传统深刻影响着中国现代化范式的选择，人类文明新形态是在传统文明的基础上生长出来的新文明。在较长的历史区间中，发展的时空位势差使中华文明被掌握现代化绝对权力的西方文明"合理地"遮蔽了，但"中华文明的源流血脉不可能消失在'他者'的文明形态之中，中华文明的光辉只是被西方的蛮力所遮蔽了而已"[24]。中华民族5000多年历史所积淀的文明，既是历史辉煌的代表，也是新文明的起点。在走向强起来的新时代，我们要理性评估传统文明，深入挖掘其文明内涵，以现代性因素激活其生命力。传统文明的纵向延伸、现代性转化为人类文明新形态的生成提供了直接的土壤。

2. 在扬弃中实现对资本主义现代文明的本质性超越

现代化是人类社会发展确定不移的趋势，但通向现代化的道路具有多样性，基于不同社会形态的现代文明的本质区别，不在于有没有资本、市场，而在于资本、市场等现代性要素为谁服务。"我们的目的是要建立社会主义制度，这种制度将给所有的人提供健康而有益的工作，给所有的人提供充裕的物质生活和闲暇时间，给所有的人提供真正的充分的自由。"[25]中国式现代化超越生产力的片面发展、人的单向度发展、社会的畸形发展，以新的价值主张和实践路径扬弃异化推进高质量发展，不仅规避西方现代性危机、克服其内生性困局，而且创造出经济快速发展和社会长期稳定两大奇迹。中国以新的现代化叙事创造了新的现代文明。

3. 在创新中唤醒科学社会主义的生机活力

马克思主义以历史唯物主义分析法证明超越资本主义的社会主义现代文明的合理性及必然性；列宁依据有限的实践证明建设社会主义现代文明的可能性，但社会主义现代化建设因苏联模式的破产而遭遇重大挫折。中国共产党摆脱"外在反思"，认识到马克思主义关于社会主义的立论基础不同于中国社会主义的历史起点，"正确的理论必须结合具体情况并根据现存条件加以阐明和发挥"[26]。中国式现代化道路在"结合"基础上给出了在经济文化落后的条件下建设社会主义现代文明的可行方案。在社会主义制度和资本主义制度并存的条件下，中国始终坚持党的领导，正确处理资本主义和社会主义的对立统一关系，利用社会主义力量驾驭现代文明要素，使两种不同社会形态的较量发生了有利于社会主义的转变。科学社会主义在 21 世纪中国的现代化实践中展现出新的生机活力。

社会主义现代化的中国实践将中华文明、现代文明和社会主义文明推向新的高度，三者融合共生的人类文明新形态蕴含着人类文明新的价值追求。

三 中国式现代化道路彰显着人类文明新形态的价值意蕴

随着中国道路的逐步定型，人类文明以新的形态彰显出来。中国在建设新文明过程中并没有因西方现代性积弊而将现代文明拒斥和阻挡在国家发展的历史洪流之外，而是以积极姿态推进现代化，自觉将现代文明纳入自身的发展轨道之中，并以社会主义力量为现代文明增添新的元素、创造新的形态，从而实现对现代文明的创新与超越。摆脱资本逻辑宰制的现代性，在中国的现代化道路和人类文明新形态中呈现出人民至上、独立自主、兼容并包等新的文明特质和价值意蕴。

（一）中国式现代化道路内蕴文明的道义性

文明的道义性即现代文明以人的自由全面发展为基本价值取向。人作为历史主体，既是历史的前提，也是历史的目的，历史的发展进步程度直接取决于人的解放发展程度，也表现为人的解放发展程度。脱离人的发展的现代化毫无意义，也不具有任何可能性。中国式现代化充分践行唯物史观，坚持人的发展逻辑，使现代文明的创造主体和享受主体实现统一，为人的现代化发展创造条件，因此人类文明新形态是占据道义制高点的文明形态。

人类文明新形态的道义性，源自现代化进程中人本逻辑对资本逻辑的超越。现代文明是历史的必然，但历史并非均质同步演进的，历史的必然性通过偶然性表现出来。生产力大变革萌芽于西方工业革命，内蕴于其中的资本运行机制塑造了现代文明的原初样态。以资本为核心的现代文明把人从不应有的贫困和依附状态下解放出来，使人成为自然的主人、独立的个体，但人的这种解放又因资本逻辑而被剥夺，独立性和个性为资本所有。一方面，人的能力因机器大生产的全面展开而被迫得到片面的高度发展，现代人成为单一畸形的人、成为机器的附属物；另一方面，劳动者创造了巨大的物质财富，但"社会的绝大多数成员却几乎没有或完全没有免除极度贫困的任何保障"[27]。资本成为衡量一切的标尺，作为历史主体的人沦为资本增殖的手段，人的获得感完全被排除在资本逻辑之外，现代文明在资本主义框架下头足倒置，文明异化为野蛮。中国式现代化重置了这种颠倒的文明，将人的发展逻辑置于资本增殖逻辑之上，人的主体地位被抬到历史新高度。一方面，中国式现代化发展始终以人民需求为导向，"在保证社会劳动生产力极高度发展的同时又保证每个生产者个人最全面的发展"[28]，使"人的世界的增值"和"物的世界的增值"同频共振。另一方面，中国式现代化是全民共建共享的现代化，"在人人都必须劳动的条件下，人人也都将同等地、愈益丰富地得到生活资料、享受资料、发展和表现一切体力和智力所需的资料"[29]。人在劳动中得到自我肯定、自我确证，随现代文明发展，人的获得感不断提升。中国式现代化不仅使人形成对自然的主动关系，而且使人能够自觉支配自己建立的经济社会关系，是符合人类价值追求的现代文明。

中国式现代文明的道义性具体表现在人民至上。人民至上不是停留于口头、止步于思想的抽象玄奥理念，而是中国共产党百年现代化探索的实践写照。在"为谁执政、为谁用权、为谁谋利"这一根本问题上，中国共产党始终保持清醒头脑、坚定立场。习近平强调："只有坚持以人民为中心的发展思想，坚持发展为了人民、发展依靠人民、发展成果由人民共享，才会有正确的发展观、现代化观。"[30]中国式现代文明的首要主张是为人民谋幸福，满足人民美好生活需要。"幸福"和"需要"是历史性范畴，现代化的建设过程就是适应人民需要变化而发展的过程。中国式现代化文明首先满足了人民摆脱剥削压迫的需要，使人民在独立的民族国家中成为国家的主人、自己命运的主人；站起来的人民渴望摆脱贫穷落后，解放、发展生产力成为现代化的中心，经过几十年高速发展，人民日益增长的物质文化需要得以满足；在"小康式"现代化向全面现代化转变的过程中，人的需要也随之提质升级，推进"五大文明"协调发展，以平衡而充分的发展满足人民更高层次、多样化需要成为现代化的重点。近代以来中国人民最宏大的需要是实现中华民族伟大复兴，因而要以中国式现代化推进中华民族伟大复兴。根本区别于资本驱动的中国式现代化，人民需要、人民利益是其起点和归宿，人的自由全面发展是其价值追求和检验标准。因此，中国式现代化旨在以高度发达的生产力，满足全体人民的全面发展需要，是一种具有崇高德性和价值意蕴的现代化。

（二）中国式现代化道路内蕴文明的自主性

现代文明是人类共同追求，也是历史必然趋势，但通向现代化的道路选择不是单选题，历史和现实境遇的差异性决定了选择的多样性。中国革命、建设、改革发展道路的探索一以贯之的原则是独立自主，中国式现代化实践所创造的奇迹是对自主发展的有力注解。这种自主性内含发展的独立性和主动性。

自主性首先意味着追求独立发展。现代文明本身意味着人类进一步摆脱外在束缚，朝着自主自觉发展状态迈进，能够将新的价值追求同具体的历史传承、文化传统及经济社会发展水平结合起来自主探索发展道路，而非简单移植现代性要素。以中国式现代化道路为基石的人类文明新形态正是独立探索的文明结晶。其一，在发展方式上表现为独立发展而非依附发展。"人类历史上，没有一个民族、没有一个国家可以通过依赖外部力量、跟在他人后面亦步亦趋实现强大和振兴。那样做的结果，不是必然遭遇失败，就是必然成为他人的附庸。"[31]近观中国，近代也有人企图在帝国主义庇护下走向强大，但在庇护表象下掩盖的是其剥削本质，在依附路径下中国人民、中华民族的命运没有也不可能得到根本改变。远观世界，服从于丛林法则而走向依附的国家，得到了经济技术援助，但其代价巨大，不仅发展深受外部牵制，而且损害了国家主权独立这一至高无上的利益。因此，只有将发展建立在自己力量的基点上才能建立坚实的文明根基。其二，在发展道路上表现为自主选择而非机械照搬。现代化具有一般性规律、普遍性特征，但一般不等于抽象、普遍不等于同质。"现代化道路并没有固定模式，适合自己的才是最好的，不能削足适履。"[32]照搬模式会带来短期效应，但长期来看会因水土不服而走向衰退，所追求的现代文明也会成为镜花水月。人口多、底子薄、现代化水平低、起步晚等特殊国情决定中国必须走自己的路。独立自主保证了中国现代化稳步前行，也充分证明了非资本主义现代化道路的可行性。

自主性还表征着自觉主动推进发展。中国式现代化道路走得通、走得远，不仅在于它是独立自主探索的、适合国情的道路，更在于它是适应时代需要自觉主动发展的道路。一方面，现代文明是阶段性演进的过程，现代化道路并非一成不变，而是在动态演进中逐步成熟定型。"文明是实践的事情"[33]，文明根植于实践，在不同历史方位下，发展任务的转变要求适时自觉调整发展模式。在新中国成立后一段比较长的历史时期内，由于缺乏经验等原因，我国的经济社会建设未能适时调整发展模式，使处于起步阶段的社会主义现代化建设遭遇重大挫折。新时期、新时代的现代化建设得以高速发展，就在于中国共产党以高度的历史自觉及时调整发展路向，充分把握发展机遇。另一方面，西方作为现代化先行者，凭借先发优势把持现代化话语权，"后进国"要走出西方发展阴影，破除现代性困境，就不可能亦步亦趋，自觉主动开拓是后来居上的必由之路。中国式现代化不同于既有的现代化"模版""母版"及其"翻版""再版",不是因为自我封闭,而是因为坚持开拓创新,能够引进吸收再创新。中国跳出固化的现代文明框架,积极开拓,结合有效市场和有为政府,发展全过程人民民主,为现代文明提供了新注解,充分证明各国可以通过主动探索把握现代文明话语权。走自己的路才能创造具有自主性的现代文明,适应时代潮流自觉主动推进发展才能真正把握发展主动权、实现高水平的自立自强,否则就会因落后于时代而重新陷入争取独立的斗争中。

(三)中国式现代化道路内蕴文明的包容性

世界历史由于打破民族国家交往壁垒而使局限于一国一域的文明演进不再可能,承认并包容多元文明成为文明发展的必然选择。世界历史在给中华文明带来危机的同时也提供了现代转化的契机。中华文明在世界历史境遇中的现代转化表现出极大包容性:一方面在世界走向中国的过程中积极学习现代文明,另一方面在中国走向世界的过程中以和平方式为人类做出更大贡献。

中国式现代文明的包容性首先意味着中国以开放姿态面对世界。现代化是人类社会发展的必然趋势,历史车轮不可能倒转,也没有任何国家可以独立于现代世界。面对现代化这一不可逆转的历史进程,中国仁人志士选择"开眼看世界",现代文明自此被纳入中国社会发展视域,新中国的成立使现代化得以实质性启动,并采取社会主义的发展路径,中国由此汇入世界现代化大潮。但是,新中国成立初期因意识形态对立而简单否定西方现代文明,违背发展规律的结果是严重滞后于时代并损耗制度优越性。社会主义现代化怎样展开,如何处理同资本主义现代化的关系，经曲折探索我们才超越传统社会主义认知，逐步明晰社会主义本质，找到了"两制并存"条件下社会主义现代化建设的正确道路。现代文明具有兼容性，中国打破自我封闭，积极对外开放。对外开放首先是要明确在世界坐标中的位置，在此基础上对标世界先进水平，以外来文明为"借镜"，批判式吸收，使之服务于社会主义文明，同社会主义的目标指向保持一致。中国式现代文明表现出鲜明的包容性，在坚持社会主义基本原则的前提下，积极探寻人类文明成果和社会主义的结合点，书写现代文明新篇章。

中国式现代文明的包容性也意味着中国以和平而非敌对方式走向世界。中国式现代文明的孕育发展得益于世界历史促成的文明交汇，但这种交汇并不必然将人类文明导向同质化，资本主义现代文明不可能成为人类文明的最终形态，以社会主义为基本定向的中国式现代文明也并非要取代其他文明。中国式现代化所塑造的文明根本不同于资本逻辑主导的现代文明，国强必霸不是历史定律，以西方逻辑推理中国文明实践，结论必然失真。中国式现代化的起步、展开及目标追求都蕴含着和平要素，在社会主义制度安排下通过"向内挖掘潜能"完成现代化所需的原始积累，在自身力量基点上推进现代化，将"所有人的富裕"作为现代化目标，这一范式根本变革了资源占有和利用方式。因此，中国式现代化所创造的人类文明新形态不会给世界带来结构性挑战，而是为人类提供了新的文明选择。习近平指出："实现中国梦给世界带来的是和平，不是动荡；是机遇，不是威胁。"[34]中国在走向世界的过程中不输出问题，也不转嫁矛盾，在谋求自身发展的同时为世界提供机遇；不输入模式，也不输出模式，遵循历史发展规律，与世界共享发展经验。和平崛起的中国摒弃了文明发展的狭隘心态，对世界文明展现出极大的包容性，主张多元文明交流互鉴、共生共享。

四　中国式现代化道路演绎着人类文明新形态的实践进路

中国式现代化实践塑造了具有超越性和未来指向性的人类文明新形态，但人类文明形态的变革是一个长期过程，富强逻辑下的现代化目标重心后移，在从富起来到强起来的现代化进程中，经夯基垒台、立柱架梁，人类文明新形态初具雏形。回应中国之问、世界之问，建设未来社会"真正的普遍的文明"，还需在中国式现代化道路的实践延展中诠释人类文明新形态的价值主张、完善人类文明发展新方案。

（一）以人民为中心构成人类文明新形态的逻辑起点

人是历史的主体，也是历史的目的，脱离历史主体的现代化是不可能的，"只见物不见人"的畸形现代化是不可持续的。因此，现代化的本质关联于人的现代化，关联于从事实践活动的全体劳动者的现代化。人是现代化进程中的决定性和创造性力量，将人民作为现代化的逻辑起点才能正确判断形势、把握历史主动。

中国式的现代化始终同人民相联系，自觉将人民视为现代文明的创造主体和享受主体。"人口规模巨大"是中国式现代化的首要特征，强调这一基本国情明确了中国所要创造的现代化是包含绝大多数人而非少数人的现代化。在社会主义建设时期，毛泽东指出："我们作计划、办事、想问题，都要从我国有六亿人口这一点出发……承认这是一个客观存在，这是我们的本钱。"[35]根据 2020 年第七次全国人口普查，全国总人口为 1443497378 人[36]，而全球实现现代化的国家

和地区人口约为 10 亿人，相比于 1000 万人、1 亿人的现代化，实现
14 亿以上人口的现代化必然是一个复杂艰巨的过程，必然要承受前
所未有的压力和挑战。但是，人是现代化赖以展开的先决条件而非现
代化的副产品，在社会现代化进程中同步推进人的现代化，即可将人
口问题转化为独特的资源和优势。因此，人口规模不是现代化的绝对
制约因素，"只要道路正确，整体的财富水平和幸福指数可以迅速上
升"[37]。在"小康式"现代化升级为全面现代化的新发展阶段，践
行人类文明新形态的根本价值追求，更要将人民置于核心位置，使人
民在平等参与现代化建设的过程中共享全面发展的机会。"即使是实
现了现代化的国家，如果执政党背离人民，也会损害现代化成
果。"[38]没有人的现代化发展，我们所建设的现代化国家也就不可能是
全面的，人类文明新形态也会失去支撑。以人民为中心的发展观要求
在全面建设社会主义现代化国家进程中以高质量发展为全体人民创造
更高层次、更多样化的现代文明，为人的解放和自由全面发展创造新
的有利条件。

（二）在共同富裕中奠定人类文明新形态的坚实基础

共同富裕是中国式现代化的重要特征，也是中国式现代化能够创
造新文明形态的重要支撑。中国式现代化的实践展开要求将共同富裕
作为为人民谋幸福的着力点，使全体人民在共享现代文明成果的基础
上摆脱单向度发展，进而实现全面发展。

共同富裕是人类的美好憧憬。然而，在传统文明和资本主义现代
文明形态中，"共同富裕"始终处于分离状态，因生产力落后而处于
低度发展的传统社会有"共同"无"富裕"，在生产力发达的资本主

义社会中则有"富裕"而无"共同"，共同富裕似乎是乌托邦。历史只是证明共同富裕不会随生产力发展而自动生成，贫困也不会随生产力发展而自然消除。科学社会主义为共同富裕提供了生产力和生产关系双重保障："共同富裕是社会主义的本质要求，是中国式现代化的重要特征。"[39]在站起来之后，毛泽东指出社会主义制度国家可走向富强，"这个富，是共同的富，这个强，是共同的强"[40]。进入改革开放新时期，在走向富起来的同时，邓小平指出："共同致富，我们从改革一开始就讲，将来总有一天要成为中心课题。"[41]在迎来强起来的新时代，"四个全面"共同展开，"五大文明"协调推进，消除绝对贫困、全面建成小康社会，共同富裕由此具备良好条件，人类文明新形态具备了现实支撑。但是，这种新的文明形态走向成熟意味着共同富裕不仅是一种现实行动，还应取得实质性进展。一方面要推进高质量发展，保证追求共同富裕的人类文明新形态是高水平的现代文明，使共同富裕成为"看得见、摸得着、真实可感的事实"[42]；同时要借助于合理的制度安排实现有差别的普遍富裕，以一定的差距激发社会活力，实现人和社会的持续发展。另一方面，要全面铺开，保证追求共同富裕的人类文明新形态是全面发展的现代文明，用富裕的精神生活克服片面的物质追求，使人成为具有现代文明向度的现代人。

（三）在协调发展中搭建人类文明新形态的立体框架

现代化是一个动态辐射过程，经历了从低级到高级、从简单到复杂的发展。现代文明内涵外延不断拓展，内在地要求在协调发展中摆脱单一的低度发展。适应现代文明发展趋势，中国式现代化在实践展开中逐步形成了新型文明发展的"总体布局"，为进一步完善人类文明新形态提出了战略图景和更高要求。

现代化是人类文明进程的一次大跨越，涉及经济基础和上层建筑的全面转型、全面进步。发展的不平衡性是绝对的，但不平衡不等于单一畸形，协调发展才能确保发展的安全性。经过几次工业革命，现代文明高度发展，社会财富日益丰富。然而，物质丰富并不必然带来精神富足和人的全面发展，现代文明会经常发生异化蜕变。历史不是单线式演进，而是在合力作用中展开，某一领域现代化的发展要求其他领域的现代化配合，单兵突进会拖延现代化进程、消解现代化成果，唯有协调推进才能守住现代文明的安全底线，才能加速现代文明的发展进程。协调发展是现代文明进步的内在要求。中国作为现代化的后发国家，在高度压缩的时空中，现代化的历时性问题共时性呈现出来，协调发展具有现实紧迫性。中国共产党从实际出发，跳出传统视角，立足人民、立足整体、立足长远，总结现代化实践经验，反思现代化理论，摒弃功利主义取向，从"五位一体"整体着手布局中国式的现代文明，搭建了新文明形态的立体框架。习近平指出："我们党要领导一个十几亿人口的东方大国实现社会主义现代化，必须坚持实事求是、稳中求进、协同推进，加强前瞻性思考、全局性谋划、战略性布局、整体性推进，实现发展质量、结构、规模、速度、效益、安全相统一。"[43]在中国式现代文明框架中，首先要补齐短板，解决发展不平衡的问题，强化弱项，实现充分发展，在此基础上形成各领域文明良性互促机制，推动协调联动高效发展，实现现代文明的全面提升。

（四）在绿色发展中保护人类文明新形态的持久根基

人是一种自然存在物，不是站在自然界之外，而是存在于自然界之中，通过改造利用自然创造人类文明。"生态环境是人类生存和发展的根基，生态环境变化直接影响文明兴衰演替。"[44]人类文明新形态要求自觉统合自然生态和现代文明，从生态文明高度谋划发展，在人与自然的和谐共生中为人类文明永续发展提供根本保障。

自然生态环境包含对人类文明发展的双重影响。现代文明的持续发展要求生态环境成为文明的支撑点，正确处理人与自然的关系成为人类文明形态存续的前提。现代工业文明的发展使人类摆脱对自然力的盲从，人对自然的关系由"屈服"变为"征服"，在这种"狭隘的关系"中"仅仅以取得劳动的最近的、最直接的效益为目的。那些只是在晚些时候才显现出来的、通过逐渐的重复和积累才产生效应的较远的结果，则完全被忽视了"[45]。人对短暂、局部利益的过度追求打破了自然生态系统的平衡，自然界似乎总是以出人意料的方式消除着人类文明的成果。生态环境没有替代品，生态创伤难以弥补，在面临严峻的生态考验之下，以对自然的征服程度来衡量现代化水平的文明样态既不合规律，又不可持续。生态问题归根结底是生产生活方式的问题。因此，"人类需要一场自我革命，加快形成绿色发展方式和生活方式，建设生态文明和美丽地球"[46]。中国式现代化实践将自然生态纳入现代化框架，将生态文明纳入现代文明体系。中国在生态系统可承载范围内，用几十年时间以"并联式"叠加发展模式走完发达国家几百年走过的工业化历程，取得了巨大的成就，但也产生了大量的生态问题。以中国式现代化进一步完善人类文明新形态需充分估计现代文明的较近、较远影响，超越人与自然的狭隘关系，根本转变生产生活方式，提高生态质量。生态保护和经济发展不是非此即彼的单选题，二者并行不悖，建设生态文明不仅要保护自然生态系统，守住发展的安全底线，更要延伸生态资源附加价值，将生态优势转化为生态价值。建设生态文明可以为人类文明存续提供根本保障，也可以为人类文明发展提供新的潜力和后劲。

（五）在和平发展中构建人类文明新形态的广阔空间

世界百年变局和世纪疫情交织叠加，站在人类文明发展新的历史当口，顺应历史前进步伐、时代发展潮流，坚持和合共生，人类文明才能拥有更多可能性。人类文明新形态是中国式现代化实践对人类文明发展样态的积极探索，和平这一全人类共同价值是其目标指南，也是其建构完善所需的外部环境。

人类文明新形态的形成基于对世界文明形态的反思，是对中国实践的总结，也是对世界的积极倡议。源自中国的人类文明新形态是对人类文明的革新，要走向世界，实现由理念到现实的转变需有利的国际环境支撑。回顾历史，20世纪的世界因文明冲突而遭遇战争洗劫；立足当下，世界在和平发展中创造了繁荣景象；展望未来，全球命运与共，合作才能开辟文明发展新前景，封闭排他、对抗冲突必然将人类文明引向死胡同。和平发展是合规律、合目的的选择。人类文明的长足发展需摒弃"弱肉强食"的丛林法则，在全球性挑战面前，应破除零和博弈的陈旧思维。对抗没有赢家，合作才能共赢。文明没有高低优劣之分，要自觉尊重文明差异，在平等交流中拓宽文明发展空间。人类文明的和谐发展需摒弃"本国优先"的狭隘思维，共享发展机遇，在内外联动中实现良性互促。"从'本国优先'的角度看，世界是狭小拥挤的，时时都是'激烈竞争'。从命运与共的角度看，世界是宽广博大的，处处都有合作机遇。"[47] 人类文明健康发展需遵循"多元共生"的基本原则，文明多样性是人类文明发展的"自然和必然结果"，多元文明是文明交流的基础，而非文明冲突的根源，和平发展的世界应承载不同的文明追求，包容多样的道路选择。着眼宏阔的时空维度，回应"世界之问""时代之问"，应将多元文明和平共生置于首位，拓展人类文明发展新天地。

（执笔：韩淑慧）

第六章　物质文明、政治文明、精神文明、社会文明、生态文明协调发展的人类文明新形态

　　在马克思主义经典作家的语境中，"文明"首先是一个历时性概念，表征人类社会的发展进步。自"文明时代"以来，人类文明随时空条件的流变呈现出多样化的发展形态。从文明内部构成的视角来看，"文明是由一定的物质生活资料生产、政治制度、精神文化以及社会和生态环境等各方面建设的成果相互关联构成的"[1]。物质文明、政治文明、精神文明、社会文明、生态文明共同支撑起人类文明新形态的内在结构，"五个文明"协调发展是人类文明新形态最鲜明的特质。作为文明有机体，人类文明新形态也是中国共产党积极建构的成就，经过从"两个文明"到"五个文明"的历史演变，人类文明新形态的轮廓逐渐清晰。相较于资本主义文明，实现人的自由全面发展是人类文明新形态的价值依归，人的文明在协调发展的"五个文明"中各有彰显。进入新发展阶段，从整体性出发推动五大领域建设有机统一，促成"五个文明"彼此之间良性互动，是赓续人类文明新形态、再攀人类文明新高峰的实践遵循。

一 协调发展是人类文明新形态最鲜明的特质

在中华民族伟大复兴的历史征程中，中国特色社会主义的开创具有重要的文明史意义。通过坚持和发展中国特色社会主义，中国共产党创造了"五个文明"协调发展的人类文明新形态。在中国特色社会主义建构的新场域中，马克思主义理论、中华优秀传统文化、社会主义现代化建设实践的耦合赋予了人类文明新形态协调发展的特质。

（一）马克思主义整体文明观的理论支撑

人类文明新形态是马克思主义中国化的重大成果，马克思主义整体文明观给予了人类文明新形态坚实的理论支撑。在历史唯物主义的视野中，文明是人的实践活动的产物。"物质生活的生产方式制约着整个社会生活、政治生活和精神生活的过程。"[2] 自然界作为"人的无机的身体"，是全部实践活动得以开展的首要前提。因此，物质文明、政治文明、精神文明、社会文明、生态文明构成了人类文明系统的基本单元，分别表征人类改造客观世界过程中在不同领域取得的成果。人类社会是一切关系在其中同时存在而又相互依存的社会有机体，社会各要素的协调发展推动人类文明取得整体性进步。如同卢卡奇所言："不是经济动机在历史解释中的统治地位，而是总体的观点，使马克思主义同资产阶级科学有决定性的区别。"[3] 人类创造文明的过程就是文明系统不断发展成熟的过程。然而，囿于社会生产力水平等因素的限制，在前资本主义时代人类未能自觉依循文明发展的客观规律，资本主义文明因对剩余价值无止境的攫取又使人类文明的发展走入歧途。社会主义文明是对传统文明和资本主义现代文明的扬弃，是全面协调发展的文明形态。中国特色社会主义坚持"五个文明"的"总体布局"，实现了人类文明系统的有机整合。一方面，物质文明、政治文明、精神文明、社会文明、生态文明作为文明子系统相互交融、相互渗透，由量变到质变，合成一种新质的整体文明，其辐射出的文明力量是各子文明系统的叠加。另一方面，整体文明系统保障各子文明系统协同发展以维持文明均势，反对"一家独大"，由此弱化文明发展过程中矛盾斗争性外化出的负面影响。可见，人类文明新形态以"五个文明"的协调发展获取自身文明效益的最优解，以"五位一体"的文明发展格局破解了资本主义现代化"文明发达＝文明畸形"的魔咒，翻开了人类文明史的崭新一页。

（二）中华优秀传统文化的鲜明底色

中华优秀传统文化是中国特色社会主义赖以生长的文化沃土，也是人类文明新形态独树一帜的鲜明底色。中华优秀传统文化天人合一的宇宙观和由此生发的和谐尚同的精神特质，是处理人与自然、人与社会、人与人之间关系的重要准则。"中华和谐思想在根本上是一种哲学的本体论即独具东方智慧特色的辩证思维。"[4]从横向上看，和谐辩证思维强调不同事物之间以及事物内部各要素之间协调发展，以部分的互济互补实现整体的和谐均平，从而达到"和合"的境界。在人与人的关系上，推崇"各美其美，美人之美，美美与共，天下大同"的处世哲学；在群己关系方面，强调群体和社会对个人的优先性，倡导以"先天下之忧而忧，后天下之乐而乐"式的忘我奉献，推动现实社会不断趋近于彼岸的大同世界。从纵向上看，和谐辩证思维以事物发展的全过程为着眼点，承认差异和矛盾的客观性，主张在差异中求和谐、于矛盾中促同一，以期达到矛盾双方相辅相成的完美状态。历经数千年文明岁月的涤荡，和谐辩证思维已经深入中华民族的骨髓，成为炎黄子孙格物致知的思想指引。俄国十月革命以来，在同散发着现代性光辉的马克思主义不期而遇之后，和谐辩证思维经由创造性转化、创新性发展，与马克思主义对立统一观进一步融合，在马克思主义中国化的历史进程中留下了浓墨重彩的一笔。"五个文明"协调发展的人类文明新形态具有鲜明的中国特色，历史逻辑所遗传的和谐辩证思维就是"中国特色"的生动诠释。中国共产党创造人类文明新形态的一切理论和实践活动，都或显或隐地受到中华优秀传统文化和谐辩证思维的影响。

（三）社会主义现代化建设的实践养成

"文明是实践的事情，是社会的素质。"[5] 自工业革命以来，现代化作为人类社会最广泛的实践活动，承载着文明的进步，决定着文明的发展。资本主义掀起并主宰了世界现代化浪潮，创造出发达的资本主义现代化文明。不可否认，社会生产力的急速增长、世界市场的不断扩大、新型政治组织形式的日臻完善等写下了资本以"超能力"推动人类文明进步的历史注脚。但是，资本的每一个毛孔都滴着血和肮脏的东西，资本主义社会的发展是畸形的、片面的发展。现代性所生发的一切积极的进步的文明成果又被资本逻辑引发的消极因素和沉重代价所消解。资本主义文明这种内在的矛盾和局限是其本身无法克服的，其发展的必然趋势是被社会主义文明所代替。正如列宁所言："只有社会主义国家才能够达到而且已经达到了高度的文明。"[6]中国共产党一经成立就以建设一个高度现代化的社会主义国家为发展目标。自建立以来，中国共产党带领中国人民走出了一条不同于西方的社会各领域齐头并进的现代化新道路。通过科学的顶层设计，中国共产党建构起经济、政治、文化、社会、生态"五位一体"的中国特色社会主义现代化总布局。统筹计划和市场，以社会主义市场经济书写了诸多人类经济史上的奇迹，创造出高度发达的物质文明；坚持走中国特色社会主义政治发展道路，为世界贡献了"中国的民主"，创造出普惠世界的政治文明；坚持创造性转化、创新性发展中华优秀传统文化，博采人类文明一切优秀成果，创造出高度自信的精神文明；持续推进国家治理体系和治理能力现代化，维护社会公平正义，创造出符合国情的社会文明；严格落实"绿水青山就是金山银山"的发展理念，建立起完备的生态环境保护制度，创造出恒久美丽的生态文明。"五个文明"相互支撑，共同进步，推动人类文明新形态步入了协调发展的康庄大道。

二 协调发展的人类文明新形态的历史演进脉络

塑造"五位一体"的中国特色社会主义总布局与创造"五个文明"协调发展的人类文明新形态是坚持和发展中国特色社会主义的一体两面。从"两个文明"到"五个文明"，中国共产党在中国特色社会主义理论创新和实践创新的良性互动中不断深化对文明发展规律的认识，为人类文明发展做出了重大贡献。

（一）辩证统一的"两个文明"

文明的历史是由"处在现实的、可以通过经验观察到的、在一定条件下进行的发展过程中的人"[7]创造的，物质生活资料的生产是构成文明发展的前提，物质文明是始终处于主导地位的、最基础的文明。新中国成立以来，同处于"黄金时代"的资本主义国家相比，亟须解决的是物质生产力落后的问题。"一五计划"和"二五计划"的顺利完成奠定了新中国的重工业基础，为开创中国特色社会主义提供了物质基础。改革开放以来，"一个中心、两个基本点"基本路线的确立使中国特色社会主义走上了健康发展的正轨，解放和发展生产力的本质规定使经济社会的发展驶入高速路，社会财富快速增长，人民群众的物质生活条件大大改观、生活水平明显提高，物质文明建设取得巨大成就。物质文明的大发展对社会精神文明建设提出了新的挑战和要求。人们在不断满足日益增长的物质生活需要的同时，精神生活需要也在不断增长。然而，同物质文明建设相比，精神文明建设明显滞后，短板日益凸显。于是，中国共产党从新情况出发，在党的十二大首次从战略高度提出了"在建设高度物质文明的同时，一定要努力建设高度的社会主义精神文明"[8]的现代化发展目标，明确了社会主义精神文明建设的主要内容是发展社会精神生产和精神生活，根本任务是培育"有理想、有道德、有文化、有纪律"的社会主义公民。"两个文明要一起抓"[9]丰富了社会主义现代文明的内涵，开创了人类文明新形态的建设之路。物质文明建设同精神文明建设是辩证统一的，二者既相互依存、相互协调，又相互对立、相互转化。一方面，创造高度发达的物质文明是精神文明发展进步的前提，精神文明的接续提升不断矫正物质文明的前进方向。另一方面，人的发展状况内在规定着文明形态的发展状况，物质文明与精神文明相互协调塑造出体力与脑力协同发展的个人，强化了创造人类文明新形态的主体条件。"两个文明"的理论和实践标志着中国社会主义现代化建设走上了创造新的文明的坦途，且向着更加完备的人类文明新形态不断迈进。

（二）相互融通的"三个文明"

政治文明作为人类改造客观世界在政治领域取得的一切积极成果的总和，是由政治意识文明、政治制度文明、政治行为文明三个部分构成的有机整体。相较于中世纪的神权政治和后来的封建专制，资本主义政治文明具有不可忽视的历史进步意义。但是，随着资本的无序扩张和随之而来的严峻阶级分化，资本主义所谓的"民主""自由""平等"早已沦为一句空话。因此，资本主义政治文明必然要被社会主义政治文明所代替。从本质上看，社会主义政治文明就是绝大多数人享有的、人民民主的政治文明，坚持党的领导、人民当家作主和依法治国的有机统一。

中国共产党对社会主义政治文明和人类政治文明的发展做出了原创性贡献。100 年来，从工农民主专政到人民民主专政，从党内民主到基层民主，从协商民主到全过程人民民主，中国共产党领导中国人民创造出新型的社会主义政治文明。20 世纪 90 年代末，面对世界社会主义运动的持续低迷以及国内资产阶级自由化思潮的泛滥，政治文明建设成为坚持和发展中国特色社会主义的主要抓手。2002 年，江泽民在"5·31"讲话中系统总结了改革开放以来我国民主政治建设的历史经验，明确指出："发展社会主义民主政治，建设社会主义政治文明，是社会主义现代化建设的重要目标。"[10]同年 11 月，党的十六大进一步强调"发展社会主义民主政治，建设社会主义政治文明，是全面建设小康社会的重要目标"[11]，以"经济、政治、文化"三位一体的实践布局建构起"物质文明、政治文明、精神文明"相互融通的文明系统。这是物质文明与精神文明协调发展的必然结果，是中国特色社会主义总布局不断完善的必由之路，是中国共产党创造人类文明新形态的实质性进展。从"两个文明"到"三个文明"不仅昭示着文明领域的拓宽，更表明文明有机体内在协调性的持续增强。物质文明、政治文明、精神文明三者相互融通、协调统一，物质文明为精神文明和政治文明的发展提供经济支撑，精神文明为物质文明和政治文明的发展提供精神动力，政治文明为物质文明和精神文明的进步强化制度保障，三者相互生成、协同建构，合成了创造人类文明新形态新的实践力量。

（三）全面进步的"四个文明"

一切社会生活现象的基础是现实的人在改造客观世界过程中形成的不以人的意志为转移的社会关系。以社会关系为原点，实践活动的演进生成了社会生活、社会意识、社会管理等要素。就内涵而言，狭义的社会文明"是社会生活文明、社会关系文明、社会意识文明、社会生活环境文明和社会管理文明的有机整体"[12]，表征着人类社会公共生活的发展进步。进入 21 世纪，在中国新一轮的改革开放浪潮中，社会结构剧烈变动引发的城乡差距扩大、贫富分化严重、社会公共服务滞后等问题日渐凸显，对国家治理体系和治理能力提出了更高要求。2004 年，胡锦涛在党的十六届四中全会上将提高构建社会主义和谐社会的能力确立为加强党的执政能力建设的主要任务，明确了构建和谐社会的主要内容是"不断增强社会的创造活力"，"妥善协调各方面的利益关系，正确处理人民内部矛盾"，"加强社会建设和管理，推进社会管理体制创新"，"健全工作机制，维护社会稳定"[13]等，迈出了社会文明建设的重要一步。2005 年初，在省部级主要领导干部提高构建社会主义和谐社会能力专题研讨班上的讲话中，胡锦涛指出："构建社会主义和谐社会，同建设社会主义物质文明、政治文明、精神文明是有机统一的"，中国共产党致力于"通过和谐社会建设来为社会主义物质文明、政治文明、精神文明建设创造有利社会条件"[14]。党的十七大正式将社会建设与经济建设、政治建设、文化建设并列，这既标志着中国特色社会主义"四位一体"总布局的生成，也昭示着人类文明新形态的社会文明之维。一方面，社会文明同其他"三个文明"相互区别、相互制衡，各自遵循不同的发展规律，肩负不同的发展使命，开辟不同的发展路径。另一方面，社会文明同其他"三个文明"相互依存、相互促进，一方的存在以另一方的存在为前提，一方的发展为另一方的发展创造条件。在创造人类文明新形态历史惯性的作用下，"四个文明"全面进步，继续书写人类文明历史新的篇章。

（四）协调发展的"五个文明"

人与自然的关系内在地包含于生产力与生产关系的矛盾运动中，文明历史"第一个需要确认的事实就是这些个人的肉体组织以及由此产生的个人对其他自然的关系"[15]。自然界是人类生存的依靠，是创造文明的前提，表征着人类在处理同自然关系方面一切积极成果的生态文明是人类文明不可或缺的组成部分。伴随着实践能力的不断跃升，人类在人与自然关系中的主动性逐渐由弱转强，这种主动性一经资本加持，便开创出了一个由人支配和统治自然的时代。由于资本主义生产方式在人与自然的物质变换过程中造成了一个"无法弥补的裂缝"，资本主义所谓"生态文明"不过是生态危机的遮羞布。为此，人类文明的发展、延续人类生存的需要，迫切要求改变和结束资本主义现代化造成的人与自然相互对立的紧张状态，建立人与自然和谐共生的社会主义生态文明。20 世纪 80 年代以来，改革开放、以经济建设为中心的政策极大地释放了社会生产力的潜能，在快速创造丰富社会财富的同时不可避免地造成了环境污染、资源浪费、生态破坏等现象。于是，如何妥善处理经济建设和环境保护、人与自然之间的关系便成为现代化建设道路上的一道"必答题"，可持续发展、生态文明建设便提上了议事日程。2004 年 3 月 10 日，胡锦涛在中央人口资源环境工作座谈会上的讲话中将"可持续发展"解释为"促进人与自然的和谐，实现经济发展和人口、资源、环境相协调，坚持走生产发展、生活富裕、生态良好的文明发展道路"[16]。2007 年，党的十七大报告将生态文明建设的目标确定为"基本形成节约能源资源和保护生态环境的产业结构、增长方式、消费模式"[17]，推动生态文明建设高质量开展。2012 年，党的十八大报告将生态文明建设同经济建设、政治建设、文化建设、社会建设并列，确立了"五位一体"的中国特色社会主义总布局，标志着人类文明新形态的理论建构和实践创造日渐成熟。物质文明、政治文明、精神文明、社会文明、生态文明各有侧重，互为整体，共同构成中国式现代化建设和人类文明新形态的基本内容，丰富了社会主义现代文明的内涵，推动了人类文明的整体进步。

三 协调发展的人类文明新形态的五维价值依归

文明的主体是人，人在改造客观世界的同时也改造着自身，创造出人的文明。人的文明主要体现为人的物质性的身体素质的改善进化、人的精神性的思想境界的不断提升以及人的社会性交往关系的发展进步。人的自由全面发展是人类文明新形态的价值依归，也是人的文明的追求目标和最高境界。人类文明新形态在"五个文明"的协调发展中创造和提升，人的文明、人的自由全面发展亦在"五个文明"的整体推进中彰显和实现。

（一）共同富裕的物质文明

物质生活资料的生产是一切人类历史的基本前提，人类创造文明的历史首先是物质文明不断发展的历史。资本的问世否定了原始的、以占有自身劳动为基础的小生产，剩余价值的内在规律和竞争的外在压力迫使个人劳动转化为社会劳动，科学技术转化为社会生产力，实现了物质文明的迅速膨胀。但是，资本主义的物质文明是财富与贫困两极对立的物质文明，是无偿占有他人剩余劳动的物质文明，是与人的文明相背离的物质文明。中国共产党积极推动物质文明朝着共同富裕的方向发展，取得了重大成果。从新民主主义革命时期的"打土豪、分田地"，到社会主义革命和建设时期"公有制+计划经济+按劳分配"的基本经济制度的成型，到改革开放和社会主义现代化建设时期"以先富带动后富"逻辑主线的明确，再到新时代"全体人民共同富裕"的实践指向，改革开放以来，按现行贫困标准计算，中国共产党领导中国 7.7 亿农村人口摆脱贫困，实现了共同富裕的物质文明从理论到现实的历史性飞跃。共同富裕有两层含义，一是生产力层面的"富裕"，二是生产关系层面的"共同"。"富裕"是"小康"的延续，表征社会物质生产力与人民生活水平的发展状况。"共同"一是强调主体范围上"生产将以所有的人富裕为目的""所有人共同享受大家创造出来的福利"[18]；二是指代时间次序上的非同步性和空间区域上的非同质性，遵循普遍性与特殊性相统一的发展规律。应当明确的是，共同富裕的实现不可能一蹴而就，进入新发展阶段，波谲云诡的国际格局和纷繁复杂的国内矛盾催生了物质文明发展的新羁绊。党的十九届五中全会将"全体人民共同富裕取得更为明显的实质性进展"[19]作为 2035 年远景规划的主要任务，这也是物质文明建设的阶段性目标。共同富裕是社会主义的本质要求，为人的文明的发展奠定坚实的物质基础，是人的自由全面发展在物质文明领域的内在规定。

（二）全过程人民民主的政治文明

在人类政治文明史上，资本主义政治文明曾具有极为重要的革命作用。在反对宗教神学和封建专制的浪潮中，资产阶级以"天赋人权""主权在民""社会契约"等先进政治理念建构起包括选举制、议会制、多党制等在内的现代政治制度，实现了由专制到"民主"、由奴役到"自由"的历史性转折。民主是文明时代发展到一定阶段的产物，是现代政治生活的基本标识，其真谛在于人民当家作主。通过对资本主义社会的深入考察，马克思一针见血地指出资本主义世界中"人是想象的主权中虚构的成员"[20]，资本主义所谓"民主"是虚假的民主，资本主义政治文明绝不是人类政治文明的终点。中国共产党在百年政治实践中开创出了迥异于西方的全过程人民民主的政治文明，打开了人类政治文明发展的新局面。制度是民主的载体，也是政治文明最为直观的呈现。在新民主主义革命时期，中国共产党在苏区进行了治国理政的初次尝试，以工农兵代表大会制度迈出了政治建设的关键一步。随后，在"三三制"政权改革中，中国共产党又进行了政府机关建立党组、定期举行党外人士座谈会等制度创新，为联合政府的组建奠定了基础。新中国成立后，中国共产党为完善人民当家作主的制度体系进行了深入探索，迅速确立了我国工人阶级领导的、以工农联盟为基础的、人民民主专政的社会主义国家的国体和人民代表大会制度的政体，勾勒出社会主义民主政治的基本框架。改革开放以来，新型政党制度和基层群众自治制度的确立和完善发扬了党内民主和基层民主，拓宽了民主的领域，人民政治生活水平得到了质的提升。进入新时代，在建构中国特色民主话语体系的过程中，协商民主、全过程人民民主等新的民主实现形式相继出场，中国共产党以中国式民主擘画出人类政治文明新形态的壮丽图景，为人的全面发展搭建起完备的政治平台。全过程人民民主"实现了过程民主和成果民主、程序民主和实质民主、直接民主和间接民主、人民民主和国家意志相统一"[21]，是人的文明发展在政治文明领域的必然要求。只有基于全过程人民民主的政治文明，现实的人在政治生活中的主动性才能充分彰显，政治素养、政治格局才能有效提升，其参与政治生活的实践效益才能转化为改造客观世界的文明效益，实现政治文明与人的文明的协同进步。

（三）坚持中国特色社会主义文化的精神文明

马克思主义在坚持社会存在决定社会意识的同时强调社会意识的相对独立性及其能动作用，十分重视文化建设和精神文明建设的积极作用。马克思认为："批判的武器当然不能代替武器的批判，物质力量只能用物质力量来摧毁；但是理论一经掌握群众，也会变成物质力量。"[22]社会意识是能动的，精神生产是客观的，精神文明建设是推动人类文明发展的关键环节。精神文明区别于文化，却又来源于文化，精神文明建设的着力点是文化建设。

中国共产党坚持马克思主义文化发展道路，贯彻以人民为中心的文化发展理念，推动中国特色社会主义文化的发展与人民群众日益增长的美好生活需要相契合、与全面建成社会主义现代化强国的战略目标相协调、与实现中华民族伟大复兴的中国梦相统一，实现了从文化自卑到文化自信的彻底蜕变，为中国特色社会主义精神文明建设提供了丰厚的文化滋养。从新民主主义文化到社会主义文化再到中国特色社会主义文化，从培育"四有公民"到培育"社会主义接班人"再到培育"能够担当民族复兴大任的时代新人"，我国精神文明建设的内涵和外延不断拓宽。人的现代化、人的自由全面发展、人的文明建设成为社会主义文化建设和精神文明建设的题中应有之义。加强精神文明建设、繁荣中国特色社会主义文化，内在地要求推动中华优秀传统文化创造性转化创新性发展、弘扬革命文化、发展社会主义先进文化，广泛吸纳世界各国文化中的优秀成果，古为今用、洋为中用，推陈出新、革故鼎新，用文化的发展实现人的发展，用精神文明的进步实现人的文明的进步。进入新发展阶段，我们正致力于实现第二个百年奋斗目标，这对精神文明建设提出了更高要求，又为其提供了新的发展契机。

（四）共建共治共享的社会文明

社会文明的实质是个人与社会关系的历史性进步。恩格斯曾多次对共产主义社会中个人与社会的关系做出展望。他认为，在未来社会，"通过社会化生产，不仅可能保证一切社会成员有富足的和一天比一天充裕的物质生活，而且还可能保证他们的体力和智力获得充分的自由的发展和运用"[23]。换言之，在共产主义社会，每个人的自由全面发展是一切人的自由全面发展的前提。

中国共产党坚持科学社会主义的一般原则，并赋予其中国特色。努力构建社会主义和谐社会，力图建立和构建新型的人际关系和社会关系，为人的发展和美好生活建造优良的社会环境；大力加强并创新社会治理体系和社会治理能力现代化建设，力图在发展的基础上，建立公平正义的制度体系和体制机制，保证全体人民在共建共治共享发展中有更多获得感，不断促进人的全面发展和全体人民的共同富裕。在70余年的治国理政实践中，中国共产党立足中国具体实际，充分借鉴西方国家的治理经验，逐步建立起具有中国特色的现代社会治理体系。党的十八大以来，共建共治共享的社会治理格局已基本形成。在百年未有之大变局的时代背景下，"中国之治"与"西方之乱"形成鲜明对照。共建共治共享的逻辑主线是"共同"，彰显了人民的主体性，强调社会治理的行为由多元社会主体共同实施、社会治理的过程由全体人民共同参与、社会治理的结果由全体人民共同享有。党的十九届四中全会提出"完善党委领导、政府负责、民主协商、社会协同、公众参与、法治保障、科技支撑的社会治理体系，建设人人有责、人人尽责、人人享有的社会治理共同体"[24]，这是共建共治共享的社会文明在新的历史条件下的内容延伸，进一步凸显了人的文明之于社会文明建设的基础性地位。总之，共建共治共享是人的文明发展在社会治理层面的内在要求，明确了在国家同社会的良性互动中实现人的自由全面发展的价值目标。

（五）人与自然和谐共生的生态文明

文明是人类社会所特有的现象，文明的创造过程就是人的劳动的对象化过程，自然界是人类劳动得以展开的基本前提，是人类文明得以延续的最为原始的根据。因此，如何协调人与自然的关系是创造一种新的文明形态所必然要回答的问题。

中国共产党在百年奋斗历程中坚持以马克思主义生态观审视人与自然关系问题，从新民主主义革命时期领导人民兴修水利、植树造林，到社会主义革命和建设时期出台宏观政策推动农业、林业、畜牧业综合发展，再到改革开放以来生态文明建设的体系化与法治化，人的主体性的持续增强不仅未造成人与自然之间物质变换的不可修复的断裂，而且实现了生态文明发展与人的文明发展的内在统一。中国共产党以"绿水青山就是金山银山""美丽中国""生命共同体"等生态文明理念，建立健全包括生态环境保护、资源高效利用、生态系统修复等生态文明制度体系，创造出"沙坡头""塞罕坝""毛乌素"等生态文明奇迹，实现了对人与自然关系的全方位重塑，深刻诠释了人与自然的和谐共生。马克思指出："被确定为与人分隔开来的自然界，对人来说也是无。"[25] 理解人与自然关系的枢纽就在于理解人从未走出自然，人与自然是生命共同体，人的现实活动既是自身本质的不断外化，也是人向自然的不断复归。自然对于人来说并非机械的、独立的存在，而是与人历史地相互生成。因此，生态文明本身就是人的文明，人的发展同自然的发展在人类文明序列中合而为一。由此可见，人与自然和谐共生既是生态文明建设的必由之路，也是人的文明发展的必然选择，中国共产党以高度的生态自觉洞察了生态文明建设的规律，确立了科学的生态文明建设目标。

四 推动实现人类文明新形态的整体性进步

整体性是协调性的逻辑前提，协调性是整体性的逻辑延伸，人类文明有机体的进化是"五大文明"要素共同作用的整体性过程。整体性既表征各构成要素内部的有机统一，更强调各构成要素彼此之间的协调发展。中国特色社会主义是全面发展、全面进步的社会形态，从整体性出发推动经济、政治、文化、社会、生态等建设的有机统一，形成"五个文明"彼此之间良性互动，是新发展阶段赓续人类文明新形态的实践遵循。

（一）整体性经济建设

整体性经济建设是实现人类文明新形态整体性进步的基础和前提，其核心原则一是致力于经济结构内部各要素的平衡协调，二是寻求经济建设同其他领域建设的协调统一。自党的十二届三中全会出台《中共中央关于经济体制改革的决定》以来，我国整体性经济建设取得了重大成果，积累了丰富经验，主要体现为：开辟了整体协调与局部改革相结合的渐进式改革路径,规避了经济结构剧烈变动引发社会动荡的风险;妥善处理效率与公平的关系,建构起均衡合理的收入分配制度;将市场与政府调控有机结合,创立了社会主义市场经济体制;等等。进入 21 世纪,改革开放和社会主义现代化建设进入"深水区",我国经济社会发展结构性矛盾的积弊愈发凸显。党的十八大以来,以习近平同志为核心的党中央全面深化供给侧结构性改革,提出"共享是中国特色社会主义的本质要求"[26],明确了整体性经济建设的共同富裕目标。在"两个一百年"相交汇的关键历史时期,整体性经济建设必须融入新的时代内容。一方面,沿着供给侧结构性改革的方向推动经济结构不断转型升级,优化资本聚合经济结构内部各要素的牵引作用,推动政府职能转变,健全市场要素,构建系统完备的内需体系,以均衡协调的经济发展战略廓清整体性经济建设的内部阻隔,塑造我国经济发展新优势。另一方面,以新发展理念引领经济建设与政治建设、文化建设、社会建设、生态建设协调统一,以高质量的经济效益带动其他领域的发展,以新发展格局统筹国内国际经济运行大环境,以全方位、多领域、深层次的对外开放机制发挥中国特色社会主义整体性经济建设的导向带动力。总之,要不断"立足新发展阶段、贯彻新发展理念、构建新发展格局、推动高质量发展,全面深化改革开放"[27],在经济整体发展的基础上推动人的全面发展和全体人民共同富裕取得更为明显的实质性进展,赋予人类文明新形态丰厚的物质文明内涵。

(二)整体性政治建设

中国特色社会主义政治发展道路是中国共产党团结带领全国各族

人民经过长期探索、反复对比、不断创新开辟出的一条适合中国国情的民主政治发展道路，是中国特色社会主义"五位一体"总布局中不可或缺的重要部分。"中国特色社会主义最本质的特征是中国共产党领导，中国特色社会主义制度的最大优势是中国共产党领导"[28]，坚持和加强党的领导是形成政治建设"整体性"的逻辑前提。从内容构成来看，一方面，政党、政治制度、政治行为是社会政治生活的核心要素，也是整体性政治建设"内向"维度的着力点。改革开放以来，在物质文明迅速发展的前提下，我国整体性政治建设取得了重大突破，积累了宝贵经验，主要体现在：坚持全面从严治党永远在路上，巩固加强了中国共产党的政治核心地位；坚持将马克思主义基本原理同中国具体实际相结合，建构起高效完备的中国特色社会主义制度体系；大力推进反腐倡廉，深入开展思想政治教育，科学规范了广大党员干部和人民群众的政治行为，引导其树立科学的政治理念；等等。进入新发展阶段，我们正致力于实现第二个百年奋斗目标，这对总体性政治建设提出了更高要求：坚持"两个确立"不动摇，进一步加强和完善党的领导，确保"中国号"巨轮的政治桅杆永远伫立；坚持全面深化改革，为扩大公民有序政治参与提供坚实制度保障，确保人民依法享有广泛的政治权利和充分的政治自由；充分发挥各级领导干部的政治积极性，增强其为人民服务的本领，将全过程人民民主的政治智慧转化为构建新型政治文明的不竭动力；等等。另一方面，协调政治建设同经济建设、文化建设、社会建设、生态建设的关系是整体性政治建设"外向"维度的关键。"以政治建设为统领"是党中央提出的新时代关于党的建设的重要指示，从顶层设计的高度规定了政治建设与其他领域建设的关系。只有"旗帜鲜明讲政治"，以政治建设推进党的建设伟大工程，才能汇聚起中国特色社会主义"五位一体"的实践合力，确保人类文明新形态沿着正确的方向稳步前行；只有将政治建设融入经济建设、文化建设、社会建设、生态建设之中，才能以政治手段有力协调五个方面的发展，共同服务于中国特色社会主义大局，推动实现人类文明新形态的整体性进步。

（三）整体性文化建设

文化具有多样性，又具有整体统一性，是多样性和整体性的有机统一。然而，文化的多样性并不是杂乱无章的，也不是彼此毫无关联的；文化的统一性并不是单一的、同质化的。因此，不能因为文化的多样性而否定文化的整体性和统一性，也不能因为文化的整体性和统一性而否定甚至消灭文化的多样性。中华优秀传统文化、革命文化、社会主义先进文化是中国特色社会主义文化的有机组成部分。中华优秀传统文化是中华民族的"根"和"魂"，是中国特色社会主义文化的源头；革命文化是中国共产党百年伟大社会革命史的文化凝聚，是中国特色社会主义文化斗争精神的时代彰显；社会主义先进文化是面向现代化、面向世界、面向未来的集古今中外之大成的文化，是中国特色社会主义文化最为新鲜的血液。发展中国特色社会主义文化、建设精神文明，主要是继承中华传统文化，并使之实现创造性转化；弘扬革命文化，并使之丰富化和时代化；发展社会主义先进文化，并使之引领文化发展的方向。十一届三中全会以来，中国共产党推进整体性文化建设成效显著，主要体现在：建构起指引中国特色社会主义文化发展方向的科学理论体系；实现了文化发展的"引进来"与"走出去"相结合，营造了多元民族文化和谐共生的文化氛围；建立起社会主义核心价值体系作为维系中国特色社会主义文化的精神纽带；

等等。在百年未有之大变局下，整体性文化建设的关键就在于坚持走中国特色社会主义文化道路，将中国特色社会主义文化的三个有机组成部分融为一体，凸显中国特色社会主义厚重的文化底蕴。要推动中华优秀传统文化创造性转化、创新性发展，挖掘革命文化对坚持和发展中国特色社会主义的促进作用，以社会主义先进文化的时代冲击力打通三者联结的时空阻隔，为人类文明新形态的整体性进步提供源源不断的文化推动力。此外，文化建设只是中国特色社会主义"五位一体"总布局的一个方面，只有妥善处理文化建设同其他领域建设的关系才能达到"1+1>2"的效果。"一定的文化（当作观念形态的文化）是一定社会的政治和经济的反映，又给予伟大影响和作用于一定社会的政治和经济。"[29]没有文化繁荣兴盛就没有中华民族伟大复兴。中国特色社会主义文化是中华民族伟大复兴最为重要的资源，涵盖了关于经济、政治、社会、生态等各个方面建设的思想智慧。因此，加强文化建设，繁荣社会主义文化，推动精神文明建设不断发展，须坚持以人民为中心，坚持马克思主义在意识形态领域的指导地位，建设具有强大凝聚力和引领力的社会主义意识形态；同时，须坚持"百花齐放、百家争鸣"方针，古为今用，洋为中用，鼓励支持一切有利于现代化、有益于满足人民多种精神需要的文化竞相发展，努力把中国建设成为社会主义的文化强国，赋予人类文明新形态以更丰富和更具民族特色的文化特质。

（四）整体性社会建设

整体性社会建设涵盖众多领域，旨在奠定"和谐"的社会发展总基调。从党的十六届五中全会首次提出"社会建设"，到党的十七大明确将社会建设作为中国特色社会主义总布局的一环，我国社会建设的理论和实践不断向前推进，整体性特征日益凸显。这主要体现在：社会建设的重点内容从建立社会保障制度转向全方位保障和改善人民生活，实现国家治理体系和治理能力现代化；社会建设理念由传统的社会管理转变为现代的社会治理；社会治理格局由国家一元治理扩大为多元社会主体共建共治共享；等等。就微观而言，我国整体性社会建设主要指向保障和改善民生、加强和创新社会治理。进入新时代，随着社会主要矛盾的转变，整体性社会建设的展开必须以人民群众幸福感和获得感的提升为参照，以解决社会发展不平衡不充分的问题为原则。在坚持和完善中国共产党领导整体性社会建设的基础上，以保障适度为原则推进人的全面发展和社会全面进步相统一，在充分保障人民群众生活水平稳步提升的同时规避"福利陷阱"；坚持公平正义的价值导向，深入推进基本公共服务均等化，尤其注重"加强普惠性、基础性、兜底性民生建设，保障群众基本生活"[30]；积极探索适合中国国情的社会治理路径，学习和借鉴世界各国社会治理的成功经验，结合世情、国情的变化不断创新社会治理；全面推进社会体制机制改革，完善相关法律法规，解决好社会发展的局部与整体、短期与长期、城市与农村、沿海与内地等多重关系。从宏观来看，整体性社会建设将社会建设同中国特色社会主义经济建设、政治建设、文化建设、生态建设融为一体，以五个方面的协调发展推动实现人类文明新形态的整体性进步。首先要坚持系统思维，从协调性出发推动社会结构转型升级，提高社会建设与治理水平，建构起同经济、政治、文化、生态的发展相适应的社会治理体系。其次要加强忧患意识，提高社会建设的风险化解能力和突发事件解决能力，妥善处理社会各种矛盾，为其他领域的改革发展提供安全稳定的社会环境。最后要调动人民群众的积极性，通过共建共治共享的社会实践让群众切实参与到社会公共事务中来，实现个人效益与社会效益同步提升，补齐其他领域建设的社会短板。

（五）整体性生态建设

整体性生态建设是生态与文明合而为一的过程，将人与自然视为生命共同体，坚持"全方位、全地域、全过程加强生态环境保护"[31]。中国式的现代化道路并未重蹈西方"先污染、后治理"的老路，而是走出了一条人与自然和谐共生的绿色、清洁、美丽的新路。正因为如此，我们的现代化是人与自然和谐共生的现代化，生态文明建设也是中国特色社会主义建设总布局的基本内容和重要一环。虽然我国处于并将长期处于社会主义初级阶段的现实情况决定生态文明建设的任务十分艰巨，但是，人与自然的"生命共同体"和生态文明建设"千年大计"[32]的重要地位决定了我们必须牢固树立社会主义生态文明观，努力构建人与自然和谐发展的现代化建设新格局。

自然生态系统、社会生态系统、人类文明系统是生态文明的三个基本层次，整体性生态建设的"全方位"就是强调对三者系统性和协调性的维护，包括：将自然生态系统视为生命共同体，坚持整体保护和统一管理，从总体国家安全观的高度审视生态安全，推进保护、治理、修复工作全面展开；系统构建社会生态系统，以"两山理念"发展和完善生态经济体系，建立健全权责明晰、生态绩效考核的生态政治体系；加快构建以社会主义生态文明观为核心的生态文化体系，确立人与自然和谐共生的社会发展格局；将生态文明建设与其他领域文明建设协同推进，巩固"五位一体"的文明发展布局，以生态效益反哺其他领域建设，实现"五个文明"的整体性提升；等等。"全地域"侧重于优化生态文明建设不平衡、不协调的空间格局，包括优化整合生产空间、生活空间和生态空间的差序格局，强化生态文明建设的空间载体；协同推进城乡生态文明建设和区域生态文明建设，补齐生态文明建设的地域短板；将"美丽中国"建设同构建"人类命运共同体"相结合，同世界各国一道为人类生态文明的发展贡献智慧和力量。"全过程"统筹生态文明建设的短期效益和长期效益，力求实现生态文明建设在时间尺度上的可持续，包括围绕"源头-过程-结果"的时间轴立体化开展生态环境保护和治理，为生态文明建设提供良好的自然条件；形成绿色化的社会生产链条，确保生产、分配、交换、消费各个环节的清洁环保；立足人类文明形态演进的总体过程推进生态文明建设，将生态现代化作为社会主义现代化的重要目标，将生态发展理念融入现代化建设的各个领域。总之，整体性生态建设以生态文明为原点，在三个基本层次的相互贯通中实现"五个文明"的协调发展，谋取人类文明新形态的整体进步。

（执笔：任倚步）

第七章　人类文明新形态视野下的
##　　　　人的全面发展

　　党的十九大庄严宣布："中国特色社会主义进入新时代。"[1] 习近平在庆祝中国共产党成立 100 周年大会上郑重指出，我们"创造了中国式现代化新道路，创造了人类文明新形态"[2]。党的十九届六中全会通过的《中共中央关于党的百年奋斗重大成就和历史经验的决议》明确指出："党领导人民成功走出中国式现代化道路，创造了人类文明新形态。"[3] 中国特色社会主义是亿万中国人民的共同事业，人类文明新形态是全体中国人民的伟大创造。在全面推进中国特色社会主义现代化建设、完善提升人类文明新形态的伟大实践中，促进社会全面进步和人的全面发展，是新时代的重大理论和实践课题。

一　人民群众是人类文明新形态的创造者和享有者

　　人民群众是历史的创造者。人民，只有人民，才是创造人类文明的真正动力。人类物质文明和精神文明的全部成果都是由千千万万的劳动大众创造出来的。中国特色社会主义现代化建设是亿万中国人民的事业。中国人民是现代化的建设者、人类文明新形态的创造者。中国现代化建设的巨大成就、人类文明新形态的丰硕成果，是中国共产党领导全国各族人民团结奋斗、锐意进取、大胆创新的结晶，展现了中国人民的聪明智慧、能力素质、生存状态和精神风貌。

（一）中国式现代化道路创造了人类文明新形态

人类社会发展史是从愚昧野蛮走向文明、从低级的文明形态向高级的文明形态不断演进的进程。根据马克思主义的社会发展理论，社会主义文明必然要高于和优于资本主义文明，因为社会主义文明是建立在资本主义文明之上并对其进行辩证否定和超越的文明。资本主义文明最显著的成果便是现代化以及与之相伴的现代性。现代化是资本主义得以快速发展的道路和方式，也是资本主义最终战胜封建主义、不断向全球扩张并改变世界和历史趋势的强大武器。马克思认为，资本主义现代化是地域、民族历史向"世界历史"转变的过程，是世界各国和民族被"世界市场的力量"支配的过程。现代化的迅猛发展必然"使未开化和半开化的国家从属于文明的国家，使农民的民族从属于资产阶级的民族，使东方从属于西方"[4]。由于现实的社会主义国家刚开始几乎都处于前现代社会，生产力水平较低，科学技术和文化相对落后，走现代化道路便是所有社会主义国家的必然选择。因此，现实的社会主义国家必须吸纳资本主义的现代文明成果，大力发展生产力和增加社会财富，才能赢得与资本主义制度的比较优势，最终战胜资本主义制度，进入更高级的社会形态和文明形态。

中国共产党人在革命、建设和改革时期，坚持马克思主义指导地位和社会主义方向，坚持最低纲领和最高纲领的辩证统一，把实现中华民族伟大复兴作为自己的历史使命。中国共产党深刻认识到，要实现民族复兴的历史使命，要使中华文明屹立于世界文明之林、彰显马克思主义和社会主义制度的优势、造福中华民族和中国人民，就必须吸收资本主义的一切优秀成果，把中国建设成为强大的现代化国家。

在新民主主义革命时期，中国共产党便清醒地认识到了中国社会的发展必然要走现代化道路，变落后的农业国为先进的工业国。新中国成立后不久，中国共产党便明确了国家现代化建设的任务和目标。党的十一届三中全会以来，走中国式的现代化道路和建设中国特色社会主义现代化国家成为最大的政治任务。党的十一届三中全会重新吹响建设"四个现代化"的号角。党的十二大明确党在新时期的总任务是"逐步实现工业、农业、国防和科学技术现代化，把我国建设成为高度文明、高度民主的社会主义国家"[5]。党的十三大确立了党在社会主义初级阶段的基本路线，提出社会主义初级阶段的奋斗目标是"为把我国建设成为富强、民主、文明的社会主义现代化国家而奋斗"[6]。党的十五大、十六大坚持把建设"富强、民主、文明"的社会主义现代化国家确定为发展目标。在邓小平理论和"三个代表"重要思想指引下，我国提前完成了现代化建设"第二步"战略目标，成功把中国特色社会主义和现代化事业推向 21 世纪。党的十七大在科学发展观的指导下，根据我国社会发展的新情况新要求，提出"建设富强民主文明和谐的社会主义现代化国家"[7]的奋斗目标，现代化建设事业取得新的成就。党的十八大以来，明确把现代化建设和民族复兴作为中国特色社会主义建设的总任务和总目标，以物质文明、政治文明、精神文明、社会文明、生态文明"五位一体"总体布局为总要求，全面推进中国特色社会主义和现代化建设事业。党的十九大在总结我国现代化建设所取得的巨大成就的基础上，提出"中国特色社会主义进入新时代"，明确新时代中国特色社会主义现代化建设"两步走战略目标"——到 2035 年基本实现现代化，到新中国成立 100 周年的时候"建成富强民主文明和谐美丽的社会主义现代化强国"[8]，开启了全面建设中国特色社会主义现代化强大国家的新征程。中国特色社会主义现代化建设，坚持以习近平新时代中国特色社会主义思想为指导，遵循"五位一体"布局总要求，"五个文明"建设和人的发展事业取得新的更大成就，2020 年成功实现全面建成小康社会目标，具有悠久历史文明古国的中华大地焕发出新的蓬勃生机。中华民族从站起来、富起来走向强起来，中国特色社会主义现代化建设创造出新的人类文明形态。这是中国历史的巨大飞跃，是中华文明的历史性跨越，是对世界文明的重大贡献。

（二）人类文明新形态是中国人民辛勤创造的

人类文明不是天然的，而是由人创造出来的。文明的世界属于人，文明是人的实践创造。恩格斯指出："文明是实践的事情。"[9]实践作为全部社会生活的本质，也是人类文明的本质。文明的创造不是来自人的想象，而是来自人的全部实践活动。文明是人们改造自然、社会和自身的实践成果及其存在形态。人的实践范围、能力、水平、样式决定社会文明的性质和高度。可以说，文明在本质上是人的创造性实践及其成果。

人是一种实践性的存在，实践是人的存在方式。实践创造人自身，且创造人类文明。人为了生存，不得不与大自然打交道，不得不从自然界获取满足自身生存和发展所需的物质生活资料。大自然不会自动满足人的需要，人只能通过生产劳动创造出大自然无法生成的财富来不断满足自身日益扩大的需要。于是，在改造自然的生产实践、在改造社会和自身的政治实践和文化实践中，人创造了物质的、政治的、精神的、生态的等不同类型不同形态的文明。

人是创造文明的主体。世界文明由多种文明构成，人类是不同文明的联合体。生活在不同地域的人在漫长的进化发展历程中创造了各式各样的文明。人和文明、人的发展和文明的进化是统一的。可以说，有什么样的人，或人有什么样的能力素质，便创造出怎样的文明及形态。当然，有什么样的文明，也会养育什么样的人。东方文明由东方人创造，西方文明由西方人创造，印度文明由印度人创造，中华文明由中华儿女创造。当今中华大地的文明新形态则是由当代中国人民创造出来的。

中国人民是新文明形态的创造者。中国特色社会主义事业、现代化建设事业是全体中国人的事业。中国人民是中国特色社会主义和现代化建设事业的历史主体，是决定党和国家前途命运的根本力量。习近平指出："我们要始终把人民立场作为根本立场，把为人民谋幸福作为根本使命，坚持全心全意为人民服务的根本宗旨，贯彻群众路线，尊重人民主体地位和首创精神，始终保持同人民群众的血肉联系，凝聚起众志成城的磅礴力量，团结带领人民共同创造历史伟业。"[10] 在社会主义建设、改革和发展的不同历史时期，中国共产党始终信奉马克思主义群众史观，坚持党的群众观点和群众路线，坚持人民至上，坚持一切为了人民、一切依靠人民，坚持发展为了人民、发展依靠人民、发展成果由人民共享，社会主义和现代化建设事业不断推进，谱写了人类文明和中华文明的新篇章。

新中国的成立，推翻了压在中国人民头上的"三座大山"，结束了中华民族的屈辱史，中华民族和中国人民从此站起来了，实现了中国社会和中华文明的历史性变革。社会主义制度的确立，从根本上确立和保证了人民群众在国家生活中的主体地位，中国人民成为新社会的主人和建设者。党的十一届三中全会重新确立解放思想、实事求是的思想路线，实现了党和国家工作重心根本转移，明确了改革开放和建设中国式现代化的历史任务，开启了发展中国特色社会主义的新道路。中国共产党领导和团结全国各族人民，努力奋斗、开拓创新，开辟了现代化建设新道路，创造了人类文明新形态。经过改革开放 40 多年的实践创造，我国的"经济实力、科技实力、国防实力、综合国力进入世界前列""国际地位实现前所未有的提升""中华民族正以崭新姿态屹立于世界的东方"[11]。中国特色社会主义现代化建设，坚持以经济建设为中心，以解放和发展生产力为根本动力，以市场经济体制取代计划经济体制，促进经济发展方式转变，国民经济实现又好又快发展。国内生产总值持续快速增长，2021 年的国内生产总值达到 114 万亿元，人均国内生产总值超过 10000 美元[12]，十多年来稳居世界第二位，与世界第一大经济体的差距日渐缩小，占世界经济总量的比重持续扩大。新中国成立之初经济总量不到 500 亿元，到 2018 年国内生产总值超过 90 万亿元，中国经济不断飞跃，跨上新台阶[13]。2020 年中国国内生产总值首超 100 万亿元，占世界经济比重升至 17%[14]。我国经济发展平衡性、协调性、可持续性明显增强，迈上更高质量、更有效率、更加公平、更可持续、更为安全的发展之路。在民主政治和法治建设上，中国特色社会主义民主政治制度化、规范化、程序化全面推进，法治体系不断健全，法治中国建设迈出坚实步伐，社会主义制度更加成熟、更加定型，国家治理体系和治理能力现代化水平不断提高。在社会建设上，我国城乡居民的收入大大提高，全国居民人均可支配收入由 1978 年的 171 元增加到 2021 年的近 3 万元，中等收入群体持续扩大。按照现行贫困标准计算，到 2020 年底，我国 7.7 亿农村贫困人口摆脱贫困；依照世界银行颁布的国际贫困标准，我国减贫人口占同期全球减贫人口的 70% 以上[15]，是人类反贫困史上的辉煌成就。教育事业全面发展，九年制义务教育巩固率、接受高等教育的人口比例大幅提高。我国 9.98 亿人拥有养老保险、13.6 亿人拥有医疗保险，世界上最大的社会保障体系功能完备，发展成果更多更公平地惠及全体人民[16]。在科学文化和创新发展上，坚持物质文明和精神文明"两手抓，两手都要硬"，推动社会主义文化繁荣发展。国家创新能力不断增强，国家战略科技力量加快壮大。关键核心技术攻关取得新进展，载人航天、火星探测、资源勘探、能源工程等领域实现新突破。在生态文明建设方面，我国坚持"绿水青山就是金山银山"的理念，坚持走生产发展、生活富裕、生态良好的文明发展道路，积极推进绿色发展、循环发展、低碳发展，坚持山水林田湖草沙一体化保护和系统治理，"美丽中国"建设迈出重大步伐，生态环境保护发生历史性、转折性、全局性变化。总之，中国特色社会主义现代化建设取得了巨大成就，如期全面建成小康社会、实现第一个百年奋斗目标，成功创造了人类文明新形态，中国社会和中华文明发生了历史性变革。中国式现代化建设的成就和人类文明新形态的创造，不仅充分展现了中国人民和中华民族的伟大创造力，彰显了中国特色社会主义的强大生机活力和美好前途，为实现中华民族伟大复兴提供了坚实的物质基础和强盛的精神力量，而且"拓展了发展中国家走向现代化的途径，给世界上那些既希望加快发展又希望保持自身独立性的国家和民族提供了全新选择"[17]。

在中国共产党的领导下，中国人民发挥主体力量，万众一心、迎难而上、艰苦奋斗，成功创造了人类文明新形态。同样，中国人民必将运用自己的聪明才智，勤劳苦干，成功实现第二个百年奋斗目标，全面建成社会主义现代化强国，实现中华民族伟大复兴的中国梦，把人类文明新形态推向新的历史高度。

（三）人类文明新形态是全体中国人民的新形态

文明是与人的生存、发展相统一的。文明永远是人的文明。文明不仅是社会的存在状态，而且是人的存在状态，是人的能力素质的表征。文明的进步在本质上是人的进化、人的发展。文明的进步与人的发展统一于人的社会实践。文明作为人的创造成果，表征人的实践能力、主体性和生存状态，也是人的素质的体现。恩格斯认为，文明是"社会的素质"[18]。从人作为社会主体而言，文明作为"社会的素质"，终归是"人的素质"。社会状态和文明形态由人所造就，社会的发展状态和文明类型也必然通过人的存在状态、生存方式、实践方式等来呈现。世界多样的文明及其形态在本质上是创造各种文明且生活其中的人的实践能力、生存状态、精神风貌等因素的融合体。总体而言，一个国家、民族的文明状况与生活其中的人及其能力素质具有同一性。先进的文明与开化的人联系在一起，低级的文明同文化比较落后的人群密切相关。我们无法想象，一种发达的文明由一群愚昧的人所创造，一种进步的文明孕育的是众多低素质的个人。不同的人创造不同的文明，其实就是不同素质的人创造不同类型和不同程度的文明。同样，不同的文明及其形态所表征的是不同素养的人及族群。文明在本质上是人的文明，是人的生存状态、实践方式、能力素质和精神境界的体现。

中国人民在创造人类文明新形态的同时也创造了自己生存的新状态、发展的新形态，即创造了中国人的新的存在方式、生活方式、活动方式及精神状态。可以说，中国式现代化道路创造的人类文明新形态是中国人民生存和发展的新形态，体现着当代中国人民的能力素质和精神风貌。党的十九大报告指出，改革开放和社会主义现代化建设，使"党的面貌、国家的面貌、人民的面貌、军队的面貌、中华民族的面貌发生了前所未有的变化"[19]。这里所说的"面貌"，不仅包括显性的物质的形态，如经济发展的规模和体量、城乡的实体性构成、居民的物质生活状况、人居环境等，而且包括隐性的文化的、精神的状态，如人的理想信仰、信念、价值观、道德观、情感、意志、态度、安全感、幸福感等，还包括人的实践方式、行为方式、生活方式和思维方式等。改革开放以来，特别是党的十八大以来，国家的治理方式和治理能力现代化水平不断提高，不同的社会主体各就其位、各司其职的格局基本形成，政府、市场、企业、社区、个体的分工协调机制日趋合理有序，市场的决定性作用，政府的指导性、协调性作用，企业、社区和个体的独立性地位，得以基本确立。国家和社会的发展指数、创新指数、安全指数以及个体的幸福指数不断提升。党的十九届六中全会决议指出："我国意识形态领域形势发生全局性、根本性转变，全党全国各族人民文化自信明显增强，全社会凝聚力和向心力极大提升，为新时代开创党和国家事业新局面提供了坚强思想保证和强大精神力量。"[20]

中国人民生存状态、生活质量的改善，特别是自由度的明显增大是改革开放以来中国社会最显著的变化，也是中国人民最深刻最根本的变化。改革开放、现代化建设从根本上改变了中国人的生存方式、活动方式，改变了中国人的世界观、价值观、道德观和人生观，塑造了中国人新的存在、发展形态和精神特质，中国人的现代性特质逐步生成，国民性变得日渐丰盈，民族自信、文化自信、个体自信不断增强。改革开放解放和发展了生产力，激发了社会无穷的创造活力。生产力的解放和发展、社会活力的迸发，最根本的是人的解放和发展，是人的能动性、创造性的极大发挥，亦即人的主体性、创新力、实现自由的能力以及综合素质的提高。市场经济体制的建立和完善，发展社会主义市场经济，增进了人的经济自由，极大地增加了人的财富，改善了人的生活状况。发展社会主义民主政治、建设政治文明和法治中国，人的基本社会权利有了法制保障，人民参与国家和社会管理事务的自觉性、积极性逐步提高，公民的政治自由不断扩大。建设社会主义新文化，培育社会主义核心价值观，促进了人的精神文化自由；随着互联网和自媒体的快速发展，言论自由的空间更加广阔，公民言论自由的权利得到了保障。自主性是人的现代性的重要特征。自主自强是当代中国人的普遍追求，也是人类文明新形态的重要内容。在现阶段，中国公民的主体意识、自主意识、独立自主精神明显增强。

二　人类文明新形态以人的全面发展为旨归

人类文明新形态之所以"新"，根本在于中国共产党始终坚持马克思主义的指导思想，始终坚持科学社会主义的基本原则，始终坚持中国特色社会主义的发展方向，始终坚持把推动社会全面进步和促进人的全面发展作为现代化建设的价值目标。

（一）人自由而全面的发展是未来美好社会的价值目标

社会发展、文明进化是与人的生存和发展方式密切联系在一起的。人类文明是一个历史生成和演变的过程，马克思恩格斯从"现实的个人"出发，坚持物质生活资料的生产方式是社会历史发展的最终决定性力量这一唯物史观的基本观点，科学阐释了人类文明、社会形态和人的发展的逻辑关系，科学论证了实现人的自由全面发展是人类社会和文明发展的内在逻辑和必然趋势。《共产党宣言》在论述未来社会时提出了一个著名论断："代替那存在着阶级和阶级对立的资产阶级旧社会的，将是这样一个联合体，在那里，每个人的自由发展是一切人的自由发展的条件。"[21] 这是马克思主义创始人对未来社会的本质规定和价值确认，是科学社会主义的核心原则。马克思在《1857—1858 年经济学手稿》中从人的视角把社会发展划分为三个历史阶段：人的依赖性阶段、物的依赖性阶段和自由个性阶段。自由个性阶段建立在"个人全面发展和他们共同的、社会的生产能力成为从属于他们的社会财富这一基础上"[22]。自由个性的人构成的联合体是人类的理想社会形态——共产主义社会。"共产主义和所有过去的运动不同的地方在于：它推翻一切旧的生产关系和交往关系的基础，并且第一次自觉地把一切自发形成的前提看做是前人的创造，消除这些前提的自发性，使这些前提受联合起来的个人的支配。"[23] "联合起来的个人"建立的是自由个人的共同体。"在这个共同体中各个人都是作为个人参加的。它是各个人的这样一种联合（自然是以当时发达的生产力为前提的），这种联合把个人的自由发展和运动的条件置于他们的控制之下。"[24] 恩格斯晚年曾多次谈到未来社会的预想，

"每个人的自由发展是一切人的自由发展的条件"被看作共产主义社会最本质的特征。恩格斯认为，共产主义社会是"使每一个社会成员都能够完全自由地发展和发挥他的全部力量和才能"[25]的共同体。在这样的共同体中，"人在一定意义上才最终地脱离了动物界，从动物的生存条件进入真正人的生存条件。人们周围的、至今统治着人们的生活条件，现在受人们的支配和控制，人们第一次成为自然界的自觉的和真正的主人，因为他们已经成为自身的社会结合的主人了。人们自己的社会行动的规律，这些一直作为异己的、支配着人们的自然规律而同人们相对立的规律，那时就将被人们熟练地运用，因而将听从人们的支配。人们自身的社会结合一直是作为自然界和历史强加于他们的东西而同他们相对立的，现在则变成他们自己的自由行动了。至今一直统治着历史的客观的异己的力量，现在处于人们自己的控制之下了。只是从这时起，人们才完全自觉地自己创造自己的历史；只是从这时起，由人们使之起作用的社会原因才大部分并且越来越多地达到他们所预期的结果。这是人类从必然王国进入自由王国的飞跃"[26]。

从马克思恩格斯关于未来社会的设想可知，共产主义社会建立在高度发达的生产力基础之上，社会财富极大丰富，人与人的社会关系、人与自然的关系十分和谐；尽管整个社会依然要大力发展生产力，保证物质文明、精神文明的全面持续发展，但社会的根本目的不再是解决人的基本需要，生产的目的已不再是满足人的生存需要，而是发展人本身，促进每个人自由而全面的发展。也就是说，在共产主义社会，人是目的，人的自由全面发展是根本目的。因此，马克思认为共产主义社会是以人的自由全面发展为原则的，促进和实现每个人的自由全面发展是共产主义社会最根本的原则。

（二）促进人的自由全面发展是社会主义社会的本质要求

马克思恩格斯从历史发展的客观规律出发，把未来社会分为两个阶段，即共产主义社会的第一阶段和高级阶段。列宁称共产主义社会第一阶段为社会主义社会。人类社会要从资本主义社会以及前资本主义社会进入未来社会是一个十分漫长的历史过程，需要经过无数代人的持续奋斗才能实现。按照马克思恩格斯的设想，未来社会必须建立在发达的资本主义基础之上，社会生产力高度发展是未来社会的客观前提和基本特征。然而，社会主义实践运动并没有完全按照马克思恩格斯所设想的路子走，现实的社会主义社会首先是在生产力和文化比较落后的国家建立起来的，生产力和文化相对落后是社会主义国家的客观事实。由于现实和理想不一致，各个社会主义国家在理解马克思恩格斯提出的未来社会的价值目标这一核心问题上，经历了一个曲折的发展过程。

社会主义制度在世界各国纷纷建立后，在比较长的历史时期内，社会主义国家的主要任务放在了巩固新政权和发展经济等方面，人的发展、人的自由全面发展问题没有得到应有的重视，更没有成为社会的根本价值取向。有的人认为，谈人和人的发展问题是唯心主义；有的人认为，马克思等人设想的人的自由全面发展是共产主义高级阶段的事情，在经济文化还相对比较落后的社会主义社会谈人的自由全面发展则是不符合现实要求的"冒进"，是"冒险主义"。这些认识违背了马克思主义基本原理，背离了科学社会主义的核心原则，使世界社会主义实践遭受严重挫折，世界社会主义运动陷入低潮。

从社会发展的进程来看，社会主义社会是比资本主义社会更高级的社会形态，它不仅要大力发展生产力，创造比资本主义更丰富更高质量的财富以及更高形态的物质文明、精神文明、政治文明等，而且要不断改善人民生活，推进人的发展事业，促进人的自由全面发展，造就具有更高能力素质和个性丰富的人。根据马克思主义关于人类社会发展的"三阶段"和"五形态"理论，从人的发展来看，社会主义社会属于"人的自由个性"阶段的低级或过渡形态，社会主义社会的人必须扬弃"人的依赖性"和"物的依赖性"，不断转变为"自由个性"的人。也就是说，社会主义社会的人，既要扬弃人的依赖性社会的"原始丰富性"，又要克服物的依赖性社会中"单向度的人"的缺陷，充分扩充和展现人的自由个性。社会主义之所以能够代替资本主义，最重要的在于它能从根本制度等方面克服资本主义社会所造成的人的片面性和异化，通过生产力和社会各方面的高度发达为人的自由全面发展创造坚实基础和有利环境。因此，社会主义社会必须把促进人的自由全面发展作为价值目标，为实现共产主义社会和人的全面自由发展奠定基础、创造条件。

促进人的自由全面发展是社会主义的本质要求。对社会主义本质的认识，我们在很长时期内是不太清楚的。马克思主义经典作家对社会主义社会的特征——相对发达的生产力、生产资料的社会所有制、生活资料的按劳分配、社会生产的计划性（计划经济体制）、民主的政治制度等——做了一些预想，但并没有对社会主义的本质给予明确解答。这既给后来的社会主义理论和实践探索提供了巨大空间，同时也带来了不少困惑、偏差，甚至误读。例如，几乎所有社会主义国家都脱离生产力实际状况片面追求纯粹的公有制、完全的计划经济体制，忽视人和人的发展等。由此，社会主义运动在曲折中前行，并在20世纪末遭受重大挫折。邓小平在中国社会发展的重要历史关口，总结世界社会主义运动的经验教训，围绕"什么是社会主义、怎样建设社会主义"这一根本问题，对社会主义的本质提出了新的认识。"社会主义的本质，是解放生产力，发展生产力，消灭剥削，消除两极分化，最终达到共同富裕。"[27]党的十九大报告指出："解放和发展社会生产力，是社会主义的本质要求。"[28]解放和发展生产力，关键是要解放人、发展人。因为人是生产力中最活跃、最能动的因素，是生产力最根本的要素，生产力在本质上是人的实践活动能力，或者说是人创造财富的能力。只有解放人和发展人，才能最充分最广泛地发挥劳动者的积极性、主动性和创造性，才能有效释放和提高资本、资源、市场等的增值能力，真正解放和发展社会生产力。人是社会的人，人的解放和发展必须在一定的社会关系、生活环境中才能实现。为此，社会必须为人的解放、人的自由发展、人的全面发展创造有利条件。由于社会主义社会脱胎于阶级社会，旧制度的残余、旧思想旧观念的影响仍广泛存在，因此必须通过一定的方式"消灭剥削，消除两极分化"，改变束缚人、压制人、屈辱人的各种社会关系，扫除制约人的解放和发展的制度机制障碍，建立有利于促进人的解放和自由全面发展的新型社会制度。社会主义社会和共产主义社会属于同一性质的社会形态，二者的本质特性相同，价值目标也是一致的。也就是说，人的自由全面发展不仅是共产主义社会的价值目标和内在规定，而且也是社会主义社会的本质内容和价值追求。因此，社会主义的本质决定了社会主义社会的根本任务是解放人、发展人，充分发展每个人的才能、提高每个人的素质、发挥每个人的能力，进而促进人的自由全面发展。社会主义社会不仅要为人的自由全面发展创造前所未有的客观历史条件，而且要开辟人的自由全面发展的新征程和新前景[29]。

社会发展是一个历史过程，人的自由全面发展同样是一个历史过程。人的自由全面发展这一宏伟目标的实现并不是一时一地、一蹴而就的，而是一个漫长而艰巨的历史进程。人的每一次解放、每一个进步、每一点发展都是对自由全面发展目标的接近。"社会生产力和经济文化的发展水平是逐步提高、永无止境的历史过程，人的全面发展程度也是逐步提高、永无止境的历史过程。这两个历史过程应相互结合、相互促进地向前发展。"[30]虽然社会主义社会的生产力水平还不发达，经济社会文化发展的实力也不雄厚，制度机制体制等仍不完善，人的综合素质和能力依旧不高，与共产主义社会的崇高理想存在巨大差距，但是这些因素并不能成为社会主义社会可以忽视人和人的发展的理由，相反，更应该成为重视人、促使人全面发展的客观依据。社会主义的历史和实践充分证明，只有尊重人、解放人、发展人，社会主义事业才能不断走向成功，马克思主义的崇高理想才能实现。低质蹩脚的建筑师无法造出摩天大厦来，伟大理想、美好社会，只有通过众多优秀、高素质的人的不懈奋斗才能实现。人的自由全面发展这一宏伟目标是无数的小目标一步一步叠加起来的，是由不同时代的人的不断发展逐步累积而成的。因此，社会主义社会不仅要把大力发展生产力、发展经济、发展科学技术、快速增加社会财富、提高人的生活水平作为根本任务，而且要把大力发展教育、尊重人才、提升人的综合素质、促进人的全面自由发展作为历史使命和实践要求。

（三）中国特色社会主义坚持以促进人的全面发展为根本

中国特色社会主义是中国共产党坚持解放思想、实事求是、开拓创新的伟大成果，是实现中华民族伟大复兴和走向未来新社会的必由之路，是实现中国人民对美好生活的向往的幸福之路，是促使中国人成为全面自由发展的现代人的成功之路。中国特色社会主义既坚持了科学社会主义的根本原则，又赋予其民族特色和时代特色。促进人的自由全面发展作为科学社会主义的核心原则和社会主义社会的本质要求，必然也是中国特色社会主义的内在特性和目标追求。

在探索、发展和完善中国特色社会主义的过程中，党和国家不断深化对人和人的发展问题的认识，积极把"促进人的全面发展"确立为社会发展的价值目标和实践要求。新中国之所以选择走社会主义道路、确立社会主义制度，其主旨就在于实现中国人民的解放和自由，促使人民成为全面发展的社会主义新人。社会主义制度的建立和巩固、社会主义建设道路的不竭探索，为中国人民的全面发展奠定了坚实的政治制度保证和思想文化根基。党的十一届三中全会重新确立实事求是的思想路线，坚持以经济建设为中心，实行改革开放，重启社会主义现代化建设事业，实现党和国家工作重心的根本转变。改革开放之初，邓小平针对否定马克思主义和社会主义的错误思潮，旗帜鲜明地指出："在中国的现实条件下，搞好社会主义的四个现代化，就是坚持马克思主义，就是高举毛泽东思想伟大旗帜……实现四个现代化必须坚持四项基本原则。"[31]党的十二大开辟了中国特色社会主义道路。中国特色社会主义道路是中华民族走向未来美好社会的必由之路，是促进和实现人的全面发展的康庄大道。20世纪80年代，中国共产党制定物质文明和精神文明"两手抓"的方略，积极培育"四有"[32]公民，培养"德智体美劳"全面发展的社会主义新人，努力提高中华民族的思想道德素质和科学文化素质。2001年7月1日，江泽民在纪念中国共产党成立80周年大会上的讲话中指出："我们建设有中国特色社会主义的各项事业，我们进行的一切工作，既要着眼于人民现实的物质文化生活需要，同时又要着眼于促进人民素质的提高，也就是要努力促进人的全面发展。这是马克思主义关于建设社会主义新社会的本质要求。我们要在发展社会主义社会物质文明和精神文明的基础上，不断推进人的全面发展。"[33] 把"人的全面发展"和"社会主义"在本质上统一起来，明确把人的全面发展作为社会主义的本质要求和现代化建设的追求目标，解答了在中国特色社会主义初级阶段要不要促进以及如何促进人的全面发展这一重大而根本性的理论和实践问题，增强了党和国家促进人的全面发展的自觉性和坚定性。2002 年党的十六大把促进"人的全面发展"确立为建设全面小康社会基本内容。党的十六大报告指出，"全面建设惠及十几亿人口的更高水平的小康社会"，"全民族的思想道德素质、科学文化素质和健康素质明显提高"，"促进人的全面发展"[34]。党的十七大把科学发展观确立为党的指导思想。科学发展观的核心是以人为本。党的十八大以来，以习近平同志为核心的党中央提出了以人民为中心的发展观，坚持人民群众的主体地位，把促进社会发展和人的全面发展作为中国特色社会主义的价值目标。党的十九大报告指出："中国特色社会主义进入新时代……我们要在继续推动发展的基础上，着力解决好发展不平衡不充分问题，大力提升发展质量和效益，更好满足人民在经济、政治、文化、社会、生态等方面日益增长的需要，更好推动人的全面发展、社会全面进步。"[35] 党的十九届六中全会通过的《中共中央关于党的百年奋斗重大成就和历史经验的决议》指出："新时代我国社会主要矛盾是人民日益增长的美好生活需要和不平衡不充分的发展之间的矛盾，必须坚持以人民为中心的发展思想，发展全过程人民民主，推动人的全面发展、全体人民共同富裕取得更为明显的实质性进展。"[36] 可见，坚持以人民为中心，发展为了人民，发展依靠人民，发展成果由人民共享，促进人的全面发展，贯穿中国特色社会主义全过程，是中国特色社会主义的本质要求和根本价值目标，是改革开放和现代化建设的价值追求，也是改革开放和现代化建设事业不断推进、不断走向成功的一条基本经验。

三 在不断完善提升人类文明新形态中促进人的全面发展

人的全面发展在自由宽松、富足优良的社会环境中才能实现。中国式现代化建设，坚持"五位一体"的总布局和"五大文明"协同发展，创造了人类文明新形态，创造了中国人民新的存在方式和文明特质。人类文明新形态的创建和中国人民的发展进步是一个不断推进、不断超越、不断跨入新阶段的历史进程。人类文明新形态和人的发展紧密联系、相互促进，二者统一于全面推进中国特色社会主义现代化建设的伟大实践之中。中国人民不仅在不断发展和实现自身的过程中创新现代化建设道路、构建人类文明新形态、推动社会全面进步，而且在不断完善提升人类文明新形态的实践中实现自己对美好生活的向往，全面发展自身的能力素质，成为与新文明形态相统一的现代人。

（一）中国式现代化是推动人全面发展的现代化

改革开放伊始，中国共产党从实际出发，确立了中国式现代化和中国特色社会主义道路。在改革开放之初，邓小平提出："我们提出的现代化是中国式的现代化。"[37] 党的十八大以来，习近平深刻指出："现代化的本质是人的现代化。"[38] 从"四个现代化"到"全面现代化"和"人的现代化",说明中国共产党对中国式现代化的理论认识和实践谋划日益丰富深刻,为全面推进中国特色社会主义现代化和促进人的现代化——人的全面发展指明了方向。

人是现代化的主体,更是现代化的目标。中国式现代化的社会主义性质及其本质规定,决定了其在本质上是实现人的现代化,根本目标是促进和实现人的自由全面发展。人的自由全面发展是人的现代化的核心和灵魂。从一定意义上可以说,人的现代化便是使人成为自由全面发展的现代人,现代人就是自由全面发展的文明人。

人的现代化是中国式现代化的主体。人是中国特色社会主义的主体,是现代化事业的主体。中国特色社会主义的发展归根到底是中国人自身的发展,中国的文明新形态从根本上来说是中国人民的文明新形态,同样,中国的现代化在本质上是中国人的现代化。毛泽东认为,在中国搞社会主义建设和革命,必须围绕一个基本方针,"就是要把国内外一切积极因素调动起来,为社会主义事业服务。过去为了结束帝国主义、封建主义和官僚资本主义的统治,为了人民民主革命的胜利,我们就实行了调动一切积极因素的方针。现在为了进行社会主义革命,建设社会主义国家,同样也实行这个方针"[39]。人是取得战争胜利的决定性因素,也是推进社会主义事业的决定性因素。中国的现代化,不仅要有工业、农业和国防现代化,还要有科学技术现代化,并且关键在于科学技术现代化。科学技术与人的智慧、才能及主观能动性直接关联,因此,科学技术现代化的根本在于培养全面发展的人。邓小平指出:"中国的事情能不能办好,社会主义和改革开放能不能坚持……从一定意义上说,关键在人。"[40]"我们要实现现代化,关键是科学技术要能上去。……靠空讲不能实现现代化,必须有知识,有人才。没有知识,没有人才,怎么上得去?"[41]江泽民认为:

"人才是科技进步和经济社会发展最重要的资源。"[42]"人是生产力中最具有决定性的力量。"[43]人力资源、智力资源已成为社会经济发展的战略资源和决定性力量。胡锦涛认为："构建社会主义和谐社会……必须坚持以人为本。"[44]习近平指出："人民是历史的创造者，是决定党和国家前途命运的根本力量。必须坚持人民主体地位……依靠人民创造历史伟业。"[45]《中共中央关于党的百年奋斗重大成就和历史经验的决议》指出："江山就是人民、人民就是江山，坚持一切为了人民、一切依靠人民，坚持为人民执政、靠人民执政，坚持发展为了人民、发展依靠人民、发展成果由人民共享，坚定不移走全体人民共同富裕道路，就一定能够领导人民夺取中国特色社会主义新的更大胜利。"[46]中国特色社会主义现代化是全体中国人民的现代化，人民是现代化的主体，只有实现全体中国人民的现代化才能实现整个国家的现代化。因此，现代化的本质是人的现代化，中国式现代化在本质上是全体中国人的现代化。

人的现代化是中国式现代化的根本目的。人是社会的主体，更是社会发展的目的。社会发展的动力和目标在于人的自我实现，即人的自由而全面的发展。从道德的视角来看，在现代社会，人是目的，而不应该只是手段。在社会主义社会，人更应该成为目的。社会主义社会必须克服资本主义制度下"人的异化"状态，把人从私有制和资本的奴役中解放出来，变"异化的人"为自由自主的人，变工具性的人为目的性的人。因此，社会主义社会和共产主义社会应当是以人的自由全面发展为原则的联合体，是"自由个性"的共同体。中国式现代化是社会主义的现代化，社会主义社会的性质决定了现代化的根本目的在于持续满足人日益增长的多种需要，不断促进人自身的发展，最终实现人的全面自由发展。中国共产党人深刻总结社会主义运动发展历史经验教训，把解放生产力、发展生产力看作社会主义的本质内容，把促进人的全面发展明确为社会主义的本质要求，便从本质上确定了社会主义和现代化建设的根本目的是解放人、发展人、促进人的自由全面发展。由此可以说，人自身的现代化与自由全面发展是构建中国文明新形态的根本目标。从现代化的发展历程来看，现代化是人的实践创造，同时，现代化也创造人本身，人应当成为现代化的主体和目的。现代化是一个不断解放人、发展人和实现自我的历史进程。现代化的动力和目的在于人在参与现代化实践中的自我实现和自我发展。现代化是从发现人、解放人开始的。把人从神权、封建禁锢和愚昧状态中解放出来，是现代化在思想文化领域的开端。西方的文艺复兴运动和启蒙运动作为现代化进程中的重大历史事件，在本质上是解放人、发展人的历史活动。正是因为思想的解放，科学、理性权威的确立，现代化作为一场改革整个社会的实践活动便轰轰烈烈开展了起来，并迅速向整个世界辐射。在资本主义制度下，由于私有制的局限，现代化并没有实现人的真正解放，并没有促使人的自由个性和人的能力素质全面发展，相反，却在一定程度上导致了"人的异化"，使人成为"物的依赖性"的人或"单向度的人"。改革开放和现代化建设使中国社会实现了历史性巨变和跨越，中国社会的面貌、中国人民的面貌发生了根本性转变。人民的生产方式、生存方式、生活状况、思维方式出现了质的变化，人的主体地位、主体精神、思想道德素质和科学文化素质明显提升。世界现代化和中国现代化的发展历程充分说明，人的现代化、人的全面发展应当成为现代化的根本目的。任何国家、民族都应当在推动社会现代化的进程中保障人人公平享有现代化的成果，促进人的现代化，促进人的自由全面发展。

因此，中国式现代化必须始终坚持社会主义的价值目标，在全面推进中国特色社会主义现代化、建成现代化强大国家的伟大实践中贯彻以人为本和以人民为中心的发展观，努力促进人的现代化，改变资本主义现代化进程中社会现代化与人的现代化相脱节甚至相背离的状态，实现社会现代化和人的现代化的有机统一，积极推进人的全面发展。

（二）坚持"五位一体"总布局，协同推进"五大文明"建设，努力促进人的全面发展

中国特色社会主义是全面发展的社会，中国式的现代化是全面进步的现代化，人类文明新形态是全面协调的文明形态。坚持中国式现代化建设道路，建成中国特色社会主义现代化强大国家，必须坚持"五位一体"总布局，促使"五大文明"协调发展，在努力完善提升人类文明新形态的过程中推动人的全面发展，为我国进入更高文明形态和实现崇高社会理想打牢基础。

1. 大力发展社会主义市场经济，建设丰厚的物质文明，为人的全面发展夯实基础

人首先是一种自然性的生命存在。有生命的个人的存在是人类社会存续的第一个历史前提。马克思指出："第一个需要确认的事实就是这些个人的肉体组织以及由此产生的个人对其他自然的关系。"[47]人类要创造历史，首先必须能够生活。为了生活，人类必须首先进行物质生活资料生产，即"生产物质生活本身"[48]。

经济是基础，是解决一切社会问题的关键。经济发展的速度、社会财富积累的水平以及社会财富分配的公正度是人的发展的根本前提和基础。促进人的全面发展，必须大力发展经济，创造丰富的物质财富，建设发达的物质文明。人类发展历程表明，社会经济越发展、越健康，社会财富积累越多，人的生活就越能得到改善和提高，促进人发展的物质条件就越有保障，人的自我发展、自我实现的需求便越旺盛，人的发展就会更自由、更全面、更协调。因此，我国"必须坚定不移把发展作为党执政兴国的第一要务，坚持解放和发展社会生产力，坚持社会主义市场经济改革方向，推动经济持续健康发展"[49]。

坚持社会主义市场经济改革方向，大力发展市场经济，必须建立市场在资源配置中起决定性作用的市场体制。市场对资源配置、促进经济发展的作用是需要一定的市场体制机制才能发挥出来的。只有在自由而公正的经济体制下，市场才能发挥对资源配置的决定性作用，才能有效保障人的经济自由权利的实现。正如习近平所说："理论和实践都证明，市场配置资源是最有效率的形式。市场决定资源配置是市场经济的一般规律，市场经济本质上就是市场决定资源配置的经济。"[50] 不过，虽然我国已经初步建立社会主义市场经济体制并在改革中不断完善，"但市场体系还不健全，市场发育还不充分，特别是政府和市场关系还没有理顺，市场在资源配置中的作用有效发挥受到诸多制约"[51]。因此，要建立自由公正的市场经济体制、发挥市场配置资源的决定性作用，着力解决市场体系不完善等问题，发挥好资本在经济建设和物质生活资料生产中的创造力和主动性，为建成现代化强国筑牢基石，为促进人的全面发展夯实物质基础。

2. 大力发展社会主义民主政治，建设优良的政治文明，为人的全面发展提供制度保障

马克思主义认为，人的自由全面发展不仅要有发达的物质文明、丰富的物质财富作为基础，而且需要以自由民主的政治环境、高度发达的政治文明为前提。自由民主的现代政治制度和政治文明，是促进人的全面发展的根本保障。

制度具有长远性和根本性。优良的制度和治理体系是促进人的全面发展的根本保证。社会主义社会相比于资本主义社会的先进性在根本上体现在其制度优势。社会主义制度既吸取了资本主义制度的优点，又克服其制度局限，扫除了资本主义社会束缚和阻碍生产力发展的制度障碍，消除了资本主义社会"异化"人的畸形制度，有利于解放和发展社会生产力，满足人民群众多方面的需求，促进人的自由全面发展。

中国特色社会主义是人民当家作主的自由民主社会。社会主义制度建立以来特别是改革开放以来，中国共产党领导人民坚持社会主义政治发展道路，发展社会主义民主和政治文明，推进法治中国建设。中国特色社会主义制度体系、法治体系已经基本建立，特有的制度优势不断显现。然而，我国的制度体系、具体制度、体制机制还不够完善，需要改革的地方依然较多，制度现代化和治理体系现代化的任务依然艰巨。为此，习近平指出："必须坚持和完善中国特色社会主义制度，不断推进国家治理体系和治理能力现代化，坚决破除一切不合时宜的思想观念和体制机制弊端，突破利益固化的藩篱，吸收人类文明有益成果，构建系统完备、科学规范、运行有效的制度体系，充分发挥我国社会主义制度优越性。……坚持党的领导、人民当家作主、依法治国有机统一是社会主义政治发展的必然要求。必须坚持中国特色社会主义政治发展道路。"[52]

发展民主政治和政治文明，促进人的全面发展，根本在于确立和保障人的主体地位，确保人民当家作主。这是民主政治和政治文明的根本标志。人作为社会存在物，首先是自由自主的存在物。人要在社会中获得全面发展，首先必须获得自由发展的权利。人的自由发展是人的全面发展的前提。只有人的自由意志和自由权利在政治领域和社会生活中得到应有尊重和切实保障，人才能真正全面发展自身、实现自我。人只有真正成为社会的主人、成为国家政治生活中的主体，人的全面发展才具有客观现实性，社会主义的价值目标才能真正实现。

3. 繁荣中国特色社会主义文化，建设高尚的精神文明，为人的全面发展提供精神动力

在构建人类文明新形态的过程中，不仅要建设发达的物质文明，而且要创造高尚的精神文明。物质文明建设和精神文明建设"两手抓、两手都要硬"，贯穿于建设现代化国家和创建文明新形态的整个过程。

"文化是一个国家、一个民族的灵魂。"[53]人是一种文化的存在，文化是人的灵魂，是人区别于其他动物的根本标志。人有了文化，便开始告别野蛮、走向文明。不同的文化构成不同类型的文明，不同的文化造就不同文明形态的人。文化的力量深深熔铸于人的生命力、创造力，对提升人的精神境界、培育人的能力素质、促进人的解放和发展具有重要作用。

中国特色社会主义文化是建设现代化强国、实现人的全面发展的精神支柱，是中国人民的生存状况和精神风貌的人文标志。"中国特色社会主义文化，源自于中华民族五千多年文明历史所孕育的中华优秀传统文化，熔铸于党领导人民在革命、建设、改革中创造的革命文化和社会主义先进文化，植根于中国特色社会主义伟大实践。"[54]因此，必须坚持中国特色社会主义文化发展道路，激发全民族文化创新创造活力，建设社会主义文化强国，为人的全面发展提供强大精神动力。

人作为文化存在物，有多方面的文化和精神需求。文化素养和精神境界的提升是人的全面发展的基本内容。人的多元的精神文化需求和全面发展的需要，只有依靠自由包容的文化环境和丰富的文化资源才能得到满足。宽松多样的文化环境和富足的精神资源孕育丰盈的人生、培育丰富个性的人，而单一的文化环境和贫瘠的精神资源只能铸造"单向度的人"。为此，发展中国特色社会主义文化，促进文化繁荣，要坚持以人民为中心的发展观，坚持社会主义核心价值观的引领作用，坚持"百花齐放、百家争鸣"的方针，建立自由、活泼、兼容并举的文化氛围，引导、激励社会的文化创造力充分迸发，生产丰盛多样的精神产品，满足人们多元的文化生活需要，使每个人都能活出多彩精致的人生，培养和铸就多元饱满的个性。

4. 构建社会主义和谐社会，建设发达的社会文明，为人的全面发展提供良好环境

和谐的社会关系是未来美好社会的主要特征，也是人自由全面发展的重要前提。人是社会存在物，人的本质在其现实性上是一切社会关系的总和。社会是人生存、发展的母体和源泉。从某种意义上可以说，社会建设和经济发展同样重要，是人之为人、人之成人的根本。只有不断发展经济、提高生产力水平，人的生存和发展才能持续；同样，只有不断构建良好的社会秩序、拓展社会关系、促进社会和谐，人的生存和发展才能得到更好保障。因此，我们要全面推进现代化建设、完善人类文明新形态，应像重视经济发展、建设物质文明一样重视社会建设，努力构建和谐社会，加快建设和谐文明的现代化国家。

我国在现代化建设和改革开放中，把建设和谐的现代化国家作为目标，全面加强社会建设，努力构建和谐社会，人民生活全方位改善，社会治理的现代化水平大幅提高，人民安居乐业、社会安定有序，社会文明提升到新高度。与此同时，人民对美好生活的向往更加强烈，对民主、法治、公平、正义、安全、环境等方面的要求日益增长，社会建设的任务依然繁重、社会治理的现代化能力亟待提高、社会文明的水平需要大幅提升。

构建和谐社会，提升社会文明，首要的是建立公平公正的社会制度和秩序。公平公正、安定良序、平等法治等是和谐社会的重要特征，是社会文明的主要内容，是人自由全面发展的基本条件。机会平等是促进人全面发展的基础性前提。每个人都有同等的发展机会是人的全面发展的重要内涵，也是促进人全面发展自身的重要条件。人的全面发展的一个重要内涵是每个人的全面发展，即人人都有全面发展的平等权利、均等机会和共同条件。人的全面发展，不仅要求人人都有均等的发展机会，而且要求人人都有全面发展的现实条件和客观基础。因此，社会建设必须坚持共享发展理念和共同富裕方针，在发展的基础上促进社会公平正义，保障全体人民共享发展成果。在发展中全面深化改革社会治理体制机制，破除利益藩篱，废除部门和阶层特权，消除各类不公正、不平等的制度设计，建立和完善人人平等、机会均等的制度和体制机制，为人的全面发展构造自由公正良序和谐的社会环境。

5. 坚持绿色发展理念，建设发达的生态文明，为人的全面发展提供优美的自然环境

人首先是自然存在物，大自然是人生存与发展的基础和前提。加强生态文明建设，处理好人与自然的关系，保护自然环境，维护生态平衡，促进人与自然协调发展，是促进人的全面发展的内容及条件。马克思主义认为，人与自然的和谐一致是未来社会的重要特征。在未来社会，"人和自然界之间、人和人之间的矛盾"，以及"存在和本质、对象化和自我确证、自由和必然、个体和类之间的斗争"[55]得以真正解决，"人们第一次成为自然界的自觉的和真正的主人"[56]。

生态文明是中国特色社会主义"总体布局"和现代化建设的主要内容，是构成人类文明新形态的基本要素。人类文明新形态是人与自然和谐相处、协调发展的文明形态。世界现代化和中国现代化发展的经验教训表明，现代化不仅包括农业、工业、国防、科学技术、国家治理体系和治理能力的现代化，而且包括人与自然和谐发展的现代化，以及人自身的现代化。习近平指出，我们正在建设的现代化是"人与自然和谐共生的现代化"[57]。"生态文明建设是关系中华民族永续发展的根本大计。"[58]因此，中国式现代化建设"既要创造更多物质财富和精神财富以满足人民日益增长的美好生活需要，也要提供更多优质生态产品以满足人民日益增长的优美生态环境需要"[59]。绿色化是现代化发展的新要求和新特征，绿色发展是解决前期现代化建设实践造成的人与自然之间矛盾冲突及生态环境问题的新理念和新方法。为此，必须树立绿色发展理念，践行"保护生态环境就是保护生产力，改善生态环境就是发展生产力"[60]的新观念，坚持走生产发展、生活富裕、生态良好的文明发展道路，更加自觉地推进绿色发展、循环发展、低碳发展和美丽中国建设，为中国人民的美好生活和全面发展提供清洁纯净的自然环境。

虽然物质文明建设、政治文明建设、精神文明建设、社会文明建设和生态文明建设各有其独特的地位与重要性，但"五大文明"是相互交融、相互促进、相辅相成的。新时代和新阶段，必须坚持社会全面进步和人的全面发展的有机统一，协同推进"五大文明"建设，提升人类文明新形态的层次，提高人的综合素质和能力，促使中国人民成为高度文明的现代人。

（三）提高对外开放水平，深化与世界其他文明形态的交流合作，不断促进人的全面发展

超越地域性限制、成为世界性存在是未来美好社会的人的基本特性。人的全面发展是一个由地域性存在向世界历史性存在转变的过程，是不断超越民族性、地域性，成为世界性的具有全面需要和能力体系的人的过程。这是因为，开端于西欧的现代化是资本全球扩张的现代化，是农业从属于工业、乡村从属于城市、东方从属于西方、传统从属于现代的世界性活动。各个国家和民族都主动或被动地纳入了世界性的现代化运动，逐步融入现代文明进程，人类越来越成为一个走向现代文明的"命运共同体"。人类社会由民族的地域历史逐渐发展为世界历史，个体的人不断从地域性的存在转变为世界性的存在，由"传统人"日渐变为"现代人"。自由全面发展的人是一种世界性的存在，也只有成为世界性的存在的人才能成为自由全面发展的人。

现代化作为一场全球性的人类实践活动，深刻改变了整个人类及各个国家、民族的命运和社会发展的趋向，人类历史从落后的前现代

社会进入了日渐富足多彩的现代社会。现代化是一场全球性的社会大变动，是各民族以全人类的优秀文明成果变革自身的社会实践活动。中国社会是在西方现代国家的"坚船利炮"的威胁下被迫走上现代化道路的。新中国成立后，立即开启了建设社会主义现代化国家的道路。党的十一届三中全会制定改革开放的方针，我国重启和展开现代化建设事业，中国式现代化进入快速发展轨道。经过 40 多年的努力，中国的现代化建设取得了巨大成就，创造了人类文明新形态，为中华文明和人类现代文明续写了新的篇章。人类文明新形态不仅是建立在古老中华文明之上的文明形态，而且是在改革开放中积极融入现代文明体系、不断吸收消化人类文明特别是现代西方文明成果的文明形态。实践充分证明，改革开放是改变中国命运的关键一招，现代化道路是中国社会由贫弱落后走向富强发达、由传统文明走进现代文明的必由之路。发展中国特色社会主义、全面推进中国式现代化绝不能脱离世界文明大势，不能违背全球化的总趋势，世界一切优秀文明成果是中国创造、完善、提升人类文明新形态的丰富资源和养料。世界文明离不开中华文明，中国新形态的文明更离不开世界现代文明。我们只有融入现代文明体系、吸收借鉴现代文明成果，才能创造出更进步更发达更优秀的文明新形态。正如党的十九大报告指出："我们生活的世界充满希望，也充满挑战。我们不能因现实复杂而放弃梦想，不能因理想遥远而放弃追求。没有哪个国家能够独自应对人类面临的各种挑战，也没有哪个国家能够退回到自我封闭的孤岛。"[61] 因此，世界各国人民更应该携起手来，同心协力，建造"人类命运共同体"，"建设持久和平、普遍安全、共同繁荣、开放包容、清洁美丽的世界"[62]，共同谱写更加美好的人类文明新篇章，使每个人都过上向往的美好生活并成就自我。

　　一个和平、合作、发展、和谐的世界对每一个国家现代化建设和每一个人的全面发展都是至关重要且须臾不可分离的。地球上的每个人都是自由、平等和丰富的个体，有着相同的命运和共同的价值追求，应该且能够携起手来，协力建设繁荣富强自由的现代文明世界。当今时代，世界多极化和经济全球化深入发展，科技进步日新月异，世界生产力显著提高，全球经济持续保持总体增长，各类全球性和区域性合作生机勃勃。尽管人类实现普遍和平和共同发展的理想还任重道远，但是，人类正在以前所未有的速度和姿态完善自身、发展自身。

　　当今世界机遇和挑战并存、生机和风险同在。历史和现实不断昭示，中国人民具有热爱和平的秉性，中华民族具有开放的传统，中国的大门始终向世界敞开，中国的文明新形态将吸纳人类文明的一切积极成果。中国人民愿意同世界各国、各地区、各民族的人民紧密团结，共同把握机遇、应对挑战，建设一个持久和平、共同繁荣的世界，共同创造更高级的人类文明和美好未来。

　　在全面推进中国特色社会主义现代化建设的道路上，中国人民必将尊重人类文明发展的规律，顺应人类文明发展的大势，进一步弘扬和平、发展、公平、正义、民主、自由的全人类共同价值，与世界其他文明互通互鉴、共存共荣，在更大范围、更广领域和更高层次参与国际合作和竞争，提高对外开放的质量和水平，拓展和加深中国人民与世界各国人民的交往交流，丰富人的社会关系，促使中国人民从地域性存在向世界性存在转变，使每一位中国人都成为具有丰富"现代性"的文明人，并一步一步地朝着人的自由全面发展的崇高目标迈进。

（执笔：李青）

第八章　推动构建人类命运共同体的
　　　　　人类文明新形态

回望人类文明的历史长河，人类文明版图在分合交融中持续演进。伴随着数次科技革命以及由此催生的普遍交往和世界市场的日益扩大，"各民族的原始封闭状态"[1]也就越是转变为世界历史，各个人也就越是成为"'世界历史性的'存在"[2]，多元共生的人类文明也就越是在交融互塑中逐步承载起人类的共同使命。当前，层出不穷的全球性问题是各国面临的共同挑战，地区之间、国家之间的交流互鉴与合作已经成为国家利益的重要组成部分，也是实现共同安全与和合共生的必然选择。回应挑战和选择，习近平提出了推动构建人类命运共同体的主张。这一构想既为中国走向世界、融入世界现代文明体系、吸收世界先进文明成果指明了前进方向，又为世界和平与发展，全球共同繁荣和人类文明共同进步贡献了中国智慧、中国方案。

一　构建人类命运共同体是人类文明新形态发展的大趋势

从人类文明的历史演进过程来看，到目前为止，人类大体上经历了奴隶制文明、封建文明和现代文明三个大的历史发展阶段，每一历史阶段的文明都呈现出不同的样态，因而构成了人类文明的多样性与差异性，而且每一历史阶段的文明也在融合与冲突的作用中形成了新的文明样态。中国人民走中国式现代化道路创造的人类文明新形态充分体现了人类文明发展演进的特点和趋势。人类文明新形态不仅是中国改革开放、汇入人类文明正途大道的必然结果，而且是中国站在人类文明发展新的历史起点上，为其他文明发展提供的新选择、为人类文明共同进步做出的独特贡献。

（一）差异性与多样性是人类文明的基本属性和魅力所在

《三国志》有云："和羹之美，在于合异。"习近平指出："人类文明多样性是世界的基本特征，也是人类进步的源泉。"[3]这也是多元文明交流互鉴的前提。当今世界上有 200 多个国家和地区、2500多个民族，每一个国家和地区都有不同的历史文化、政治制度、历史风俗，因而必然孕育各种独具特色的文明。伴随科学技术的进步与社会生产力的高速发展，各个封闭的地域性存在转变为脱域性的存在，不同的语言文字、历史风俗、思想观念、社会制度在普遍交往的基础上相互碰撞和融合，多种思想和生活状态相互冲击，多样性的人类文明应运而生，从而使人类文明多姿多彩。

事实上，有多少种社会制度，就有多少种文明，人类文明始终是多元共存的，不存在只有单一文明的时代。每一种文明都有其独特的诞生条件，都有其独特的存在价值和意义，都是人类文明宝库中的重要组成部分，所以多元文明都是平等的，不存在高低优劣之分，也不存在先进与落后之别，更没有凌驾于一切文明之上的单一文明。正如习近平所言："世界上没有两片完全相同的树叶，也没有完全相同的历史文化和社会制度。"[4]"多样性是世界的基本特征，也是人类文明的魅力所在。"[5]但是，在资本逻辑经济理性的策动下，西方发达国家以文明冲突打破了文明格局的相对平等状态，妄图建立文明与制度"同质化"的世界，从而"使东方从属于西方"。

随着经济全球化的高度发展，国家之间、地区之间的交往，无论是在深度上还是在广度上相比于过去都大大增加了，多元文明的融合程度也不断加深，全球俨然已经成为一个"你中有我、我中有你"[6]的利益共同体、命运共同体。人类命运共同体内含的文明观认为，任何一种文明出现问题或被取代、消亡，都可能引发人类文明出现更大的问题，"没有任何一种文明能够凭借一己之力谋求自身的绝对繁荣"[7]，即独守文明"安全的孤岛"，只会给人类文明带来难以估量的灾难。因此，人类命运共同体倡导多元文明和合共生，以交流互鉴实现共同繁荣。

（二）人类命运共同体是多元人类文明存续的前提

"共同体"是社会学的重要概念之一。自原始社会末期私有制出现后，共同体始终是人类存在的基本形式。德国社会学家斐迪南·滕尼斯（Ferdinand Tönnies）第一次将"共同体"视为一种以血缘、感情以及伦理为纽带建构的社会组织形式。这就意味着生活在共同体中的每个成员，无论是民族国家还是单个公民都应遵守共同的规范，都有责任与义务维持共同体的秩序以促进共同体持续发展。然而，在资本增殖逻辑的策动下，多元人类文明的存续越发面临两大挑战。

一方面，日益严峻的全球性生态危机破坏了人类文明存续的根基。自第一次工业革命以来，机械性的劳动资料在生产中大量应用，人类征服和改造自然的能力大大提升，在资本逐利性的驱使下，自然界被当作无生命之物遭到大肆开发和掠夺，不仅导致自然界受到严重毁损，出现了气候变暖、土地荒漠化、极端自然灾害频发等使人类生命不能承受的惨重恶果，而且严重弱化了全人类的可持续发展能力，使人类文明的存续受到严重威胁。对此，恩格斯在《自然辩证法》中已经以大量鲜活的历史教训对人类提出了警示。恩格斯指出："我们不要过分陶醉于我们人类对自然界的胜利。对于每一次这样的胜利，自然界都对我们进行报复。"[8]正是在这个意义上，习近平将人与自然的关系、生态建设提升至文明兴亡的战略高度来认识，提出"生态兴则文明兴，生态衰则文明衰"[9]的科学论断，强调世界各国人民应以维护人类命运共同体和人类文明持续发展的历史使命感，尊重自然、善待自然、保护自然，实现人与自然的和谐共生，最大限度地保护人类文明的根基。

另一方面，西方发达国家致力于以强权建立一统天下的单一文明。从人类历史来看，共同体之间经历了无数次大大小小的战争，尤其是两次世界大战的爆发，使人类文明遭受了不可逆转的伤害。人类从两次世界大战的惨痛后果中认识到了多元文明和合共生的重要性。然而，某些文明主体并没有从中吸取教训，总是秉持零和博弈的对抗性思维，致力于"按照自己的面貌为自己创造出一个世界"[10]，即建立西式文明一统天下的单一文明世界。这不仅是一种不切实际的幻想，而且只会给人类文明带来灾难。基于此，习近平从维护人类文明的多样性出发，多次在国内外重要场合阐述人类命运共同体内含的和而不同的文明观，提出了一系列实现多元文明共生共荣的价值理念，向世界表达了关于人类文明未来走向的中国判断并贡献了中国智慧，得到了大多数国家和人民的认同。

人类命运共同体的构想作为顺应时代发展要求和各国人民共同向往而提出的新型文明观，已经成为多元人类文明存续的前提。其一，人类命运共同体内含的文明观打破了国家、种族、地域、意识形态的界限，以"一荣俱荣，一损俱损"[11]的"共同命运"，取代了语言、血缘的认同纽带，将多元人类文明的命运和未来发展紧密联系在一起，主张以文明交流互鉴和求同存异化解文明冲突，以共同发展和合作共赢超越文明优越，主张建立多元文明共生共荣与合作共赢的文明新秩序，从而超越了以往文明观的建构基石，为人类文明未来发展指明了正确方向。其二，人类命运共同体内含的文明观符合大多数国家和人民的期待。多元文明的碰撞并不必然产生冲突，单一文明也并非所有国家和人民的共同向往，多元文明完全可以在融合与互塑中求同存异，进而实现共同进步、共同繁荣。

"一花独放不是春，百花齐放春满园。"[12]只有持续推动构建人类命运共同体，推动不同文明"相互理解、相互尊重、相互信任"[13]，人类文明才能更加丰富多彩。

二 开创共同繁荣的文明发展新路径

千百年来，"天下大同"始终是中华儿女为之不懈奋斗的理想和信念，是中华文化所蕴含的天下情怀的深刻体现。以中华文化为理论基础的人类命运共同体理念，同样蕴含着丰富的天下情怀，对人类前途命运和未来发展高度关切，将重塑人类现代文明的发展进程并深刻改变其发展结果，从而为人类文明发展提供全新的选择和实践路径。

（一）"使东方从属于西方"的单向性文明发展路径

在资本主义生产方式以前的诸多发展阶段，社会生产力的水平还十分低下，"只是在狭小的范围内和孤立的地点上发展着"[14]。当资本主义生产方式确立统治地位后，资本主义机器社会化大生产极大地推动了社会生产力的发展，有力地促进了前资本主义的地域文明形态向资本主义文明形态的跨越，进入现代文明形态的行列。基于资本主义生产方式诞生之初所表现出的革命性作用，马克思恩格斯在《共产党宣言》中给予了高度评价："资产阶级在它的不到一百年的阶级统治中所创造的生产力，比过去一切世代创造的全部生产力还要多，还要大。自然力的征服，机器的采用，化学在工业和农业中的应用，轮船的行驶，铁路的通行，电报的使用，整个整个大陆的开垦，河川的通航，仿佛用法术从地下呼唤出来的大量人口——过去哪一个世纪料想到在社会劳动里蕴藏有这样的生产力呢？"[15]

资本主义生产方式的革命性作用使新兴资产阶级迅速取得了物质上和意识形态上的统治地位。然而，这种统治地位的获得在很大程度上又是资产阶级将其特殊利益赋予普遍性的结果。随着资本主义统治地位的稳固，其固有的政治霸权逻辑、社会分化逻辑、文明冲突逻辑逐渐暴露，在政治上逐渐形成了"中心-边缘"或"宗主国-卫星国"的二元对立，在经济上逐渐形成了"先进-落后"的二元对立，在文化上逐渐形成了"文明-野蛮"的二元对立，即一切非西式文明皆被视为野蛮。在此基础上，西方发达国家凭借政治、经济和军事霸权进一步将这种等级结构加以固化，同时，凭借其话语优势将西式文明描绘为人类文明发展的样板，大肆鼓吹西式文明的完美性并不遗余力地向外推广，妄图建立文明"同质化"的世界。其实质不过是西方发达国家以此统摄全球，进而让发展中国家构建自身现代化文明的进程或自发或被动地嵌入少数发达国家的世界殖民体系，以此攫取特殊利益，即以文明之名行统治之实。结果便是：世界文明的发展呈现出严重失衡的历史态势，形成了"使东方从属于西方"、使发展中国家从属于发达国家的单向性文明发展路径。

（二）人类命运共同体为人类文明发展提供了全新的路径选择

西式文明单向性的发展路径及其推广结果，并没有实现其所宣扬的美丽新世界，反而处处充满了火与血的事实。所以，历史现实是被西式文明所同化的国家在社会的动荡与尖锐矛盾冲突中苦苦寻觅文明发展的新道路。反观中国，作为一个人口规模十分庞大的发展中国家，中国始终"坚持把马克思主义基本原理同中国具体实际相结合、同中华优秀传统文化相结合"[16]，坚持中国式现代化发展道路，推动物质文明、政治文明、精神文明、社会文明、生态文明协调发展，不仅取得了全面脱贫攻坚的伟大胜利，也大大提升了国家实力。中国取得的一系列伟大成就表明：西式文明并非人类文明的唯一形态，西式文明也并非人类文明发展的完美样板；相反，建立一个不同于西式文明的文明新形态不仅是可能的，而且在符合自身国情的基础上完全可以取得成功。

基于中国现代化道路所取得的伟大成就，以习近平同志为核心的党中央在洞察人类文明发展大趋势的基础上，立足于人类文明发展严重失衡的现实，坚守多元文明和合共生、共生共荣的价值理念，顺应世界各国人民的共同向往，创造性提出了推动构建人类命运共同体的价值理念。作为普惠性的全球价值理念，促进多元文明共同发展，实现共同繁荣，是世界各国政府和人民处理国家与国家、文明与文明之间关系的基本遵循。与西式文明的"普世价值"不同，人类命运共同体推崇和践行"和平、发展、公平、正义、民主、自由"的全人类共同价值，与资本逻辑追求利己、导致文明失衡的发展现实形成了鲜明对照。求平等、谋合作、促发展、图共赢是经济全球化时代各国追求的共同目标与共同利益。"'人类命运共同体'正是顺应经济全球化的发展潮流，坚持平等、开放、包容、惠普、共荣的合作理念，同各国共同引导经济全球化，消解其固化的资本逻辑利己本性、剥削本性，充分利用人类几千年来发展起来的生产力和物质文明来缩小南北差距，弥合各国发展的不可通约性，实现全球共同富裕。"[17]同时，人类命运共同体同各国积极构建开放型世界市场体系，积极促进全球经济治理体系变革，坚持各国不论大小、强弱、贫富均有共同制定和书写国际贸易规则、共享全球化发展成果的权利，并呼吁西方发达国家充分尊重广大发展中国家和落后地区的发展状况、发展基础、发展条件、发展道路。只有建立在多元文明互相尊重和共同发展基础上的经济全球化才是可持续的，才能实现共同繁荣，从而在"超越资本逻辑的逐利性、片面性、利己性的基础上实现开放、共享、全面的发展，最大限度地寻求各方利益的最大公约数，真正做大共同利益的蛋糕"[18]。所以，人类命运共同体理念内蕴着对人类文明新形态的前瞻性思考，强有力地驳斥了"文明-野蛮"的文明冲突论，以共同繁荣的全新文明发展路径超越了西式文明狭隘的单一文明发展路径，为人类文明发展注入了新内涵，同时也为广大发展中国家和地区在保持自身独立性的基础上加快自身发展提供了全新的路径选择。

综上所述，西式文明虽然在人类文明发展史上起过非常革命的作用，但其固有的单向性文明发展路径已经同现代人类文明发展趋势不相适应，因而必将被更高级的文明新形态所取代，即推动构建人类命运共同体的文明新形态。无论从理念来看，还是从实践来看，人类命运共同体都顺应了人类文明发展趋势，指明了人类文明发展方向，从而为实现多元文明共同繁荣贡献了中国智慧、中国方案。

三 开创互利共赢的文明发展新理念

互利共赢是具有不同信仰、不同制度、不同文明的多元主体参与国际交往、共同处理国际事务的基本前提。人类命运共同体构想作为多元文明共同发展、共同繁荣的现实表征，实现了对资本逻辑宰制下的自私自利文明发展理念的批判和超越，开创了各文明主体互利共赢、协同共进的新发展理念。

（一）资本逻辑宰制下自私自利的文明发展理念

资本主义生产方式蕴含的巨大生产力"无情地斩断了把人们束缚于天然尊长的形形色色的封建羁绊"[19]，并打破了一切民族和地域的界限，将一切国家和民族都卷到世界市场中来，有力地推动了经济全球化的发展。西方发达国家在塑造经济全球化的过程中，依托国家强权将资本逻辑固有的"中心-边缘"等级结构以跨国资本流动的方式嵌入全球市场，资本逻辑由此形成了对全球的宰制。从政治上来看，自"欧洲协调"（Concert of Europe）形成以来，国家之间的等级秩序便已形成，西方发达国家始终是国际秩序的主宰者和国际规则的制定者，广大发展中国家始终是没有话语权的被治理者。因此，全部国际秩序不过是西方发达国家以牺牲广大发展中国家权益来维护其霸权地位和既得利益的工具。可以说，这是西方发达国家固有治理逻辑的必然结果，即资本排他性和逐利性带来的结果。马克思主义认为，经济基础决定上层建筑。资产阶级在全球扩张中取得了物质生产的统治地位后，必然要以经济权力在全球范围内建构自己的政治制度、意识形态和文化样态，即"按照自己的面貌为自己创造出一个世界"。结果，一方面是人类文明日益呈现出同质性和单向性，另一方面是全球文明发展日益呈现出不平衡、不合理的矛盾状态，财产愈益聚集在少数人手中，东方愈益从属于西方，以致全球文明发展严重失衡。可以说，当今国际社会发生的各种对抗与不公均根源于资本逻辑宰制下自私自利的文明发展理念。从经济上来看，在资本逻辑的宰制下，经济全球化的高度发展只是使广大发展中国家和地区分享了实现普遍利益的理念，却没有充分共享或根本没有共享这种文明发展理念主导下经济全球化的发展成果，即并没有实现多元文明的互利共赢。相反，多元文明的发展出现严重失衡。同时，西方发达国家不顾多元文明发展的差异，要求广大发展中国家在全球性挑战的治理上与西方发达国家承担相同的责任，以至于广大发展中国家和西方发达国家往往难以达成合作共识，导致多元文明始终处于普遍交往基础上的普遍利益与特殊利益的对立之中。这样一来，越来越多的国家和人民反全球化的呼声愈发高涨，转而退向某种程度的保护主义，从而严重加深了多元文明之间的隔阂。从生态来看，自然资源是人类生命存续和生产发展的天然物质根基。长期以来，在资本增殖逻辑的策动下，西方发达国家大肆开发自然资源，并通过生态殖民的方式在广大发展中国家和地区到处开发和掠夺，获得了大量的物质财富。但是，在全球性生态危机的治理上，西方发达国家却要求广大发展中国家承担与其一样的减排任务。这样一来，广大发展中国家在尚未获得充分发展的情况下，就已经在现实中承接了绝大多数由资本逻辑宰制下自私自利文明发展理念带来的恶果。

从人类文明的发展趋势来看，高度联系和相互依存的全球化已经成为人类文明发展不可逆转的趋势。这就要求我们改变当前资本逻辑宰制下自私自利的文明发展理念，进而呼唤一种新的文明发展理念，这就为人类命运共同体内含的互利共赢文明发展新理念的出场创造了条件。

（二）人类命运共同体为人类文明发展提供了新理念

当前，越来越多的国家和人民已深刻认识到资本逻辑宰制下自私自利的文明发展理念是多元文明发展失衡的根源，要求改变资本的霸权，建立新的文明发展理念和全球政治经济新秩序。人类命运共同体理念顺应了世界文明多元发展的要求和趋势，摒弃了现行资本逻辑单向性的文明发展理念，开创了多元文明互利共赢的文明新发展局面。

一方面，人类命运共同体致力于"促进贸易和投资自由化便利化，推动经济全球化朝着更加开放、包容、普惠、平衡、共赢的方向发展"[20]，打造互利共赢的利益共同体，实现多元文明共同繁荣。人类命运共同体倡导各国不分大小、强弱、贫富，共同书写国际贸易规则，平等参与经济全球化，共享经济全球化的发展成果。人类命运共同体为各国在全球贸易中完善自身产业布局，充分发挥本国经济潜力，实现同各国的战略对接与耦合，实现优势互补，统筹国际国内两个市场、两种资源提供了优质的平台；为各国在全球贸易中清除贸易壁垒，释放内需潜力、市场活力，实现投资自由化，促进资本在全球范围内的良性互动提供了可能；为各国经济持续健康发展提供了外在动力和制度保障；为解决各国政府债务增加、资本逻辑宰制下的世界秩序对民族国家权力的冲击、国内产能过剩等问题提供了出路；同时也为缩小广大发展中国家和落后地区与西方发达国家的贫富差距、实现多元文明互利共赢和共同繁荣提供了新的路径选择。

另一方面，人类命运共同体致力于在多元文明的不平衡发展中寻找利益平衡点，从而实现多元文明互利共赢和共生共荣。既有资本逻辑宰制下自私自利的文明发展理念导致了多元文明的等级结构固化和发展的严重失衡。经济全球化过程中发达国家与发展中国家的利益失衡致使以集体性行动为基础的全球治理难以为继。基于此，人类命运共同体对全球化发展中的利益分配提出了新的安排，倡导多元文明在交往中坚持正确的义利观，树立合作共赢的文明新发展理念，倡导在追求本国利益时兼顾他国利益，既要做大共同利益的蛋糕，又要分好共同利益的蛋糕，真正认清各主体之间"一荣俱荣、一损俱损"[21]的利益连带效应，在交流互鉴中合作，"在合作中共赢"[22]，坚决反对以牺牲其他文明利益来换取自身利益的霸权行径。同时，人类命运共同体倡导构建共商、共建、共享的全球治理格局，充分回应广大发展中国家和非政府组织在国际交往中的利益诉求，确保各参与主体在国际交往中权利平等、地位平等、机会平等、话语平等以及规则平等，真正实现各方利益的最大公约数。这既是人类命运共同体对自私自利文明发展理念过分强调西方利益至上的否定，也是对单边主义、保护主义等狭隘性行动的否定，为多元文明的共同发展和繁荣指明了方向。

综上所述，尽管资本逻辑宰制下自私自利的文明发展理念在一定程度上促进了广大发展中国家和地区现代性的发展，成为人类多元文明发展的一种参照和选择，但在这种单向性文明发展理念的统摄下，更加深层次的结构性系统性交往矛盾也在世界历史的图景中延展，成为人类多元文明发展中无法忍受的"痛"。因此，它必将随着世界历史进程的发展被人类命运共同体内含的互利共赢文明新发展理念所替代，进而实现多元文明共同繁荣。

四 开创交流互鉴的文明交往新思维

人类文明的多姿多彩源于各种文明交流互鉴，几千年的人类文明发展史也是一部人类文明交流互鉴史。任何一个国家、任何一个民族都是在普遍交往中发展到今天的，任何一种文明也都是在同人类其他文明交流交融中向前发展的。因此，推动人类多元文明"交流交融、互学互鉴"[23]是人类文明更加多姿多彩、各国人民生更加美好的必由之路。

（一）资本逻辑宰制下文明冲突的交往思维

资本的本性是逐利，即最大限度地获取利益。长期以来，资本根深蒂固的本性在人类文明交往层面形成了一种逻辑悖论，主要表现为促进文明交流融合与加剧文明冲突对抗的矛盾。这种矛盾冲突在交往方式、思维方式上则突出地表现为资本扩张中理性的无理性与无理性的理性张力下的文明冲突。

一方面，资本逻辑在开创世界历史的过程中不断展开与嵌入，形塑了资本主义文明并推动了多元文明的交流与融合，日益具有去封建化、去野蛮化的文明性质，打破了一切国家和民族文明的地域性界限，将一切国家和民族甚至最野蛮的民族都纳入了资本主义的文明体系。

另一方面，资本固有的无止境的自我增殖欲望不断引发多元文明之间的冲突与对抗。资本原始积累的过程也就是资本形塑现代文明并推动各种文明交流交融的过程，但这一过程却是通过暴力与残酷剥夺的非理性手段实现的被文明过程，而非资产阶级意识形态家所描绘的如"田园诗"般的"温情脉脉"。资本一边以政治、军事霸权等野蛮的方式迫使一切民族推行资本主义所谓文明体系，一边不断改造、消灭、同化着其他文明或取而代之。诚如马克思恩格斯所言："在真正的历史上，征服、奴役、劫掠、杀戮，总之，暴力起着巨大的作用。但是在温和的政治经济学中，从来就是田园诗占统治地位……事实上，原始积累的方法决不是田园诗式的东西。"[24]在当代，资本逻辑的增殖本性表现得更为复杂化、精细化，其根深蒂固的文化殖民主义和文明优越感并没有改变，始终认为资本主义文明全球通用并具有不可比拟的优越性，无视人类多元文明内含的历史、制度、价值理念等方面的差异，不遗余力地改造、同化甚至消灭、取代其他文明，始终沉迷于文明即野蛮的旧文明观、文明冲突、对抗的零和排他思维之中而洋洋自得。尽管200多年来，西方发达国家自认为资本主义文明是最具国际化和优越性的文明，但在美国历史学家保罗·科恩（Paul Cohen）看来，事实并非如此，无视文明的差异性及其根深蒂固的文明优劣偏见恰恰证明了资本主义文明的狭隘短浅。正是资本狂妄的、增殖逻辑理性与理性的疏离，孕生了资本"文明-野蛮"的逻辑悖论，形成了对立的文明交往思维。正是基于此，在资本通往世界历史的进程中，人类文明的碰撞与融合中充满了冲突与对抗，给人类带来了不幸和灾难。

（二）人类命运共同体开创了交流互鉴的文明交往新思维

《礼记·学记》云："独学而无友，则孤陋而寡闻。"人类社会创造的各种文明，无论是中华文明，还是希腊文明，抑或是欧洲文明，可以说，所有人类文明都是在相互学习和借鉴中得以发展和进步的。因此，如何正确处理多元文明之间的关系，如何维护世界文明的多样性，便成为当前亟待解决的重大现实理论问题。人类命运共同体内含的文明交流互鉴的文明交往新思维不仅回答了人类文明应向何处去的时代之问，而且为促进人类多元文明交流互鉴贡献了中国智慧、中国方案。

一方面，相比于资本逻辑宰制下推行文化殖民主义的文明冲突交往思维，人类命运共同体开创的交流互鉴文明交往新思维致力于维护人类文明的多样性。"物之不齐，物之情也。"[25]也就是说，万事万物都是千差万别的，都有其内在规律，都有其特殊性，不可能千篇一律，这是自然界的基本规律。正因为如此，人类文明才能多姿多彩、生机盎然。否则，人类文明的发展和进步也就停止了，也就不会存在多元人类文明。基于此，人类命运共同体理念认为每一种文明都有其存在的意义和独特价值，倡导各国深刻地认识到不同国家、不同民族文明的差异性、独特性和不可替代性，坚决反对因其他文明与自身文明不同就千方百计去改造、同化甚至取代其他文明的狭隘行径。习近平指出："企图建立单一文明的一统天下，只是一种不切实际的幻想。"[26]这从根本上驳斥了资本主义文明以自我为中心的傲慢与文明优劣论的偏见，昭示了人类文明只有在交流互鉴中相互学习、相互借鉴，才能实现多元文明的共存和共荣。

另一方面，人类命运共同体倡导以文明交流互鉴化解文明冲突与文明对抗，从根本上否定了资本逻辑宰制下的文化殖民主义，深刻地回答了人类文明未来何去何从的时代之问。人类命运共同体坚持人类文明是多彩的、平等的、兼容的，认为不同的文明积淀着不同民族最深层的精神追求，也是不同民族独特的精神标识，更是一个国家和民族的灵魂所在。几千年来，各国文明始终是在不断地交流互鉴中得以传承和进步的，也是在交流互鉴中共同绘就了多姿多彩的人类文明美好画卷的。这是人类文明传播和发展的一条重要规律。正是通过交流互鉴，中华文明得到了其他文明的丰厚滋养，同时其他文明也获得了中华文明的丰厚滋养。也正因为如此，我们可以看到其他文明蕴含着丰富的中华文明有益成分，也存在多元文明相交融而形成的文明成果。基于此，在人类命运共同体中，"不同国家、民族的思想文化各有千秋，只有姹紫嫣红之别，而无高低优劣之分"[27]，各个国家、各个民族不论大小、强弱，其文明均有被尊重和认可的权利，均是人类文明宝库不可缺少的重要组成部分。所以，人类命运共同体坚决反对搞唯我独尊、一家独大的文明霸权主义。人类文明发展史告诉我们，"文明因交流而多彩，文明因互鉴而丰富"[28]。尊重文明的多样性、差异性，促进不同文明的交流互鉴，在交流互鉴中取长补短、兼收并蓄，不仅可以避免文明的冲突，而且可以实现多元文明和谐相处、共同进步。

"万物并育而不相害，道并行而不相悖。"[29]人类文明多样性是人类文明进步的源泉，而不是人类文明冲突的根源。所以，人类命运共同体始终倡导推进人类文明交流互鉴，从而实现多元人类文明的"各美其美，美人之美，美美与共，天下大同"[30]。

五 开创以人为本的文明赓续新路向

在资本逻辑精心建构的以关涉自我增殖为核心的世界体系中，人作为"被遗忘的存在"从属于资本逻辑的增殖理性；而人类命运共同体关涉的是生命的实存，不仅仅是对资本逻辑异己性、非人性的揭露，更是致力于把人从被资本逻辑所压迫、奴役、宰制的关系下解放出来，追求和构建以人为本的人的逻辑，从而开创了以人为本的文明赓续新路向。

（一）资本逻辑宰制下以资本增殖为核心的文明发展路向

资本固有的自我增殖本性始终蕴含着解放人与奴役人的"二律背反"，本质上表现为非人的逻辑，即以资本增殖为核心的文明发展路向。资本逻辑消解了人在"神圣形象"、血缘宗亲与封建等级下的人身依附状态，在某种程度上挺立了个人的主体性，却又将人紧紧地束缚于一整套资本逻辑的权力宰制体系中，在资本逻辑物的依赖性中再度丧失了自己，依旧戴着没有蕴藉的沉重的"锁链"，依旧围绕着资本逻辑虚幻的"太阳"转动。在传统资本主义生产条件下，人的生命实存表现为如下的事实：资本逻辑作为一种异己的、非人性的力量压制、摧残、剥削着工人，人从属于以使用价值为基础的交换价值体系，人与人的关系变成了物与物的关系，无生命的物成为支配、奴役人的主体，窃取了人的主体性力量，作为主体的人完全丧失了独立性和自由个性。在抽象物的统治下，人深陷于"商品拜物教"与"货币拜物教"之中，为维持肉体"畸形"的生存不得不沦为资本攫取剩余价值的奴隶和工具，丧失了对实际生命的体验与对自身生命力、想象力的控制。总的来说，资本这种非人性的异己力量"渗透、宰制、摧残着每一个人的身体、需要、意志，从微观层面到宏观层面形成了一整套环环相扣、全面彻底的"[31]以资本增殖为核心的使人异化的文明发展路向。

从当代资本主义发展现实来看，高度自动化生产技术的使用，福利制度的广泛推行，八小时工作制甚至更短、更自由的工作时间的确立，人权制度的确立，闲暇时间的增多以及消费文化的兴起，似乎均表明在当代资本逻辑不再奴役人以及人的生命实存状态得到根本扭转。但是，这仅仅是视觉的假象，只不过是在文明进步中资本逻辑通过理性计算不得不支付的少量成本。在当代，资本逻辑的权力规训体系嵌入社会生活的方方面面，资本的自我增殖本性表现得更为复杂化、隐蔽化，其以资本增殖为核心的表现为"非人"的文明发展路向不仅没变，而且呈现出了新的形式和特点。因此，"揭露具有非神圣形象的自我异化"，即批判资本逻辑宰制下文明发展路向的种种非人性，构建以人为中心的属人逻辑，便成为当代的重大现实问题。这就为人类命运共同体超越以资本增殖为核心的文明发展路向，进而开创以人为本的文明赓续新路向提供了宏大的世界性场景。

（二）人类命运共同体追求和构建以人为本的人的逻辑

人类命运共同体基于当今世界正处于并将长期处于"以物的依赖性为基础的人的独立性"发展阶段的现实，顺应资本逻辑自我发展伴生自我克服和自我扬弃的发展趋势，追求和构建人类文明发展的人的逻辑，为建立"以人的自由全面发展为原则"的文明共同体创造条件、奠定基石。人类命运共同体作为通往"自由人联合体"的现实中介致力于打破资本逻辑下人对物的依附性，趋向于"人是人的最高本质"这样一个"绝对命令"[32]，以人的价值诉求为终极关怀。

　　一方面，在如何利用资本促进人全面发展的重大现实问题上，人类命运共同体构想提供了中国方案与思路。人类命运共同体坚持积极利用资本与限制资本的辩证法解决人的生存境遇和发展命运问题。在经济上，人类命运共同体倡导各国在全球化发展机制下摒弃传统的唯经济增长的理念，坚持以人为中心的发展导向。始终坚持以人民为中心的发展思想，坚持创新内生驱动，坚持发展的自主性、独立性，积极把资本的巨大优势与本国发展需求、发展条件、发展国情相结合。始终将资本看作为人谋利益、促发展的工具，而不是奴役人、异化人的手段，防止资本的全面渗透和无限扩张；同时，各国应积极参与经济全球化，利用资本而不是依附于资本来发展本国经济，提高人民的物质生活水平。中国发展的奇迹既是在经济全球化背景下充分利用资本的成果，也是利用和节制资本与国际接轨并始终坚持独立自主发展的结果。这为那些既希望加快发展又希望保持自身独立性的国家和民族实现从站起来到富起来的飞跃，实现人民对美好生活的向往和追求提供了可供借鉴的中国参照和路径选择。正是在这个意义上，中国将毫不动摇地继续扩大对外开放，持续推动构建人类命运共同体。在政治上，人类命运共同体倡导各国坚持独立自主，防止资本与权力的交换、耦合。在资本主导下，资本像追求利润最大化一样不断谋求与政治权力的交换、耦合，以实现资本的政治权力最大化，并最终掌控国家政权乃至世界霸权。在资本主义文明体系中，资本既疯狂追逐利润也疯狂"围猎"权力，逐步实现了"权力的资本化"与"资本的权力化"的"合谋",建立了一整套剥削、奴役、宰制人的资本规训体系。当资本与权力耦合拓展到世界各地,资本便以跨国垄断资本的方式操纵、左右着民族国家的对内对外政策,从而使其成为跨国资本攫取利润和剥削人民的工具。当前,局部国家和地区的动乱、战争大都是资本与权力交换、耦合的恶果。面对资本无限扩张带来的世界阵痛和人类文明之殇,世界各国爱好和平、追求和谐发展的人民呼唤改变现有的国际政治经济秩序,改变资本主宰的发展道路,建立有利于各国人民共同发展的世界新秩序。人类命运共同体构想及时回应了世界各国人民的愿望和呼声,倡导确立以人为中心的发展观,构建以人为本的人类文明新形态。

另一方面,人类命运共同体追求和构建以人为中心的人的逻辑,则必须清楚人类命运共同体构建的是"以什么人为中心"和"以人的什么为中心"的逻辑。在构建"以什么人为中心"的逻辑上,人类命运共同体明确表示坚持以世界人民为中心的立场,致力于最大限度地增进世界人民福祉。在国际形势复杂多变、全球性挑战层出不穷且日益严峻的发展现实下,以美国为核心的西方发达国家无视全人类面临的共同困境与危机,继续在全球范围内奉行狭隘的民族主义、利己主义、单边主义,始终秉承零和博弈的对立思维,其所谓民族主义范围仅仅是处于普遍人民性外观下的少数特权者,因而其人民性和文明性是狭隘的、非兼容的。人类命运共同体作为全球价值观基于中国特色社会主义道路、理论、制度、文化自信,倡导在实现本国人民利益的同时兼顾世界人民利益,在人民性和文明性上超越了资本逻辑宰制下狭隘的民族主义与利己主义的短期利益考量,摒弃了资本逻辑零和排他、非此即彼的对抗性思维方式。它始终坚持以无差别的世界人民为中心的方位,致力于为世界人民谋幸福,实现从"被遗忘的存在"到掌控自身生命力与想象力的主体性状态的转变，促进世界人民的自由解放与全面发展，以真正解决世界人民的当代生存境遇和未来发展命运问题。这既是推动构建人类命运共同体的初心和使命，也是其趋向的终极目标，更是开创以人为本的文明赓续新路向的鲜明体现。

在构建"以人的什么为中心"的逻辑上，人类命运共同体坚持以全人类的可持续生存为中心、以人的全面发展为目标。可持续生存是全人类的根本利益与发展前提。从当前人类生命存续的现实来看，局部战争、动乱、核威胁、恐怖主义、能源危机、全球变暖、重大公共卫生事件等传统与非传统安全性问题层出不穷，成为全人类实现更高质量的可持续生存的最大威胁。正是基于对人类生存威胁的深刻认识，人类命运共同体构想着眼于各国人民当前生存和子孙后代未来生存的共同需要。在政治上，积极构建以和平稳定、合作共赢为核心的新型国际关系和公平正义的国际新秩序，积极推动全球治理体系建设与改革，坚决反对战争并始终致力于维护世界和平，努力为全人类生存发展做出更大贡献。在生态上，人类命运共同体积极推动构建公平公正、合作共赢的全球气候治理体系，倡导各国坚持尊崇自然、保护自然、绿色低碳的发展理念和发展方式，并呼吁西方发达国家为发展中国家和地区提供相应的生态治理基金与生态友好型技术，同各国一道共同构建人与自然的生命共同体，从而实现更高水平的可持续发展。在可持续生存的基础上，人类命运共同体构想又以世界人民对美好生活的需要为中心。对美好生活的需要是世界各国人民的共同向往与追求，但在当前资本主导的单向度的经济全球化发展现实和狭隘的文明发展路向下，世界各国人民对美好生活需要的发展日益失衡并不断加剧。人类命运共同体正是以世界人民对美好生活的需要为中心，积极构建开放型经济，维护多边贸易体制，并以"一带一路"倡议为纽带同沿线各国共同构建一个开放、包容、普惠、均衡、共赢的经济全球化格局，最大限度地缩小南北差距，不断满足世界人民对美好生活的需要与期待。但需要明确的是，人类命运共同体并不止于满足世界人民对美好生活的需要，而是更趋向于塑造以个人全面发展为基础的自由个性，这是其追求和构建人的逻辑的价值归宿与终极目标，也必将成为人类文明形态未来走向的科学指引。

总之，人类命运共同体作为与资本逻辑截然不同的全球价值观和文明新形态，超越了国家、种族、地域、意识形态的界限，不仅以理论的方式揭示了从资本逻辑到人的逻辑的历史必然性与价值正当性，更以实践的方式历史地充当了资本逻辑与人的逻辑之间可供利用的现实中介，开创了以人为本的文明赓续新路向，为追求和构建人的逻辑铺筑了现实道路，贡献了中国智慧、中国方案、中国力量。尽管人类命运共同体对人的逻辑的追求和构建仍面临来自多方面的重重阻力，但其必将随着世界历史进程的发展对多元人类文明持续发展做出更大的贡献，从而引领人类文明向更高层次、更新形态迈进。

（执笔：张骜）

第九章　新时代创造人类文明新形态的
　　　　　重大成就和宝贵经验

党的十九届六中全会通过的《中共中央关于党的百年奋斗重大成就和历史经验的决议》指出："党领导人民成功走出中国式现代化道路，创造了人类文明新形态，拓展了发展中国家走向现代化的途径，给世界上那些既希望加快发展又希望保持自身独立性的国家和民族提供了全新选择。"[1]这一重要论述揭示了中国式现代化对世界现代化事业、对人类文明发展的原创性贡献。人类文明新形态是中国共产党人长期奋斗的重要成果，是中国式现代化建设的实践产物，凝结着中国人民不懈探索和艰苦奋斗的成果，丰富拓展了人类文明进步的新内涵。按照人类文明形态从简单向复杂、从落后向先进、从低级向高级的演进规律，人类文明新形态的创造既借鉴吸收了人类一切优秀文明成果，也继承和弘扬了中华优秀文明成果，同时扎根于中国共产党成立100多年、新中国成立70多年、改革开放40多年的社会实践中，立足中国国情、顺应世界潮流、尊重客观规律，是人类历史发展、人类文明演进的最新成果，深刻拓展了人类文明的内涵，印证了人类文明"形态的多样性"与"发展的自主性"的有机统一，为世界社会主义运动注入了新的文明要素和活力。其中，党的十八大以来的历史性成就和历史性变革，为人类文明新形态的创造奠定了坚实的基础、提供了重要的推力。可以说，新时代是人类文明新形态形成发展的重要阶段，在人类文明发展史上的地位不容忽视。

一　新时代创造人类文明新形态的重大成就

人类文明新形态的形成，有其特定的时空背景和内在属性，它既符合人类文明形态发展演变的一般规律，又具有鲜明的时代特征和中国特色，是普遍性与特殊性的有机统一。具体而言，从世界文明的范围来看，它是东方文明和中华文明的复兴与创新；从现代化类别来看，它是社会主义文明形态的复兴与创新；从文化自身的形态来看，它是中国特色社会主义文化的新形态；从人类发展角度来看，它是人的全面发展的文明新形态。党的十八大以来，中国在物质文明建设、政治文明建设、精神文明建设、社会文明建设、生态文明建设等方面取得的显著进展和重大成就，为人类文明新形态的形成奠定了重要基础。

（一）物质文明建设成就显著

具有高度的物质文明，是新时代创造人类文明新形态重大成就的题中应有之义和内在要求。人类文明新形态的创造形成，首先表现为社会生产力水平的大幅提高，为其他文明建设提供必需的物质基础和充裕的物质财富。党的十八大以来，面对复杂的国内外形势，中国经济始终保持中高速增长，国内生产总值稳居世界第二。"我国对世界经济增长的贡献率年均超过 30%，超过美国、欧洲、日本贡献率总和，成为世界经济增长的主要动力源和稳定器，我国规模巨大的市场展现出空前的扩张力和吸引力。"[2] 人民生活水平大幅提升，人均国内生产总值水平持续提高。2021 年我国人均国内生产总值突破 8 万元，超过世界平均水平[3]。作为创造人类文明新形态的实践主体，人民群众不仅是新时代推动物质文明建设的根本力量，而且是中国经济社会发展成果的享有者、受益者，其幸福感、获得感显著增强。供给侧结构性改革扎实推进，经济结构持续优化，不断培育和激发新动能，为经济高质量发展注入源源不断的新动力。近年来，通过实施供给侧结构性改革，我们既破解了经济运行中的一些结构性矛盾和问题，又促使宏观经济运行始终保持在合理区间，也推动了经济发展质量效益的稳步提升，可以说成效显著。

创新驱动发展战略大力实施，创新性国家建设成果丰硕。党的十八大以来，中国坚持把创新摆在国家发展全局中的核心地位，把科技自立自强作为国家发展战略支撑，深入实施科教兴国战略、人才强国战略、创新驱动发展战略，完善国家创新体系，加快建设科技强国，以科学技术支撑引领中国式现代化建设，从而为中国式现代化事业注入了勃勃生机和源源动力。在世界知识产权组织发布的《2021 年全球创新指数报告》中，中国排名第 12 位，位居中等收入经济体之首[4]。以科技创新为核心的全面创新已融入经济社会发展的各方面、各环节，中国整体核心竞争力大幅提升。当前，中国比历史上任何时期都更接近于建成科技强国，比历史上任何时期都更有能力、更有底气实现高水平自立自强。此外，党的十八大以来，我国在推动区域协同发展、健全开放型经济新体制等方面也取得了较大进展。总之，经过几十年来尤其是党的十八大以来的不懈努力，中国发展已经有了比较厚实的物质基础和比较高的社会生产能力，极大地推动了人类文明新形态的形成和发展。

（二）政治文明建设稳步推进

政治文明形态既是人类文明形态之一，也是人类文明新形态形成和发展的关键要素和重要前提。政治文明形态并不是固定的、唯一的，而是历史的、具体的、发展的，从根本上来说，这是由各国的历史文化、现实国情等不同决定的。在此基础上，各国的民主发展道路、民主模式等必然有所差异。所以，世界上不存在定于一尊的制度样板，也不存在普遍适用的政治制度模式。"世界上没有完全相同的政治制度模式，政治制度不能脱离特定社会政治条件和历史文化传统来抽象评判，不能定于一尊，不能生搬硬套外国政治制度模式。"[5]党的十八大以来，在党中央的坚强领导下，我们坚定不移地走中国特色社会主义政治发展道路，使中国特色社会主义制度焕发出强大活力和显著优越性，"中国之治"与"西方之乱"的对比日益鲜明。作为中国式现代化道路的重要组成部分，中国特色社会主义政治发展道路，立足中国国情、扎根中华大地形成并不断发展，蕴含着丰厚的中国文化和中国精神，具有鲜明的中国特点、中国气派。实践充分证明，中国特色社会主义政治发展道路不仅能够走得通，而且能够走得好，这无疑更加坚定了我们的道路自信。在这个过程中，以习近平同志为核心的党中央不仅在实践中不断开拓和完善中国特色社会主义政治发展道路，而且从理论上不断充实和发展中国特色社会主义民主政治，书写了我国政治文明建设的新篇章。例如，所提出的"全过程人民民主"重要理念，是中国共产党领导人民创造的新型政治文明形态，它以其自身的真实性、广泛性、全面性、人民性等，实现了对西方"泡沫民主""空壳民主"的超越，开辟了社会主义政治文明新境界，是人类政治文明发展史上的伟大创造。

坚持民主与法治的合力推进、依法治国与以德治国的有机统一，也是新时代政治文明建设的一大特色。此外，我们还全面深化党和国家机构改革，坚持和完善我国根本政治制度和各项基本政治制度，政治文明建设迈出重大步伐、取得卓著成就。《中共中央关于党的百年奋斗重大成就和历史经验的决议》深刻指出："党的十八大以来，我国社会主义民主政治制度化、规范化、程序化全面推进，中国特色社会主义政治制度优越性得到更好发挥，生动活泼、安定团结的政治局面得到巩固和发展。"[6]总之，中国特色社会主义民主政治的不断发展，丰富了人类政治文明形态，擘画了人类文明形态的新图景。

（三）精神文明建设精彩纷呈

人类文明发展史，是一部物质文明和精神文明协同共进、相辅相成的历史。在人类文明新形态中，精神文明形态是其中不可或缺的重要组成部分。精神文明建设是中国式现代化事业的重要支点，是实现中华民族伟大复兴的重要支撑。党的十八大以来，以习近平同志为核心的党中央高度重视精神文明建设，着力推动物质文明与精神文明的协同发展、相互促进。习近平指出："只有物质文明建设和精神文明建设都搞好，国家物质力量和精神力量都增强，全国各族人民物质生活和精神生活都改善，中国特色社会主义事业才能顺利向前推进。"[7]这就深刻揭示了物质文明与精神文明建设是同等重要、不可偏倚的，阐明了物质文明建设与精神文明建设同步发展的必要性。不仅如此，他还从建设社会主义现代化强国和实现中华民族伟大复兴的战略高度，强调"实现中国梦，是物质文明和精神文明比翼双飞的发展过程"[8]，"我国现代化是物质文明和精神文明相协调的现代化"[9]，等等。这一系列重要论述、重要观点，拓展和丰富了文明形态的内涵和外延，开拓了中国共产党人关于精神文明建设的新视野、新境界、新思路。

在习近平新时代中国特色社会主义思想的指引下，新时代我们高度重视对中华优秀传统文化的继承和弘扬，充分吸收运用其中的价值理念和思想精华，为当代中国实践提供了有益启示和丰厚滋养。这不仅有利于中华优秀传统文化焕发生机，而且极大增强了人们的文化自信，提升了中国的文化软实力。大力倡导和培育社会主义核心价值观，利用教育引导、实践养成、制度保障等方式与途径，社会主义核心价值观日益深入人心、浸润心灵，全社会形成了自觉践行社会主义核心价值观的良好风尚。推动全社会的思想道德建设，倡导良好家风家教，实现家庭文明建设与社会文明建设的有机结合。大力弘扬英雄精神、英雄文化，激发人们的思想认同和情感认同，充分发挥先进模范、英雄人物的示范性、引领性作用，在全社会形成见贤思齐、明德惟馨的良好氛围。总之，党的十八大以来，精神文明被提升到了党和国家全局性工作的战略地位，中国精神、中国价值、中国理念已成为中国发展的重要影响力和推动力。

（四）社会文明建设创新发展

衡量一个国家的现代化水平和文明程度，社会文明是重要维度。社会文明有广义和狭义之分，其中狭义的社会文明主要是指人类文明的社会层面。本书所指的社会文明，主要是关于社会建设方面的进步程度和所取得的积极成果，其主要包括个人发展、家庭幸福、邻里和谐等方面的社会主体文明，人际关系、家庭关系、邻里关系、社团关系、群体关系等方面的社会关系文明，社会理论、社会心理、社会风尚、社会道德等方面的社会观念文明，社会制度、社会体制、社会政策、社会法律等方面的社会制度文明，以及社会活动、社会工作、社会管理等方面的社会行为文明。中国特色社会主义文明的有机系统，就是由社会文明与物质文明、政治文明、精神文明、生态文明等共同构成的。党的十八大以来，以习近平同志为核心的党中央高度重视社会建设，着力加强以民生为重点的社会建设，坚持在发展中保障和改善民生，加强和创新社会治理。特别是统筹推进新冠肺炎疫情防控和经济社会发展，脱贫攻坚战取得全面胜利，全面建成小康社会取得伟大历史性成就，人民群众的幸福感、获得感显著提升，进一步增强了全体人民对中国特色社会主义的"四个自信"。

坚持以人民为中心的发展思想，不断满足人民对美好生活的向往，切实增进人民福祉，推动全体人民共同富裕，是新时代社会文明建设的重点。在此过程中，我国大力实施脱贫攻坚战，全面建成了小康社会，在中华大地上历史性地消除了绝对贫困现象，创造了人类文明发展史上从未有过的减贫奇迹。这一历史性巨变极大凸显了社会主义的本质和核心价值，创造了人类历史上第一个以人的全面发展为核心逻辑和以共同富裕为原则的社会主义文明新形态。此外，建设高质量教育体系，实施就业优先战略，优化收入分配结构，健全多层次社会保障体系，全面推进健康中国建设，不断擦亮新时代高质量发展的民生底色。有效的社会治理、稳定的社会秩序是各领域建设发展的前提条件，唯有如此，改革发展的成果才能更多更公平地惠及全体人民。党的十八大以来,我国社会治理体系不断完善,社会安全稳定形势持续向好,人民生命财产安全得到有效维护,社会充满活力而又规范有序,广大人民群众的安全感和满意度不断增强。概言之,高度的社会文明是全面建成社会主义现代化强国的必然要求,也是人类文明新形态的重要体现。

(五)生态文明建设异军突起

生态文明既是人类文明新形态的组成部分,又是人类文明新形态的必要条件。任何文明形态的形成和发展,都是建立在一定自然环境基础上的。生态文明是对工业文明的科学扬弃,反映了人类文明发展的历史趋势。习近平指出:"生态文明是人类社会进步的重大成果。人类经历了原始文明、农业文明、工业文明,生态文明是工业文明发展到一定阶段的产物,是实现人与自然和谐发展的新要求。"[10]新时代,以习近平同志为核心的党中央把生态文明建设作为统筹推进"五位一体"总体布局和协调推进"四个全面"战略布局的重要内容,开展了一系列根本性、开创性、长远性工作,提出了一系列新理念、新思想、新战略,推动生态文明建设异军突起。例如,在维护人民利益、顺应发展要求的基础上,习近平提出了"保护生态环境就是保护生产力,改善生态环境就是发展生产力"[11],"绿水青山就是金山银山"[12],"良好生态环境是最公平的公共产品,是最普惠的民生福祉"[13]等重要论断,为新时代生态文明建设指明了正确方向、提供了根本遵循。在此基础上形成的习近平生态文明思想进一步丰富和发展了马克思主义生态观、发展观,并在实践中日益深入人心、不断落地生根。将"绿色"纳入新发展理念中,坚持走高质量发展道路,把生态环境放在经济社会发展评价体系的突出位置，不断增强全民节约意识、环保意识、生态意识。建立健全资源生态环境管理制度，生态文明建设体制机制改革取得重大突破。制定实施了《中共中央国务院关于加快推进生态文明建设的意见》《生态文明体制改革总体方案》《大气污染防治行动计划》《水污染防治行动计划》《土壤污染防治行动计划》等法律法规、政策措施，生态文明顶层设计和制度体系建设加快推进。

总之，"党的十八大以来，党中央以前所未有的力度抓生态文明建设，全党全国推动绿色发展的自觉性和主动性显著增强，美丽中国建设迈出重大步伐，我国生态环境保护发生历史性、转折性、全局性变化"[14]。

（六）人的全面发展成就斐然

人类文明新形态与其他类型的文明形态的重要区别之一，就是人在其中的地位和作用截然不同。西方现代化模式是一种物质至上、利益优先的发展模式，从本质上说是"重物轻人"或"见物不见人"的。而在中国所创造的人类文明新形态中，人是居于最重要、最核心地位的，"现代化的本质是人的现代化"[15]。按照马克思主义唯物史观，人既是社会历史的主体，也是社会历史的客体；人是现代化的主体，又是现代化的客体。推动现代化首先要实现人的现代化，人的现代化是社会现代化的重要前提。一个国家的国民素质和社会心理直接决定着一个国家实现现代化的可能性和发展程度，如果没有人的现代化，现代化事业是难以推进下去的。美国社会学家阿历克斯·英格尔斯也提出："人的现代化是国家现代化必不可少的因素，他们并不是现代化结束后的副产品，而是现代化制度和经济赖以长期发展并取得成功的先决条件。"[16]也就是说，现代化归根到底是由人来推动和完成的，人既是社会现代化的实践主体，也是现代化的终极目标，社会现代化的最终成果体现为人的素质的全面提高。

中国在实现现代化的过程中始终遵循以人为本的价值导向，坚持把人的现代化作为社会现代化的中心问题，将人放在现代化的核心位置，不断为人的素质全面提高创造条件、奠定基础。党的十八大以来，以习近平同志为核心的党中央反复强调要尊重人民主体地位，坚持以人民为中心的发展思想，在推进中国式现代化的过程中充分发挥和释放人的主体性与能动性，不仅创造出了前所未有的物质财富，也使人的科学文化素质、身体素质、心理和思想道德素质等得到了大幅提高，人民群众的精神面貌焕然一新，做中国人的志气、骨气、底气不断增强。实际上，不断推动中国式现代化的过程，就是一个不断维护人的尊严、高扬人的价值的过程，就是一个不断增强人民获得感、幸福感和安全感的过程，就是一个推动社会现代化与人的现代化协调发展、同步共进的过程。总之，人类文明新形态不仅内在地包含着人的素质的全面提高、人的自由全面发展，而且是以其为根本追求和核心目标的。

（七）开辟人类文明新境界

中国式现代化道路是人类文明新形态的依托和支撑，人类文明新形态是在中国式现代化道路基础上升华和凝结出的文明成果，二者是融通互动、紧密相连的。立足于中国国情开创出的中国式现代化道路，其内在的特殊性决定了人类文明新形态必然也是与众不同的。质言之，现代化道路的差异同时也是文明形态的差异。从中国现代化道路的开辟到中国式现代化道路的探索、创新和走向成功，中国式现代化的发展方式、发展路径等不断拓展完善，人类文明新形态也应运而生。中国式现代化"是人口规模巨大的现代化，是全体人民共同富裕的现代化，是物质文明和精神文明相协调的现代化，是人与自然和谐共生的现代化，是走和平发展道路的现代化"[17]。由此，人类文明新形态具有普惠性、协调性、和平性等鲜明特点。虽然它遵循人类文明发展的一般过程和规律，但同时又实现了特殊性与普遍性、民族性与世界性的有机统一。中国式现代化道路既是人类文明新形态的现实基础，同时赋予了它独特的价值取向和目标追求，从而使之在人类文明形态中独树一帜。

中华优秀传统文化是人类文明新形态的文化基础和历史渊源，它为人类文明新形态提供了深厚的文化基因和精神滋养。所以，人类文明新形态是从悠久深厚的中华文化母体中孕育而生的，吸收和内蕴着中华优秀传统文化中的精华要素，同时也使中华优秀传统文化焕发生机、彰显活力。在此基础上，人类文明新形态具有鲜明的民族特色和中国气派，使人类文明百花园更加多姿多彩。习近平指出："中华文化延续着我们国家和民族的精神血脉，既需要薪火相传、代代守护，也需要与时俱进、推陈出新。要加强对中华优秀传统文化的挖掘和阐发，使中华民族最基本的文化基因同当代中国文化相适应、同现代社会相协调，把跨越时空、超越国界、富有永恒魅力、具有当代价值的文化精神弘扬起来，激活其内在的强大生命力，让中华文化同各国人民创造的多彩文化一道，为人类提供正确精神指引。"[18]正是因为中国共产党人坚持推动中华优秀传统文化创造性转化和创新性发展，从而极大地激活了中华文化的旺盛生命力，使其为中国式现代化注入了强大精神动力，为人类文明新形态打上了鲜明的文化烙印。

二 新时代创造人类文明新形态的宝贵经验

善于总结经验是中国共产党的优良传统和显著优势，是中国共产党不断发展壮大并取得事业发展新成就的重要法宝。系统总结和深入梳理新时代创造人类文明新形态的宝贵经验，对于我们坚持正确做法、弘扬成功之道，不断深化对社会主义现代化建设规律的认识，继续推动人类文明新形态实现新发展，具有重要的现实意义。同时，也有利于为世界贡献中国智慧、中国方案，为其他国家探索和开创适合于自己的文明形态，推动人类文明的发展进步，提供有益借鉴和启示。

（一）坚持不断继承和发展马克思主义，彰显人类文明新形态的"科学性"

作为人类思想文化的精华，马克思主义创造性地揭示了人类社会发展规律，指明了人类社会发展的道路和方向。"十月革命一声炮响，给中国送来了马克思列宁主义。"[19]处于国家蒙辱、人民蒙难、文明蒙尘的悲惨境况的中国自此找到了指引方向的科学真理，备受欺凌压迫的中国人民自此找到了改变自身命运的强大精神武器。中国共产党成立后，坚持把马克思主义与中国实际相结合，不断推进马克思主义中国化，逐步探索出了挽救民族危亡、实现民族振兴的正确道路，彻底改变了中华民族的前途和命运。中华人民共和国的成立，意味着中国人民从此站起来了，这为开启现代性背景下的文明复兴创造了根本社会条件。此后，在社会主义革命和建设、改革开放和社会主义现代化建设、中国特色社会主义新时代的各个历史阶段，中国共产党人总是能够根据时代发展需要，创造性地运用马克思主义立场、观点和方法，结合新的实践不断推进理论创新，用新的理论指导新的实践，不断推动从站起来、富起来到强起来的伟大飞跃，为创造人类文明新形态奠定了基础、积累了经验。

党的十八大以来，中国共产党人坚持不断继承和发展马克思主义，推动马克思主义基本原理同中国具体实际相结合、同中华优秀传统文化相结合，赋予了马克思主义鲜明的实践特色、民族特色、时代特色，使马克思主义中国化实现了新的历史性飞跃。这不仅使马克思主义在与时俱进中焕发出强大的生命力、使中华文明在顺应时代发展中彰显出强烈的时代气息，而且为我们创造人类文明新形态确立了"根"和"魂"。尤其是习近平新时代中国特色社会主义思想，为推进中国特色社会主义事业提供了科学指南，为中华民族伟大复兴提供了强大助力，为人类文明发展贡献了中国智慧、中国经验。习近平新时代中国特色社会主义思想所蕴含的强大真理力量和独特思想魅力，使我们创造人类文明新形态有了科学的价值理念和强大的精神指引，实现了精神上、战略上的主动。习近平强调："当代中国的伟大社会变革，不是简单延续我国历史文化的母版，不是简单套用马克思主义经典作家设想的模板，不是其他国家社会主义实践的再版，也不是国外现代化发展的翻版。"[20]人类文明新形态具有鲜明的创新性、民族性、时代性、实践性，是马克思主义基本原理同中国具体实际相结合、同中华优秀传统文化相结合的重要成果，在社会主义发展史、中华文明史、人类文明史上具有重要意义。

（二）坚持锻造走在时代前列的执政党，彰显人类文明新形态的"主导性"

政党是推动人类发展进步的重要力量，在人类文明发展中发挥着重要作用。现代政党的执政能力、领导水平，集中而鲜明地体现在其能否领导人类文明形态的开创和发展上。在人类文明新形态创造形成的过程中，中国共产党的正确领导发挥了关键性的作用。作为现代政治组织力量，"中国共产党是中国工人阶级的先锋队，同时是中国人民和中华民族的先锋队"[21]，这种先进属性内在地决定着其能够引领中国现代文明发展的方向，能够开辟中国现代文明发展的道路，从而成为文明发展、文明建设的领导力量。中国共产党成立后，团结带领中国人民不懈奋斗，取得了新民主主义革命的胜利，实现了民族独立、人民解放，为文明发展创造了最基本的前提条件。社会主义改造的完成、社会主义制度的确立，为实现中华民族伟大复兴奠定了根本政治前提和制度基础，也使文明发展进入了新的历史时期。改革开放后，中国共产党不断解放思想、开拓创新，开辟出了中国特色社会主义道路，不断完善中国特色社会主义制度，极大地推动了中国特色社会主义事业发展，也为文明发展注入了新的动力和活力。党的十八大以来，中国特色社会主义进入新时代，中国共产党团结带领中国人民不忘初心、砥砺奋进，统揽伟大斗争、伟大工程、伟大事业、伟大梦想，坚持和加强党的全面领导，统筹推进"五位一体"总体布局、协调推进"四个全面"战略布局，使党和国家事业取得历史性成就、发生历史性变革，为实现中华民族伟大复兴提供了更为完善的制度保证、更为坚实的物质基础、更为主动的精神力量，人类文明新形态渐趋成型。

人类文明新形态是中国共产党领导人民进行伟大社会革命的重要成果，也是中国共产党不断进行自我革命的重要成果。百年发展充分证明，中国共产党牢牢掌握着人类文明新形态的领导权、主导权，从根本上保障了人类文明新形态的开创发展。新时代，以习近平同志为核心的党中央坚持党要管党、从严治党，把全面从严治党纳入"四个全面"战略布局，坚定不移推进党的建设新的伟大工程，采取了一系列新举措加大管党治党力度，开辟了管党治党新境界，取得了全面从严治党新成就，从而使党能够始终走在时代前列、赢得人民支持。"我们党历史这么长、规模这么大、执政这么久，如何跳出治乱兴衰的历史周期率？毛泽东同志在延安的窑洞里给出了第一个答案，这就是'只有让人民来监督政府，政府才不敢松懈'。经过百年奋斗特别是党的十八大以来新的实践，我们党又给出了第二个答案，这就是自我革命。"[22] 可以说，新时代全面从严治党取得了历史性成就、开创性成就，产生了全方位、深层次影响，向历史、向人民交出了一份优异答卷。这不仅明显改善了党群关系，显著增强了党的创造力、凝聚力、战斗力，而且使其在领导开创人类文明新形态过程中更有能力、更有底气。

（三）坚持合理借鉴人类文明优秀成果，彰显人类文明新形态的"开放性"

"泰山不让土壤，故能成其大；河海不择细流，故能就其深。"[23] 人类文明新形态是立足于中国大地，植根于中华优秀传统文化的沃土中而创造出来的。内生性、自主性是人类文明新形态的重要特性，但这并不意味着人类文明新形态在形成发展过程中是脱离世界文明发展进程的。相反，中国共产党在领导创造人类文明新形态的过程中，并没有全盘否定西方现代文明和其他发展中国家的文明成果，而是秉持开放包容、兼收并蓄的科学态度，以海纳百川的广阔胸襟和博大情怀，充分吸收与借鉴这些文明中的有益元素，从人类创造的一切优秀文明成果中汲取精华、去其糟粕，进而创造出了超越西方文明的文明新形态。也就是说，人类文明新形态是在中国大地上产生的，也是在同其他文明不断交流互鉴中形成的。习近平指出，对于人类社会创造的各种文明，"我们都应该采取学习借鉴的态度，都应该积极吸纳其中的有益成分，使人类创造的一切文明中的优秀文化基因与当代文化相适应、与现代社会相协调，把跨越时空、超越国度、富有永恒魅力、具有当代价值的优秀文化精神弘扬起来"[24]。人类发展史充分证明，故步自封只能导致僵化和落后，唯有开放包容才能为一种文明注入强大发展动力，使其不断彰显生机和活力。

新时代，习近平深刻洞察人类文明发展大势，科学把握人类文明发展基本规律，反复强调要推动文明交流互鉴，"文明是包容的，人类文明因包容才有交流互鉴的动力"，"历史告诉我们，只有交流互鉴，一种文明才能充满生命力"[25]。几千年来，中华文明正是在与世界其他文明不断碰撞、交流、融合，在取长补短、择善而从中丰富和发展的，这也是其能历经磨难而绵延不绝、饱经沧桑而生生不息的重要原因。当今世界正处于大发展大变革大调整时期，人类社会发展呈现出世界多极化、经济全球化、社会信息化、文化多样化的时代特征。在这种情况下，不同国家之间的联系空前紧密，不同文明之间的交流互动空前深入。只有把自身文明发展与当代人类文明进步结合起来，在开放包容中不断吸收人类文明成果，才能大踏步赶上时代。党的十八大以来，中国坚定不移地走开放发展之路，倡导和秉持人类命运共同体理念，推动共建"一带一路"等，都是以文明交流超越文明隔阂、以文明互鉴超越文明冲突、以文明共存超越文明优越的伟大实践。"中国将继续向世界学习、向各国人民学习，学习人类创造的一切文明成果，推动中国和世界发展得更好。"[26]人类文明新形态就是在文明交流互鉴中形成并不断发展的，是人类文明发展史上的重要典范。

（四）坚持走中国式现代化道路，彰显人类文明新形态的"独特性"

纵观人类发展历史，文明形态的产生、发展与更替的决定力量是社会生产力的发展，但影响文明形态属性与方向的关键因素是生产关系与社会制度的变迁。任何文明形态的产生、发展，都是与一个国家、一个民族的历史文化、社会基础等紧密结合在一起的，否则文明形态就会失去根基。人类文明新形态诞生于中国式现代化进程中，中国式现代化道路的"独辟蹊径"，决定了人类文明新形态的"与众不同"。中国式现代化道路是在人类现代化潮流中探索形成的，因而它遵循和符合世界现代化的一般规律。但是，由于中国式现代化所立足和依托的"母体"，即具体国情与其他国家有着很大的不同，决定了中国式现代化必然具有与众不同的特色和个性，如在发展动因上是被动卷入而非主动探求、在发展类型上是外源刺激而非内生滋长、在发展起点上是落后追赶而非始发先行、在发展基因上是自力更生而非野蛮掠夺等，中国式现代化道路从而呈现出普遍性与特殊性、共性与个性的辩证统一。中国式现代化道路既不同于西方现代化模式，也不同于苏联现代化模式，它是立足于中国国情，充分体现中国人民意志和愿望的社会主义现代化道路，具有人口规模巨大、全体人民共同富裕、物质文明和精神文明相互协调、人与自然和谐共生、走和平发展道路的鲜明特征。"中国立足自身国情和实践，从中华文明中汲取智慧，博采东西方各家之长，坚守但不僵化，借鉴但不照搬，在不断探索中形成了自己的发展道路。条条大路通罗马。谁都不应该把自己的发展道路定为一尊，更不应该把自己的发展道路强加于人。"[27]因此，在此基础上诞生的人类文明新形态，彰显出了浓重的中国风格、中国气派，必然有别于带有野蛮基因的西方文明形态和具有僵化气息的苏联文明形态。

中国特色社会主义是创造人类文明新形态的重要前提，规定了其根本属性。党的十八大以来，我国坚决排除和抵制各种走老路、邪路的势力的干扰与阻难，坚定不移地沿着中国式现代化道路的正确方向前进，在实践中进一步深刻回答了要建设什么样的社会主义现代化强国、怎样建设社会主义现代化强国等一系列重大问题，丰富和发展了我国社会主义现代化理论。例如，深刻阐明了中国式现代化所处的历史方位和发展阶段，提出了中国特色社会主义进入新时代、迈向高质量发展的阶段等，为中国式现代化事业发展提供了根本依据；科学擘画了中国式现代化的宏伟蓝图，指明了发展路径，系统谋划了"两个十五年"战略安排，清晰勾勒出了实现"第二个一百年"奋斗目标的时间表和路线图；明确提出了"推进国家治理体系和治理能力现代化"的重大命题，并将其作为社会主义现代化的重要内容和重要目标，极大地拓展了社会主义现代化的内涵，同时也深化了我们对中国式现代化规律的把握、提升了我们对中国式现代化事业的认识；等等。总之，十八大以来，中国共产党领导人民在不懈探索和持续创新中开创了中国式现代化新道路，这是一条物质文明、政治文明、精神文明、社会文明、生态文明协调发展的新道路，是全面建成社会主义现代化强国、实现中华民族伟大复兴的必由之路。"只要我们既不走封闭僵化的老路，也不走改旗易帜的邪路，坚定不移走中国特色社会主义道路，就一定能够把我国建设成为富强民主文明和谐美丽的社会主义现代化强国。"[28]

（五）坚持新发展理念，彰显人类文明新形态的"创新性"

理念是行动的先导，一定的发展实践都是由一定的发展理念来引领的。发展理念是否具有先进性、反映规律性、彰显科学性，对发展实践具有直接而重要的影响。新发展理念立足于我国经济社会发展的客观实际和未来趋势，科学回答了实现什么样的发展、怎样实现发展的重大问题，集中反映了中国共产党对经济社会发展规律的新认识，是运用马克思主义基本原理对中国特色社会主义政治经济学的理性概括。习近平指出："党的十八大以来我们对经济社会发展提出了许多重大理论和理念，其中新发展理念是最重要、最主要的。新发展理念是一个系统的理论体系，回答了关于发展的目的、动力、方式、路径等一系列理论和实践问题，阐明了我们党关于发展的政治立场、价值导向、发展模式、发展道路等重大政治问题。"[29]党的十八大以来的实践充分证明，新发展理念是正确的发展观、现代化观，具有很强的战略性、纲领性、指导性，是引领中国新时期经济社会发展的行动纲领，也是指引中国未来发展的重要遵循。

创造人类文明新形态，既是提出新发展理念之因，也是践行新发展理念之果。党的十八大以来，发展环境、发展条件、发展任务等的变化，要求我们必须坚持以推动高质量发展为主题，不断增强发展的前瞻性、主动性、创造性。以"创新、协调、绿色、开放、共享"为主要内涵的新发展理念，追求发展的全面性、系统性和可持续性，其中创新发展注重的是解决发展动力问题，协调发展注重的是解决发展不平衡问题，绿色发展注重的是解决人与自然和谐问题，开放发展注重的是解决发展内外联动问题，共享发展注重的是解决社会公平正义问题。在新发展理念的引领下，近年来我国经济社会发展取得历史性成就、发生历史性变革，发展的成色更足、动能更强、质量更高，展现出新发展理念的旺盛生命力。新发展理念为人类文明发展注入了新内涵、开辟了新路径，其在价值导向、发展模式、发展道路等方面具有重要的引领性、示范性，是涵养人类文明新形态的重要基础，也为人类文明发展提供了重要的精神滋养和东方智慧。"贯彻新发展理念是关系我国发展全局的一场深刻变革，不能简单以生产总值增长率论英雄，必须实现创新成为第一动力、协调成为内生特点、绿色成为普遍形态、开放成为必由之路、共享成为根本目的的高质量发展，推动经济发展质量变革、效率变革、动力变革。"[30]

（六）坚持以人民为中心，彰显人类文明新形态的"人民性"

人类历史的发展充分证明，人民是历史的创造者，是推动社会历史发展的主体力量，也是推动人类文明进步的决定性力量。中国共产党领导开创的人类文明新形态，体现着以人民为中心的鲜明价值立场。作为一个以马克思主义为指导思想的无产阶级政党，中国共产党的根基在人民、血脉在人民、力量在人民。自成立之日起，中国共产党就坚持全心全意为人民服务的宗旨不动摇，把为中国人民谋幸福作为其重要使命，始终把人民放在最高位置。"中国共产党始终代表最广大人民根本利益，与人民休戚与共、生死相依，没有任何自己特殊的利益，从来不代表任何利益集团、任何权势团体、任何特权阶层的利益。"[31]中国共产党的百年历史，就是一部不断为人民利益、民众福祉而奋斗的历史，就是一部不断贯彻群众路线、密切联系群众的历史，也因此获得了源源不断的力量，走出了一条紧紧依靠人民推动文明前进的人间正道。人类文明新形态本质上是社会主义文明形态，是全面均衡发展的、彰显人民至上的鲜明立场和价值追求的文明形态，其根本意蕴是坚持以人为本的价值旨归，坚持把人的自由全面发展作为社会发展的最高目标，这与"以资本为中心"的西方文明形态有着本质区别。西方的文明逻辑是建立在对外殖民血腥掠夺、对内残酷剥削人民的原始积累基础上的，它导致了严重的物质主义膨胀和两极分化，难以实现人类社会永续发展和人类解放使命，是不符合人类历史发展潮流和多数人根本利益的，因此不符合人类文明的进步方向。而以人民为中心的发展思想，是一种彻底的人道主义的文明逻辑，是对以资本为中心、以物为本的西方文明逻辑的超越，有效避免了资本主义社会因"资本的逐利本性"引发的政治功能失灵、精神文明衰退、社会阶层撕裂等一系列现代性危机，实现了人类文明史上一次前所未有的大变革。总之，作为现代文明进程中的一种崭新形态，人类文明新形态拓展了人类文明进步的空间，体现了全人类共同的价值追求，推动了社会发展从"物的标准"向"人的尺度"的回归，为人类探索由"必然王国"向"自由王国"的过渡提供了新的文明思路和文明路径。

　　党的十八大以来，中国共产党始终牢记"人民就是江山，江山就是人民"，坚持以人民为中心的发展思想，坚持发展为了人民、发展依靠人民、发展成果由人民共享，尊重人民的主体地位，不断满足人民群众对美好生活的向往，使人类文明新形态彰显出了深厚的民本理念和浓厚的为民情怀。社会发展是永无止境的，人民对美好生活的向往也是因时而进、与时而新的。新时代中国共产党人团结带领中国人民如期全面建成了小康社会，在中华大地上历史性地消灭了绝对贫困现象，胜利实现了中国共产党的第一个百年奋斗目标。在此基础上，全面建设社会主义现代化国家的新征程顺利开启，中国共产党顺应人民对美好生活的新期待，把扎实推动全体人民共同富裕作为新的奋斗目标，不断增强人民群众获得感、幸福感、安全感，促进人的全面发展和社会全面进步，人类文明新形态在生动实践中不断彰显出勃勃生机。

（七）坚持构建人类命运共同体，彰显人类文明新形态的"世界性"

　　坚持胸怀天下，是百年来中国共产党领导人民进行伟大奋斗积累的一条宝贵历史经验。"只要我们坚持和平发展道路，既通过维护世界和平发展自己，又通过自身发展维护世界和平……就一定能够不断为人类文明进步贡献智慧和力量，同世界各国人民一道，推动历史车轮向着光明的前途前进。"[32] 人类文明新形态诞生于中国大地，是中国共产党领导中国人民的伟大创造，但它本身也是世界文明摇篮的重要组成部分，具有重要的世界影响和世界意义。质言之，人类文明新形态是人类文明演进的历史规律性在当代中国的生动体现，它既具有鲜明的中国特色、中国风格，又是一种符合全人类共同价值的文明选择，体现了人类文明的当代变革。中国民族历来有兼济天下、世界大同的美好愿望与追求，始终是世界和平与发展事业的积极参与者、推动者、贡献者。中国人民开创的人类文明新形态，就是开放包容、命运与共的天下情怀的直接体现和具体彰显，是超越了文明隔阂、文明冲突和文明对抗的新文明，引领着人类文明发展新潮流、新方向。中国以自身的发展实践证明，西方文明发展道路并不具有唯一性，人类社会的文明发展道路是多元多样的。立足本国国情，走符合自身情况的发展道路，是创造新的文明形态的必由之路和根本经验。中国创造人类文明新形态所走过的艰难历程、积累的丰富经验、取得的巨大成就，不仅对中国人民来说是宝贵财富，也能为世界上那些既希望加快发展又希望保持自身独立性的国家和民族提供有益借鉴和启示价值。因此，人类文明新形态具有鲜明的世界尺度，它以"天下-世界"的宏大叙事和高远追求，实现了对西方文明"民族-国家"之狭隘框架的超越。

党的十八大以来，我国秉持"美人之美，美美与共"的价值理念，充分尊重人类文明多样性，积极倡导文明对话与文明互鉴，提出了"人类命运共同体"这一平等、开放、包容的新型文明观。这一文明观倡导文明交流、文明互鉴和文明共存的观念，是对"文明冲突论""文明优越论"的克服和超越，描绘出了和衷共济、天下大同的人民文明新图景，为开创文明发展新路径提供了全新思路和中国方案。习近平强调指出："推动构建人类命运共同体，不是以一种制度代替另一种制度，不是以一种文明代替另一种文明，而是不同社会制度、不同意识形态、不同历史文化、不同发展水平的国家在国际事务中利益共生、权利共享、责任共担，形成共建美好世界的最大公约数。"[33] 人类发展历史表明，不同文明之间不是相互冲突、彼此对立的，而是能够和谐共存、多元共生的。人类命运共同体所蕴含的价值理念和昭示的文明方向，既是对"协和万邦""和而不同"的中华优秀传统文化的继承与发展，又顺应了和平、发展、合作、共赢的时代潮流和世界大势，契合世界人民的共同利益，因而具有强大的生命力和感召力。坚持走自己的路，推动构建人类命运共同体，必将赋予人类文明新形态更独特的气质、更深厚的底蕴，为人类文明形态发展做出更大的中国贡献。

中国特色社会主义进入新时代，中国式现代化实践广泛而深入，现代化成果丰硕而喜人，为创造人类文明新形态奠定了坚实的物质基础、提供了强大的精神动力。同时，新时代创造人类文明新形态取得的重大成就、积累的成功经验并不限于上述几个方面，还包括坚持自力更生、艰苦奋斗，发扬斗争精神等。总之，人类文明新形态是在中国共产党领导下，广大人民群众共同团结奋斗的重要成果，是中国共产党人坚持推动理论创新、实践创新的重要产物。它极大地丰富发展了马克思主义人类文明观，为人类文明家园贡献了富有实践特色、民族特色、时代特色的中国经验，构建了人类文明发展的新途径，形成了人类文明发展的新方案。但是，人类文明新形态不是封闭的、僵化的，而是与时俱进地呈现出动态性、发展性。从根本上来说，文明形态与一个社会的发展水平、发展质量密切相关，一个社会的发展水平越高、文明程度越高，进行文明创造的自觉性、主动性和内在需求就越高。人类文明新形态产生于中国式现代化进程中，也必将随着中国式现代化事业的深入推进而不断丰富和完善，绽放出更加鲜艳之花、结出更加丰硕之果，在人类文明发展史上产生深刻影响。换言之，中国式现代化事业所呈现出的宏伟蓝图和光明前景，决定了人类文明新形态必然具有强大生命力和广阔发展空间，必然会产生一定的示范性、引领性效应，为人类文明发展提供新样态。

当然，任何事物的发展都不可能是波澜不惊、一帆风顺的。在人类文明新形态进一步发展过程中，必然会面临各种风险挑战、遭遇各种形式的"娄山关""腊子口"，如局部战争、突发疫情等，使其发展呈现出前进性与曲折性相统一的特点。唯有坚持和继承已有成功经验，在迎接新挑战、破解新难题的过程中，不断创造和积累新经验，才能使人类文明新形态永葆活力、持续发展。《中共中央关于党的百年奋斗重大成就和历史经验的决议》指出："脚踏中华大地，传承中华文明，走符合中国国情的正确道路，党和人民就具有无比广阔的舞台，具有无比深厚的历史底蕴，具有无比强大的前进定力。"[34] 我们坚信，在巨大现实成就和丰富实践经验的基础上，在实现中华民族伟大复兴已经滚滚向前、不可逆转的历史大潮中，中国式现代化道路必将越走越宽广，人类文明新形态必定越来越成熟、越来越完善。

（执笔：于安龙）

保险覆盖超过十三亿人，基本养老保险覆盖近十亿人，人民生活水平显著提高"[15]，更为重要的是我国全面建成小康社会取得伟大历史成果、解决困扰中华民族几千年的绝对贫困问题取得历史性成就。所有这些现代化建设的历史性成就既是构成人类文明新形态的主体内容，也是推动人类文明新形态向前发展的前提条件，为我国基本实现社会主义现代化、实现全面建成社会主义现代化强国的第二个百年奋斗目标和进一步推进人类文明新形态的升级换代奠定了坚实基础。党的十九大规划了新征程的两个发展阶段："第一个阶段，从二○二○年到二○三五年，在全面建成小康社会的基础上，再奋斗十五年，基本实现社会主义现代化。""第二个阶段，从二○三五年到本世纪中叶，在基本实现现代化的基础上，再奋斗十五年，把我国建成富强民主文明和谐美丽的社会主义现代化强国。到那时，我国物质文明、政治文明、精神文明、社会文明、生态文明将全面提升，实现国家治理体系和治理能力现代化，成为综合国力和国际影响力领先的国家，全体人民共同富裕基本实现，我国人民将享有更加幸福安康的生活，中华民族将以更加昂扬的姿态屹立于世界民族之林。"[16]可见，全面推进中国特色社会主义现代化的新征程必将是物质文明、政治文明、精神文明、社会文明、生态文明协调发展，社会全面进步和整体提升的历史阶段，是多维度多层次满足人民日益丰富的美好生活需要、促进人的全面发展的历史阶段，是推动人类文明新形态实现新的发展和跃升的历史阶段。

二　在全面推进现代化的新征程中丰富发展人类文明新形态的内涵和特质

全面建设社会主义现代化新征程是我国向第二个百年目标迈进和

实现这一宏伟目标的新阶段。根据党的十九大的战略部署，在实现这一目标的过程中要实施"两步走"战略：第一步是在全面实现小康社会的基础上基本实现社会主义现代化，第二步是在基本实现社会主义现代化的基础上全面建成社会主义现代化强国。每一步的发展都有各自具体的内容和特征。由于中国的现代化道路和人类文明新形态是中国特色社会主义的一体两面，因此，中国式现代化内涵和特质的丰富发展也是对人类文明新形态内涵和特质的丰富和发展。

（一）全面推进现代化建设新征程的发展目标

建设社会主义现代化和人类文明新形态"是一个阶梯式递进、不断发展进步、日益接近质的飞跃的量的积累和发展变化的过程"[17]。新征程便是在新质的基础上开始的新量变的过程，它使我国迈入了一个更高水平、更高层次、更高质量的发展阶段，同时也对我们创造人类文明新形态提出了新发展目标。具体而言，它分为阶段性的三个目标："十四五"时期经济社会发展主要目标，2035 年基本实现社会主义现代化远景目标和全面建成社会主义现代化强国的第二个百年奋斗目标。

其一，"十四五"时期经济社会发展取得新成就，社会文明程度有较大提高。"十四五"时期是我国全面建成小康社会、实现第一个百年奋斗目标之后，乘势而上开启全面建设社会主义现代化国家新征程的第一个五年。为给这一新发展阶段开好局、起好步，"十四五"规划提出了经济社会发展的"六新"目标，即经济发展取得新成效、改革开放迈出新步伐、社会文明程度得到新提高、生态文明建设实现新进步、民生福祉达到新水平、国家治理效能得到新提升。经济发展取得新成效就是要坚持新发展理念，在质量效益明显提升的基础上实现"经济持续健康发展，增长潜力充分发挥，国内市场更加强大，经济结构更加优化，创新能力显著提升，产业基础高级化、产业链现代化水平明显提高，农业基础更加稳固，城乡区域发展协调性明显增强，现代化经济体系建设取得重大进展"[18]；改革开放迈出新步伐是指"社会主义市场经济体制更加完善，高标准市场体系基本建成，市场主体更加充满活力，产权制度改革和要素市场化配置改革取得重大进展，公平竞争制度更加健全，更高水平开放型经济新体制基本形成"[19]；社会文明程度得到新提高表现为"社会主义核心价值观深入人心，人民思想道德素质、科学文化素质和身心健康素质明显提高，公共文化服务体系和文化产业体系更加健全，人民精神文化生活日益丰富，中华文化影响力进一步提升，中华民族凝聚力进一步增强"[20]；生态文明建设实现新进步体现在"国土空间开发保护格局得到优化，生产生活方式绿色转型成效显著，能源资源配置更加合理、利用效率大幅提高，主要污染物排放总量持续减少，生态环境持续改善，生态安全屏障更加牢固，城乡人居环境明显改善"[21]；民生福祉达到新水平体现在"实现更加充分更高质量就业，居民收入增长和经济增长基本同步，分配结构明显改善，基本公共服务均等化水平明显提高，全民受教育程度不断提升，多层次社会保障体系更加健全，卫生健康体系更加完善，脱贫攻坚成果巩固拓展，乡村振兴战略全面推进"[22]；国家治理效能得到新提升体现在"社会主义民主法治更加健全，社会公平正义进一步彰显，国家行政体系更加完善，政府作用更好发挥，行政效率和公信力显著提升，社会治理特别是基层治理水平明显提高，防范化解重大风险体制机制不断健全，突发公共事件应急能力显著增强，自然灾害防御水平明显提升，发展安全保障更加有力，国防和军队现代化迈出重大步伐"[23]。"十四五"时期是我国迈入新发展阶段的第一个五年，顺利实现"十四五"规划经济社会发展主要目标，将为我们在新征程上锚定 2035 年远景目标并实现第二个百年奋斗目标奠定坚实基础。

其二，2035 年基本实现社会主义现代化，人类文明新形态迈上新台阶。为增强发展规划的一致性、系统性、稳定性，党的十九届五中全会提出了 2035 年远景目标。与"十四五"规划经济社会发展主要目标的具体规划相比，2035 年远景目标更多的是对经济社会未来发展的一种展望，它从九个方面对基本实现社会主义现代化的应然状态提出了新要求。展望 2035 年，"我国经济实力、科技实力、综合国力将大幅跃升，经济总量和城乡居民人均收入将再迈上新的大台阶，关键核心技术实现重大突破，进入创新型国家前列；基本实现新型工业化、信息化、城镇化、农业现代化，建成现代化经济体系；基本实现国家治理体系和治理能力现代化，人民平等参与、平等发展权利得到充分保障，基本建成法治国家、法治政府、法治社会；建成文化强国、教育强国、人才强国、体育强国、健康中国，国民素质和社会文明程度达到新高度，国家文化软实力显著增强；广泛形成绿色生产生活方式，碳排放达峰后稳中有降，生态环境根本好转，美丽中国建设目标基本实现；形成对外开放新格局，参与国际经济合作和竞争新优势明显增强；人均国内生产总值达到中等发达国家水平，中等收入群体显著扩大，基本公共服务实现均等化，城乡区域发展差距和居民生活水平差距显著缩小；平安中国建设达到更高水平，基本实现国防和军队现代化；人民生活更加美好，人的全面发展、全体人民共同富裕取得更为明显的实质性进展"[24]。基本实现社会主义现代化就意味着我们离实现共同富裕的目标又近了一步，中国人民将过上更加幸福美好的生活，这将成为中华民族历史发展进程中的新飞跃，也会是中华民族为人类文明史做出的新的伟大贡献。与此同时，基本实现社会主义现代化也将为我们实现全面建成社会主义现代化强国的第二个百年奋斗目标，进而实现中华民族伟大复兴的中国梦奠定坚实基础。

其三，实现全面建成社会主义现代化强国奋斗目标，人类文明新形态更加完善成型。中国共产党自成立以来，"团结带领中国人民所进行的一切奋斗，就是为了把我国建设成为现代化强国，实现中华民族伟大复兴"[25]。在 2035 年基本实现社会主义现代化后，新征程将指向全面建成社会主义现代化强国的第二个百年奋斗目标，而这也是对以中国式现代化道路为依托的人类文明新形态提出的新发展目标。"把我国建成富强民主文明和谐美丽的社会主义现代化强国"[26]是这一目标的总要求。届时，"我国物质文明、政治文明、精神文明、社会文明、生态文明将全面提升，实现国家治理体系和治理能力现代化，成为综合国力和国际影响力领先的国家，全体人民共同富裕基本实现，我国人民将享有更加幸福安康的生活，中华民族将以更加昂扬的姿态屹立于世界民族之林"[27]。可以说，全面性是建成社会主义现代化强国的鲜明标志：①"富强"是民富与国强的统一，是富足与强盛的统一，因为它既是一个经济范畴，也是一个综合国力的概念，富强意味着我国"将拥有高度的物质文明，经济实力、科技实力和社会生产力将大幅跃升，核心竞争力名列世界前茅，成为综合国力和国际影响力领先的国家"[28]。②社会主义民主的本质和核心就是人民当家作主，"民主"是社会主义的本质特征，"没有民主就没有社会主义，就没有社会主义现代化"[29]。社会主义现代化强国语境下的"民主"，要求民主的制度化、法治化，这主要是指"政治制度、体制机制、程序规范及其运行方面的成熟和完善"[30]。展望第二个百年，我们将全面建成法治国家、法治政府、法治社会，实现国家治理体系和治理能力现代化，中国特色社会主义民主政治制度将成熟定型。③"文明"在此意指价值观念、道德素养、科学文化程度等精神层面的发展进步。展望 21 世纪中叶的中国，我们将建成高度的精神文明，"国民素质显著提高，践行社会主义核心价值观成为全社会自觉行动"[31]，推动中华优秀传统文化创造性转化和创新性发展取得重大进展。④"和谐"是对社会文明发展的要求，它指社会中人与人、人与社会、人与自然之间和睦有序的关系，社会主义现代化强国语境中的和谐，其总体特征是民主法治、公平正义、诚信友爱、充满活力、安定有序、人与自然和谐相处。展望 21 世纪中叶的中国，我们"将拥有高度的社会文明，城乡居民普遍拥有较高的收入、富裕的生活、健全的基本公共服务，享有更加幸福安康的生活，全体人民共同富裕基本实现，公平正义普遍彰显，社会充满活力而又规范有序"[32]。⑤"美丽"就是要建设美丽中国、实现生态文明，社会主义现代化强国语境中的"美丽"，指向的是一种人与自然和谐共生的现代化文明，它以环境资源承载能力为基础，敬畏自然、遵循自然发展规律，以可持续发展为目标，"坚定走生产发展、生活富裕、生态良好的文明发展道路，努力建设望得见山、看得见水、记得住乡愁的美丽中国"[33]。展望 21 世纪中叶的中国，"天蓝、地绿、水清的优美生态环境成为普遍常态"[34]，我们将开创人与自然和谐共生的新境界，建成高度的生态文明。

（二）新征程要求实现具有鲜明中国特征的现代化

全面建设社会主义现代化新征程要建成的现代化强国与西方资本

主义现代化强国有很大的不同，在新征程上创造的人类文明新形态也与资本主义现代文明形态有本质的区别。邓小平早就指出："我们搞的现代化，是中国式的现代化。我们建设的社会主义，是有中国特色的社会主义。"[35]习近平根据我国现代化建设的新情况新趋势和世界现代化发展的规律，对我国现代化的本质、特点进行了新的概括。他说："我们建设的现代化必须是具有中国特色、符合中国实际的。""我国现代化是人口规模巨大的现代化，是全体人民共同富裕的现代化，是物质文明和精神文明相协调的现代化，是人与自然和谐共生的现代化，是走和平发展道路的现代化。"[36]习近平概括的现代化的这些特征既是我国现代化建设的新要求，也是人类文明新形态的新特征和新要求。

第一，要实现人口规模巨大的现代化。我国是人口众多的国家，人口规模大是国情的一个重要内容。人口因素作为一个基本的社会存在，对社会的发展具有重要的影响。我国是在 14 亿多人口的大国建设现代化，人口规模超过现有发达国家人口的总和。在这样超大人口规模的国家建设现代化，共同创造、建成并共享现代化文明，在世界现代化史上没有先例可循，没有现成的经验可以借鉴。人口多，既有人力资源丰富的优势，也有人口结构不合理、基数大的制约。也就是说，巨大的人口规模对现代化既有人口资源等红利优势，也存在某种程度的制约。中国的现代化是社会主义性质的现代化，是实现全体人民共同富裕、共同发展的现代化，与造成两极分化的资本主义现代化有着本质区别。因此，全面建设社会主义现代化国家的新征程，就是要从人口规模巨大这一基本国情出发，充分开发释放人口红利资源优势，在推动 14 亿人"一个也不能掉队"[37]地迈向现代化的过程中实现国家的全面现代化。建成惠及我国巨大人口规模的现代化，是在新征程上创造人类文明新形态的必然要求，这同时也将彻底重塑现代化文明世界版图，为世界文明未来发展提供新坐标。

第二，实现全体人民共同富裕的现代化。贫穷不是社会主义，平均主义不是社会主义，两极分化也不是社会主义。"共同富裕是社会主义的本质要求，是中国式现代化的重要特征。"[38]人类文明新形态作为中国式现代化的文明成果、作为社会主义新文明，内在地包含着共同富裕的本质要求。因此，我们在新征程上推动创造人类文明新形态，就要坚持以人民为中心的发展思想，自觉主动缩小地区差距、城乡差距、收入分配差距，促进社会公平正义，分阶段扎实推动共同富裕。"到'十四五'末，全体人民共同富裕迈出坚实步伐，居民收入和实际消费水平差距逐步缩小。到 2035 年，全体人民共同富裕取得更为明显的实质性进展，基本公共服务实现均等化。到本世纪中叶，全体人民共同富裕基本实现，居民收入和实际消费水平差距缩小到合理区间。"[39]因此，以这些阶段性目标为指引，在新征程上推动创造人类文明新形态，就必然要求我国的现代化文明是坚决防止两极分化、有效促进社会公平正义并以全体人民共同富裕为根本指向的社会主义新文明。

第三，要实现物质文明和精神文明相协调的现代化。中国式现代化道路所开创的人类文明新形态，遵循马克思文明思想的演进逻辑，因而它必然指向人的全面发展，这内在地否定了以资本为主导的资本主义现代化文明，因为其带来的是由资本所主导的异化关系和被极端个人主义、物欲主义所掩盖的奴役状态。西方资本主义社会在物质财富极端丰富的情况下出现的社会道德失范、金钱政治以及极端的利己主义就指明了资本主义现代化文明下物质主义极度膨胀的单向度发展的弊端。因此，在新征程上推动创造人类文明新形态，必然要摒弃以资本为中心的、物质主义膨胀的现代化，要在大力发展经济的同时，"坚持社会主义核心价值观，加强理想信念教育，弘扬中华优秀传统文化，增强人民精神力量，促进物的全面丰富和人的全面发展"[40]，从而推动实现物质文明和精神文明协调发展的现代化。

第四，实现人与自然和谐共生的现代化。发达资本主义国家的先发现代化往往建立在对自然的掠夺性破坏基础之上，这种现代化造成了人与自然之间关系的严重对立，生态失衡，同时也压缩了后发现代化国家的生态环境空间。生态环境问题是关系到人类文明可持续性的重要问题，日益严重失衡的生态环境和我国巨大的人口基数决定了我们不可能走西方国家"先污染、后治理"的老路。为了人类的可持续发展，顺利实现中华民族的伟大复兴，在新征程上创造人类文明新形态，我们必须要坚持人与自然是生命共同体的理念，加快推动形成绿色发展方式和生活方式，注重同步推进物质文明建设和生态文明建设，坚持走生产发展、生活富裕、生态良好的文明发展道路，推动实现人与自然和谐共生的现代化。

第五，要实现走和平发展道路的现代化。新征程指向全面建成社会主义现代化强国的宏伟目标。在新征程上创造人类文明新形态就是创造社会主义现代化文明，全人类的彻底解放是社会主义内在的价值取向，由此，和平发展的基因便内生于人类文明新形态的创造中。因此，在新征程上创造人类文明新形态，我们必须超越西方老牌资本主义国家零和博弈的逻辑，摒弃西方资本主义国家所走过的暴力征服、殖民掠夺，以牺牲他国利益为代价的现代化道路，坚持在互利共赢的原则下推动构建人类命运共同体，实现既能造福自身又能惠及世界的和平发展的现代化。

（三）贯彻新发展理念，全面推进现代化建设新征程

新征程的发展目标给现代化和文明新形态赋予了新的特征，也提出了新的更高要求。为了顺利完整精准实现目标，必须转变发展理念、开辟发展路径。习近平指出："理念是行动的先导，一定的发展实践都是由一定的发展理念来引领的；发展理念是否对头，从根本上决定着发展成效乃至成败；实践告诉我们，发展是一个不断变化的进程，发展环境不会一成不变，发展条件不会一成不变，发展理念自然也不会一成不变。"[41]创新、协调、绿色、开放、共享的新发展理念正是党回应经济社会发展新趋势、新矛盾、新挑战而提出的新发展观，它是"管全局、管根本、管长远的导向"[42]。推进全面现代化建设新征程、开辟人类文明新形态的新境界，关键在于"完整、准确、全面贯彻新发展理念"[43]。

其一，要"从根本宗旨把握新发展理念"[44]。全心全意为人民服务是中国共产党的根本宗旨，从"以人民为中心"到"人民至上"，新时代的人民观更是鲜明地体现了这一根本宗旨。习近平指出："人民是我们党执政的最深厚基础和最大底气。为人民谋幸福、为民族谋复兴，这既是我们党领导现代化建设的出发点和落脚点，也是新发展理念的'根'和'魂'。"[45]只有秉承以人民为中心的发展思想，"坚持发展为了人民、发展依靠人民、发展成果由人民共享，才会有正确的发展观、现代化观"[46]。苏联是世界上第一个社会主义国家，但由于脱离了人民，最终走向失败、解体。共享发展理念指向社会主义的本质要求，也即实现共同富裕，从根本宗旨把握新发展理念就要不断推动共同富裕，因为"实现共同富裕不仅是经济问题，而且是关系

党的执政基础的重大政治问题"[47]，社会主义的本质绝不允许贫富差距愈来愈大，我们在做大蛋糕的同时还要分好蛋糕，通过主动解决地区差距、城乡差距、收入差距等问题，让发展成果惠及全体人民，不断促进社会公平正义，增强人民群众的获得感、幸福感，推动共享发展理念真正落地。

其二，要"从问题导向把握新发展理念"[48]。要根据新发展阶段的要求，以问题导向为指引，准确把握新发展理念，切实解决好我国当前存在的不平衡不充分发展问题，推动我国经济社会高质量发展。面对诸多"卡脖子"问题，我们坚持创新在我国现代化建设全局中的核心地位，推动科技自立自强。面对城乡区域发展差距较大的问题，我们既要抓紧研究板块分化重组、人口跨区域转移加快、农民落户城市意愿下降等新问题，明确解决思路，又要继续深入贯彻乡村振兴战略、区域协调发展战略和新型城镇化战略，优化国土空间布局，推动发展平衡。虽然推动经济社会发展全面绿色转型已成共识，但是我国发展仍然高度依赖煤炭等化石能源，生产方式和生活方式实现绿色转型压力很大，实现"双碳"目标的任务极其艰巨，因此，加快推动绿色发展，促进经济社会全面绿色转型迫在眉睫。面对逆全球化等复杂的外部环境，"必须处理好自立自强和开放合作的关系，处理好积极参与国际分工和保障国家安全的关系，处理好利用外资和安全审查的关系，在确保安全前提下扩大开放"[49]。

其三，要"从忧患意识把握新发展理念"[50]。社会主要矛盾变化与国际力量对比深刻调整，我国发展的内外环境不确定性不稳定性增加，风险空前上升。对此，习近平指出："必须增强忧患意识、坚持底线思维，随时准备应对更加复杂困难的局面。"[51]这要求我们强调发展安全，将其贯穿国家发展各领域和全过程，因为，"如果安全这个基础不牢，发展的大厦就会地动山摇"[52]。要按照政治安全、人民安全、国家利益至上有机统一的原则，敢于斗争、善于斗争，要"全面做强自己，特别是要增强威慑的实力"[53]。没有安全的基础，新发展理念的全面贯彻落实就会成为空谈。因此，在新发展阶段全面贯彻落实新发展理念，必须"坚持总体国家安全观，实施国家安全战略，维护和塑造国家安全，统筹传统安全和非传统安全，把安全发展贯穿国家发展各领域和全过程，防范和化解影响我国现代化进程的各种风险，筑牢国家安全屏障"[54]。

三 在科学把握和解决矛盾问题中推动人类文明新形态发展

问题是时代的先声，问题是实践的动力和方向。人类文明是在不断面对问题和解决问题的过程中发展进步的。作为阶段性的人类文明成果，人类文明新形态是开放的、动态演进的，它应时代需求并在解决"时代之问"中创造生成，也在不断遭遇和解决新情况新矛盾新问题的过程中更新提高。那么，在全面推进现代化和人类文明新形态的新征程中，需要直面和解决的主要矛盾、问题有哪些呢？如何解决这些矛盾和问题呢？

（一）构建新发展格局，解决人类文明新形态的发展背景问题

人民群众是在一定的环境条件下创造历史的。中国人民创造人类文明新形态的伟大实践也是在一定的物质基础、制度条件以及时代背景下展开的。认清所处的时代及其所处的环境是制定国家发展目标、规划发展路径最根本的前提。

当今世界，和平与发展仍是时代主题，但随着国际力量深刻调整，国际形势不稳定不安全的因素也在增加。"经济全球化遭遇逆流，民粹主义、排外主义抬头，单边主义、保护主义霸权主义对世界和平与发展构成威胁"[55]，世界进入变革动荡期。国内环境也经历着复杂深刻的变化，我国进入了高质量发展阶段，"社会主要矛盾已经转化为人民日益增长的美好生活需要和不平衡不充分的发展之间的矛盾"[56]。随着外部环境和我国内在要素禀赋的变化，发展形势逐渐由市场和资源两头在外的国际大循环向内需潜力不断释放的国内大循环转化。

根据我国发展阶段、内外环境的客观变化，我们提出了构建以国内大循环为主体、国内国际双循环相互促进的新发展格局。这是立足当前、着眼长远的战略谋划，是塑造国际合作和竞争新优势的必然选择。新发展格局"立足国内、依托国内大市场优势，充分挖掘内需潜力，有利于化解外部冲击和外需下降带来的影响，也有利于在极端情况下保证我国经济正常运行和社会大局总体稳定"[57]。新发展格局是开放的国内国际双循环，以国内大循环为主体将有利于充分发挥我国的内需潜力，实现国内和国际市场更好联通，"以国内大循环吸引全球资源要素，更好利用国内国际两个市场两种资源，提高在全球配置资源能力，更好争取开放发展中的战略主动"[58]。借此，我们将"建设更高水平开放型经济新体制"[59]，从而在更高层次上推动创造人类文明新形态。

（二）实施创新驱动，解决人类文明新形态的发展动力问题

创造人类文明新形态要求实现经济社会的高质量发展，而"实

现高质量发展，必须实现依靠创新驱动的内涵型增长"[60]。"主导国家命运的决定性因素是社会生产力发展和劳动生产率提高，只有不断推进科技创新，不断解放和发展社会生产力，不断提高劳动生产率，才能实现经济社会持续健康发展。"[61]

经过多年努力，我国整体科技水平大幅提升，已经成为有重要影响力的科技大国，"科技创新对经济社会发展的支撑和引领作用日益增强"[62]。然而，"同建设世界科技强国的目标相比，我国发展还面临重大科技瓶颈，关键领域核心技术受制于人的格局没有从根本上改变，科技基础仍然薄弱，科技创新能力特别是原创能力还有很大差距"[63]。

为在未来发展中牢牢把握主动权，为继续创造人类文明新形态赋予新发展动能，我们必须坚持创新驱动在我国现代化建设中的核心地位，实现高水平科技自立自强。具体来讲，我们要从以下几个方面贯彻落实创新驱动发展战略：一是要加强原创性、引领性科技攻关，坚决打赢关键核心技术攻坚战。要强化科技基础研究，突破"卡脖子"技术的基础理论和技术原理；要坚持科技攻关的问题导向，从国家急迫需要和长远需求出发，加快突破相关关键核心技术；要着眼未来，在事关发展全局和国家安全的基础核心领域进行前瞻性布局，瞄准未来科技和产业发展的制高点。二是要强化国家战略科技力量，提升国家创新体系整体效能。我们要从国家实验室、国家科研机构、高水平研究型大学、科技领军企业这四个国家战略科技力量的组成部分入手，推动其根据自身的定位自觉履行高水平科技自立自强的使命担当。三是要推进科技体制改革，形成支持全面创新的基础制度。要健全新型举国体制，充分发挥国家重大科技创新组织者的作用；要抓好完善评价制度等基础改革，"坚持质量、绩效、贡献为核心的评价导向，全面准确反映成果创新水平、转化应用绩效和对经济社会发展的实际贡献"[64]；要推动科技管理职能转变，"让科研单位和科研人员从繁琐、不必要的体制机制束缚中解放出来"[65]；要改革重大科技项目立项和组织管理方式，"让有真才实学的科技人员英雄有用武之地"[66]。四是要构建开放创新生态，参与全球科技治理。要着眼全球议题，谋划推动科技创新，设立面向全球的科研基金；要前瞻性地研判科技发展带来的规则冲突、社会风险、伦理挑战，加强科技规范管理，为科技治理贡献中国智慧，塑造科技向善的发展理念。五是要激发各类人才创新活力，建设全球人才高地。要重视自主人才、青年人才培养；"要在全社会营造尊重劳动、尊重知识、尊重人才、尊重创造的环境，形成崇尚科学的风尚"[67]，以此来构筑集聚全球优秀人才的科研创新高地；要建立相关保障机制，充分保证科研人员的科研时间。通过上述措施，我们将形成有效保障提高自主创新能力的体制机制，从而确保创新驱动作为继续创造人类文明新形态根本动力作用的发挥。

（三）统筹发展和安全，解决人类文明新形态的发展风险问题

对于安全和发展的辩证关系，习近平认为："安全是发展的前提，发展是安全的保障。"[68]我国社会主义现代化建设步入新发展阶段，国内外环境的深刻变化给我国发展带来一系列挑战。"当前和今后一个时期是我国各类矛盾和风险易发期，各种可以预见和难以预见的风险因素明显增多。"[69]为确保社会主义现代化建设顺利推进，继续推动创造人类文明新形态，我们必须统筹发展和安全，"增强机遇意识和风险意识，树立底线思维，把困难估计得更充分一些，把风险

思考得更深入一些，注重堵漏洞、强弱项，下好先手棋、打好主动仗，有效防范化解各类风险挑战"[70]。

统筹发展和安全，总要求是"坚持总体国家安全观，实施国家安全战略，维护和塑造国家安全，统筹传统安全和非传统安全，把安全发展贯穿国家发展各领域和全过程，防范和化解影响我国现代化进程的各种风险，筑牢国家安全屏障"[71]。具体而言，我们要从体系和能力建设、经济安全、人民生命安全、社会稳定安全以及防范化解重大风险等方面予以部署：一是要加强国家安全体系和能力建设，从国家安全领导体制、法治体系、战略体系、政策体系、人才体系、运行机制、审查和监管制度、宣传教育、网络安全保障体系和能力等方面一体化推进体制机制建设，为贯彻落实总体国家安全观提供制度保障。二是要确保国家经济安全。要从经济安全预警、防控机制和能力建设，加强资本监管、规范资本发展，增强产业体系抗冲击能力，保障粮食、能源和战略性矿产资源供给等方面，加强预警防控机制完善，确保经济社会发展行稳致远。三是要保障人民生命安全。要秉承"人民至上、生命至上"的原则，把保护人民生命安全置于首位。要从完善落实安全生产责任制，强化生物安全保护，提升自然灾害防御工程标准，完善国家应急管理体系等方面全面提高公共安全保障能力。四是要维护社会稳定和安全。要从信访制度的完善，社会矛盾综合治理机制的构建，社会心理服务体系和危机干预机制的健全等方面，畅通和规范群众诉求表达、利益协调、权益保障通道，正确处理人民内部矛盾；与此同时，按照专群结合、群防群治的原则，加强社会治安防控体系建设，坚决防范和打击暴力恐怖、黑恶势力、新型网络犯罪和跨国犯罪，确保社会和谐稳定。

总之，要全面贯彻落实总体国家安全观，有效统筹安全和发展，为有效化解全面建设现代化国家、创造人类文明新形态的各类发展风险提供有力的体制机制保障。

（四）坚持人与自然和谐共生，解决人类文明新形态的可持续发展问题

建设生态文明是中华民族永续发展的千年大计，事关人类文明新形态的可持续发展问题。

党的十八大以来，中国共产党加强对生态文明建设的全面领导，将生态文明建设摆在全局工作的突出位置，做出打赢污染防治攻坚战的战略部署，开展了一系列根本性、开创性、长远性工作。"我们坚决推进生态文明建设，全党全国贯彻绿色发展理念的自觉性和主动性显著增强。"[72]"生态文明建设从认识到实践都发生了历史性、转折性、全局性的变化。"[73]但是，生态环境的修复和改善是一个需要长期付出努力的过程，需要坚持不懈、久久为功。我国生态文明建设仍然面临诸多挑战，这包括"生态环境稳中向好的基础还不稳固，从量变到质变的拐点还没有到来，生态环境质量同人民群众对美好生活的期盼相比，同建设美丽中国的目标相比，同构建新发展格局、推动高质量发展、全面建设社会主义现代化国家的要求相比，都还有较大差距"[74]。同时，我国传统产业占比仍然较高，能源结构没有根本性改变，重点区域和重点行业污染问题没有根治，完成"双碳"目标任务艰巨，发展的资源环境压力越来越大，"围绕生态环境问题的大国博弈十分激烈"[75]。

我国的生态文明转型仍然任重道远，资源环境承载能力仍然对人类文明新形态的可持续发展构成挑战。为有效应对这一挑战，我们要

站在人与自然和谐共生的高度谋划经济社会发展，促进生产方式、生活方式全面绿色转型，生态环境持续改善，推动人与自然和谐共生。具体而言，我们要从如下五个方面进行布局：一是坚持不懈推动绿色低碳发展。"建立健全绿色低碳循环发展经济体系、促进经济社会发展全面绿色转型是解决我国生态环境问题的基础之策。"[76]为达到这一目标，要以实现减污降碳协同增效为促进经济社会发展全面绿色转型的总抓手，通过强化国土空间规划和用途管控，划定并严守生态保护红线，抓住资源利用这个源头提高资源利用效率，抓住产业结构调整推动能源清洁低碳安全高效利用，持续降低碳排放强度，加强绿色低碳发展科技攻关，发展绿色金融等措施，推动经济社会发展快速向绿色低碳转型。二是深入打好污染防治攻坚战。要以人民群众对生态环境质量的更高期望为指引，集中攻克老百姓身边的突出生态环境问题，通过持续打好"蓝天、碧水、净土保卫战"，强化多污染物协同控制和区域协同治理，统筹水资源、水环境、水生态治理，推进土壤污染防治，实施垃圾分类和减量化、资源化，加强危险废物、医疗废物收集处理，强化重金属污染防治，重视新污染物治理，推动污染治理延伸至乡镇、农村，强化农业面源污染治理等措施，集中整治群众身边的环境问题，让老百姓切实感受到身边环境质量的明显改善。三是提升生态系统质量和稳定性。要通过坚持系统观念，着眼生态系统整体性，推进山水林田湖草沙一体化保护和修复，构建以国家公园为主体的自然保护地体系，建立健全生态产品价值实现机制，推进荒漠化、石漠化、水土流失综合治理，推行草原森林河流湖泊休养生息，实施生物多样性保护重大工程等措施，筑牢国家生态安全屏障、实现生态系统平衡。四是积极推动全球可持续发展。要秉持人类命运共同体理念，通过积极参与全球环境治理、加强应对气候变化等多领域国际合作，认真履行国际公约、主动承担环境治理义务，发挥发展中大国作用，提供力所能及的技术与资金支持，加强南南合作以及与周边国家的合作，共同打造绿色"一带一路"等措施，有效应对生态环境问题这一全人类共同挑战，以推动全球可持续发展，从而为解决创造人类文明新形态的可持续发展问题提供有力的全球生态保障。五是提高生态环境领域国家治理体系和治理能力现代化水平。要从治理体系、法律政策保障、环境保护指标管理与财政投入机制、排污许可制与排污权市场化交易、绿色文明宣传等多个方面，构建适应新发展阶段的体制机制，提升治理能力现代化水平。

"生态兴则文明兴，生态衰则文明衰。生态环境是人类生存和发展的根基，生态环境变化直接影响文明兴衰演替。"[77] 为此，全面推进经济社会发展绿色低碳转型，推动构建人与自然和谐共生的生态文明，是在新征程上有效促进人类文明新形态可持续发展的战略性谋划。

（五）坚持共同富裕和促进人的全面发展目标指引，解决人类文明新形态的发展目标问题

为什么人的问题，是发展的根本性问题，也是区分不同现代化和文明类型的根本标准。中国式现代化道路是中华民族复兴之路，是中国人民幸福之路。人类文明新形态是中华文明走向新生的新形态，是中国人民走向共同富裕、促进人的全面发展和实现美好生活向往的新形态。

贫穷不是社会主义，精神空虚也不是社会主义文明。社会主义现代化、社会主义文明新形态，不仅要消除普遍贫困、实现共同富裕，

而且要促使社会全面进步，满足人多方面的物质文化需要，促进人的全面发展，培育具有丰富现代性的文明人。

改革开放以来，特别是党的十八大以来，我国在消除贫困方面取得了巨大的历史成就。"九千八百九十九万农村贫困人口全部脱贫，八百三十二个贫困县全部摘帽，十二万八千个贫困村全部出列，区域性整体贫困得到解决，完成了消除绝对贫困的艰巨任务，创造了又一个彪炳史册的人间奇迹！这是中国人民的伟大光荣，是中国共产党的伟大光荣。"[78]与此同时，我国在推动全体人民共同富裕方面也取得了很大进展，中等收入人口规模和比例在不断增大。"我们努力建设体现效率、促进公平的收入分配体系，调节过高收入，取缔非法收入，增加低收入者收入，稳步扩大中等收入群体，推动形成橄榄型分配格局，居民收入增长与经济增长基本同步。"[79]然而，中国共产党并未满足于此，更没有止步于此，而是提出了更高的目标：要使"全体人民共同富裕取得更为明显的实质性进展"[80]，要"在高质量发展中促进共同富裕、使全体人民朝着共同富裕目标扎实迈进"[81]。

在全面建设现代化和创造文明新形态的新征程上，我们要坚持"实现共同富裕"和"促进人的全面发展"的目标引领和方向指引，毫不动摇地坚持"发展是硬道理""高质量发展是更硬的道理"，坚持社会发展和人的发展相统一，继续以经济建设为中心，大力解放和发展生产力，秉承以人民为中心的发展观，全面深化改革，建立健全有利于推动社会全面进步和调动人的主体性、创造性的制度体系和体制机制，不断促进社会公平正义，促进经济社会等各项事业的高质量发展，促进人的全面发展，实现建成现代化强国的奋斗目标，创造更高水平的人类文明新形态，为世界的现代化建设和人类文明的进步做出中国贡献、提供中国方案。

四　在超越传统现代化道路和模式中推动人类文明新形态创新

全面建设社会主义现代化新征程是我们迈向第二个百年奋斗目标进而实现中华民族伟大复兴的新发展阶段。新征程是中国式现代化道路的继续推进，也是人类文明新形态的继续创造和发展，它建立于全面建成小康社会的基础之上并指向全面建成社会主义现代化强国的第二个百年奋斗目标，乃至人类发展的最崇高的理想目标。可见，它的目标指向是面向未来的，它的行动取向是走向未来的。它不仅要实现建成现代化强国的目标，实现中华民族伟大复兴的目标，还要实现创新中国特色社会主义现代文明新形态的目标，而且要实现人的自由全面发展的理想目标。从这个意义上可以说，不断推进社会主义现代新征程和不断创新人类文明新形态，既是对中国式现代化道路的丰富，又是对世界现代化发展道路的拓展和超越，既是对中华文明和社会主义现代文明的丰富和发展，又是对人类文明进步的贡献和超越。也就是说，中国现代化建设新征程和人类文明新形态是对世界现代化建设和人类文明的发展进步做出的历史性贡献和超越。

（一）超越资本主义现代文明的发展逻辑，丰富人类文明新形态的价值意蕴

全面推进现代化建设新征程，继续创造人类文明新形态，必须要实现对西方资本主义现代化道路内在的资本逻辑、主客对立逻辑、物化逻辑和霸权逻辑的整体性超越，建立人本逻辑、人民至上逻辑、主

客体统一逻辑、和合共生逻辑等现代价值理念，扎实推动共同富裕、推动人与自然共生、强调物质文明和精神文明相协调、坚持以人类文明共同体理念处理国际关系，等等，赋予中国式现代化道路和人类文明新形态丰富的价值意蕴。

全面建设社会主义现代化新征程和人类文明新形态以人民逻辑超越了资本主义现代化及其文明的资本逻辑，致力于人的现代化与自由全面发展。资本主义现代化文明是以资本增殖逻辑为主导的文明形态，"资本是资产阶级社会的支配一切的经济权力"[82]，其运转遵循资本至上的价值导向，而普罗大众则为资本所奴役，沦为一种生产工具。不同于西方现代化国家的资本至上，我国是社会主义国家，坚持人民至上，人民是国家的主人。党的十八大以来，中国共产党更是提出以人民为中心的发展思想、人民至上的最高原则，坚持发展为了人民、发展依靠人民、发展成果由人民共享。在这种情况下，资本绝不可能成为主导性的力量和存在。为此，要"正确认识和把握资本的特性和行为规律"，"规范资本行为，趋利避害，既不让'资本大鳄'恣意妄为，又要发挥资本作为生产要素的功能"[83]。也就是说，我们要在社会主义市场经济条件下发挥资本的积极作用，并有效控制其消极作用。中国的现代化本质是人的现代化，人类文明新形态本质是人的文明新形态。中国特色社会主义现代化建设和人类文明新形态的创造旨在实现人的现代化、促进人的全面发展。这一本质特性决定了中国的现代化是坚持以人民为中心的现代化，是超越资本至上原则，使资本作为工具服务于全体人民共同富裕和人的全面发展的现代化。

全面建设社会主义现代化新征程和人类文明新形态超越了资本主义文明下人与自然的主客体对立逻辑，致力于实现人与自然和谐共生。资本主义文明形态下工具理性的广泛影响加剧了人与自然之间的客观对立，在"人"这一主体看来，自然的存在便是为了满足人的一切需要，而资本逻辑的主导地位和资本家对利润的无限追求，更是造成了日益严峻的生态环境问题。与西方资本主义文明中人与自然的二元对立相反，中国共产党人提出人与自然是生命共同体，强调要敬畏自然、尊重自然、保护自然，从而实现人与自然和谐共生。

人类文明新形态超越了资本主义文明下单向度的物化逻辑，提出了"五位一体"的文明发展体系。西方资本主义现代化是以工业化为先导的文明形态，在其独特的发展过程中，西方形成了以物质文明为核心的单向度文明。这种文明在其发展初期，以"经济人理性"的假设，即追逐个人利益最大化的假设，有力地推动了资本主义生产力的发展。然而，这种物质主义的极端膨胀带来了对个人利益的极端推崇以及对集体共同价值与信仰的漠视，每个人都沉浸在物质消费的享受中。在当代，这种单向度的物质文明无法适应人类自身面临的与日俱增的问题，因此，以中国式现代化为依托的人类文明新形态适应时代要求，提出了物质文明、政治文明、精神文明、社会文明、生态文明"五位一体"的文明体系，它不但丰富了文明发展评断的维度，而且满足了人的全面发展的多维需求。"五位一体"的人类文明新形态反映了中国共产党对人类社会发展规律的深刻认识，是面向未来的、继续推动人类文明可持续发展的新文明形态。

全面建设社会主义现代化新征程和人类文明新形态超越了资本主义文明的国强必霸逻辑，建构了文明互鉴的和平文明。西方资本主义的发展是建立在血腥和野蛮的原始积累基础上的。马克思指出："资本来到世间，从头到脚，每个毛孔都滴着血和肮脏的东西。"[84]西方资本主义靠殖民和掠夺的霸权行径建立起自己的文明，而中国式现代化道路所创造的人类文明新形态则遵循和平发展道路，这既与我国的社会主义性质相关联，同时也由中华民族传统文明中所内蕴的和平基因所奠基。因此，人类文明新形态所秉承的正是建立在互利共赢基础上的，以文明交流超越文明隔阂，以文明互鉴超越文明冲突，以文明共存超越文明优越，从而超越西方霸权逻辑、零和博弈思维的和平文明形态。

（二）超越传统社会主义文明的发展模式，创新人类文明新形态的发展方式

20 世纪 80 年代末 90 年代初的苏东剧变，对世界社会主义事业造成了沉重打击，一些西方知识分子因此提出了"历史终结论"，即认为历史终结的不是资本主义而是社会主义，由于苏联模式社会主义的终结，因而意味着西方资本主义自由民主制的最终胜利。在社会主义运动遭遇重大挫折和中国的社会主义遭到各种围堵的复杂形势下，社会主义向何处去？中国特色社会主义道路如何走？这是摆在中国共产党人面前的必答题。中国共产党带领人民深刻反思以苏联为代表的社会主义文明发展的传统模式，坚定认为中国必须坚持高举社会主义旗帜，但不能走苏联模式的老路，必须解放思想，不断探索中国特色社会主义现代化的发展道路，创造具有中华文明底色的社会主义新文明。正如习近平所说："上个世纪 80 年代末 90 年代初，东欧剧变、苏共垮台、苏联解体，世界社会主义遭受严重曲折，我国也发生了 1989 年春夏之交的严重政治风波。我们党紧紧依靠人民，以坚定意志和历史担当，采取果断措施，打赢了这场关系党和国家生死存亡的斗争，并顶住了西方国家所谓'制裁'的压力，保证了中国特色社

会主义正确航向和改革发展的正确方向。"[85]

中国共产党人始终高举中国特色社会主义旗帜，解放思想、与时俱进、开拓创新、深化改革，既不走"老路"更不走"邪路"，而是走"新路"。正因为如此，我们不断战胜一个又一个困难，不断取得一个又一个胜利，成功开创中国式现代化道路，成功把中国特色社会主义推向新阶段、新时代，成功创造人类文明新形态。从党的十三大的现代化"三步走"战略，到党的十五大的"新三步走"战略，再到新时代的"两步走"发展战略，中国在全面建设社会主义现代化的征程中蹄疾步稳，不断实现新飞跃、创造新辉煌。我们成功打赢全面脱贫攻坚战、建成全面小康社会，实现中国共产党的第一个百年目标。以此为基础，我们开启了全面建设社会主义现代化新征程，迈向了夺取第二个百年目标新胜利的新阶段，站在了从富起来到强起来的历史转折点上，中华民族的伟大复兴进入了不可逆转的历史进程。全面建设社会主义现代化新征程的开启使人类文明新形态进入了新的发展阶段。人类文明新形态的创造和发展，"以其参与建设和享用文明的人口最多、文明实践覆盖面最广、国际影响力最大，而在当今世界社会主义国家文明实践中可以说站在高处，走在前列而成为示范"[86]。

（三）超越西方中心论的现代化路径，拓展人类文明新形态的发展道路

长期以来，现代化路径的"西方中心论"甚嚣尘上。在众多西方学者看来，诞生于资本主义工业化时代并发展延续至今的西方现代化道路，是人类文明发展的最终选择，所有未采取西方模式的国家被

看作尚未启蒙的族群，它们终将采取西方的现代化模式。这种带有"西方中心论"的现代化即西方化的论调，充分说明了西方国家的"文明优越感"。这种观点有着深刻的社会历史背景，同时也是西方资本主义国家为了说明其发展模式的"合理性""先进性"，维护其霸权统治地位而蓄意制造的"舆论战"。资本主义文明幻想借此来维护其"中心"的区位优势，并在兜售其现代化模板的过程中制造更多的边缘依附国家，以维持其在国际政治经济体系中的优势地位。但现实是，照搬西方现代化模式的国家无一例外陷入了政治混乱与经济滑坡的双重困境。

道路的选择是事关国家前途命运的大事。在中国共产党的带领下，我们坚持马克思主义基本原理与中国实际相结合、马克思主义基本原理与中华优秀传统文化相结合，广泛批判借鉴世界现代化文明优秀成果，成功走出了一条中国式现代化新道路，创造了人类文明新形态。这条道路"不是简单延续我国历史文化的母版，不是简单套用马克思主义经典作家设想的模板，不是其他国家社会主义实践的再版，也不是国外现代化发展的翻版"[87]，而是立足中国实际、面向人类文明未来的社会主义现代化新道路，它是中国共产党深刻认识和准确把握社会主义建设规律、人类社会发展规律的结果，它标志着人类文明新形态的出场。中国式现代化新道路为其他发展中国家开展现代化探索提供了宝贵的中国经验。由此，社会主义现代新征程的推进丰富了人们对现代化的认知，拓宽了发展中国家走向现代化的路径，为人类文明发展进步做出了贡献。

全面建设社会主义现代化新征程和继续创造人类文明新形态是辩证统一的，是中国特色社会主义伟大事业的"一体两面"。新征程是中国式现代化道路的深度推进与不断延伸，它必将不断促进人类文明新形态的动态演进。新征程不仅将创造人类文明新形态推进新发展阶段，而且也对人类文明新形态提出新要求、赋予新特征。中国的现代化建设和人类文明新形态的发展是在不断探索解决一系列矛盾问题的过程中前进和完善提升的，是在不断超越现存的发展模式、路径取得新的成就和新的胜利的，是在朝着更高的目标和理想前行并一步一步接近和实现目标和理想的。

中华民族在悠久的历史中创造的特有的传统文明，为人类文明的发展做出了重大贡献。新时代，在中国共产党领导下，现代化建设的新成就和人类文明新形态的丰富、成熟和定型，正在并将会给世界现代化进程和人类文明的全面进步做出新的更大的贡献。

（执笔：史凤阁）

第十一章　成功走出中国式现代化道路、创造人类文明新形态深刻影响世界历史进程

《中共中央关于党的百年奋斗重大成就和历史经验的决议》指出："一百年来，党既为中国人民谋幸福、为中华民族谋复兴，也为人类谋进步、为世界谋大同，以自强不息的奋斗深刻改变了世界发展的趋势和格局。党领导人民成功走出中国式现代化道路，创造了人类文明新形态，拓展了发展中国家走向现代化的途径，给世界上那些既希望加快发展又希望保持自身独立性的国家和民族提供了全新选择。"[1] "党领导人民成功走出中国式现代化道路、创造了人类文明新形态"的论断，高度概括了中国共产党对人类进步事业的贡献，深刻指明了中国共产党百年奋斗的世界历史意义。《中共中央关于党的百年奋斗重大成就和历史经验的决议》指出，我国进入了新时代，这是我国全新的历史方位。新时代是党百年奋斗历程的成就和经验的集中体现，以新时代中国发展为聚焦点，从理论、制度、道路、文化四个方面概括提炼新时代中国发展对世界历史进程产生的深刻影响，不仅有助于把握新时代在实现中华民族伟大复兴、深刻影响世界历史进程中的标志性意义，亦有助于从马克思主义发展史、世界社会主义

运动史和科学社会主义发展史、人类社会发展史、人类文明演进史的角度，阐释新时代中国发展对世界历史进程的深刻影响。

一 实现21世纪马克思主义理论创新深刻影响世界历史进程

中国式现代化道路的成功走出、人类文明新形态的成功创造，是中国化马克思主义特别是习近平新时代中国特色社会主义思想指导的伟大实践成果。习近平新时代中国特色社会主义思想是马克思主义中国化的最新理论成果，是当代中国马克思主义、21 世纪马克思主义的新境界。这一思想不仅仅属于中国，还属于世界。它不仅对全面推进中国特色社会主义现代化建设、进一步创造人类文明新形态提供理论指导，而且对推动世界社会主义运动和现代化进程，推动构建人类命运共同体、促进世界和平与发展以及人类文明进步提供有益启示、产生重大影响。

（一）在回答"新时代坚持和发展什么样的中国特色社会主义、怎样坚持和发展中国特色社会主义"的过程中丰富和发展科学社会主义理论，为推动世界社会主义现代化理论和实践贡献中国智慧、中国方案

世界正在经历"百年未有之大变局"，决定人类社会走向的各种因素及相互关系更加复杂，中国进入社会主义初级阶段的新发展阶段，当今世界和中国正发生着前所未有的深刻变化，要求新时代的马克思主义者能够全面准确把握当今世界的演进逻辑和运动趋势，深化对人类社会发展规律的认识，对马克思主义做出原创性贡献。以习近平同志为核心的党中央坚持把科学社会主义基本原则同中国具体实

际、历史文化传统、时代要求紧密结合，在实践中不断探索总结，推进科学社会主义走向复兴，以中国特色社会主义道路的成功实践，成为世界社会主义的旗帜。在习近平新时代中国特色社会主义思想指导下，中国特色社会主义取得新的重大成就，进入新时代。中国特色社会主义进入新时代不仅在中华人民共和国发展史上、中华民族发展史上具有重大意义，而且在世界社会主义发展史上、人类社会发展史上也具有重大意义。其中，关于中国式现代化道路、人类文明新形态的理论创新，在世界社会主义现代化理论和实践发展史上、在世界社会主义文明史上具有重大意义。

（二）在回答"建设什么样的社会主义现代化强国、怎样建设社会主义现代化强国"的过程中创新世界现代化理论，为发展中国家走向现代化道路提供新选择

中国进入新时代，迎来了从站起来、富起来到强起来的伟大转变，习近平对关系新时代党和国家事业发展的一系列重大理论和实践问题进行深邃思考和科学判断，提出一系列原创性的关于建设中国特色社会主义现代化国家的新理念新思想新战略，指导中国成功走出以和平发展方式建设现代化国家的中国道路，丰富了现代化的理论和实践，为世界上既希望加快发展又希望保持自身独立性的国家和民族提供了全新的选择。中国共产党人推动中国治理体系和治理能力现代化，解决了以往世界社会主义发展史上没有解决得很好的社会主义社会的治理问题，中国政治稳定、经济发展、社会和谐、民族团结，同世界上一些地区和国家不断出现的乱局形成鲜明对比，适应中国国情和发展要求的国家治理体系和治理能力现代化的良好格局正在形成。

坚持完善中国特色社会主义制度，用中国特色社会主义现代化建设道路推动世界现代化的理论和实践创新，提供了一种超越西方现代化的可能方案，拓展了发展中国家走向现代化的和平发展途径。中国现代化道路的成功实践，是以党的坚强领导为根本保证，以人民为中心的发展思想为价值旨归，以对国内外大局的准确判断为重要前提，既不是经典马克思主义现代化的模板，更不是西方现代化模式的翻版，而是具有中国特色的现代化道路，因而具有世界性意义。

（三）在回答"建设什么样的长期执政的马克思主义政党、怎样建设长期执政的马克思主义政党"的过程中提供了一种全新的人类文明观，与世界人民携手共同创造人类的美好未来

中国特色社会主义最本质的特征是中国共产党领导，中国特色社会主义制度的最大优势是中国共产党领导。党的十八大以来，以习近平同志为核心的党中央，以伟大的历史主动精神、巨大的政治勇气、强烈的责任担当，统筹国内国际两个大局，用宽广视野吸收人类创造的一切优秀文明成果，坚持在改革中守正创新、不断超越自己，在开放中博采众长、不断完善自己，创造了新时代中国特色社会主义的伟大成就，实现中华民族伟大复兴进入了不可逆转的历史进程。

当代人类生存发展面临全球性问题，人类文明正处于过渡性的历史转换过程，面临异常艰难的价值选择，习近平提出了"推动构建人类命运共同体"的主张。在题为《携手建设更加美好的世界》的主旨演讲中，他进一步阐明了构建人类命运共同体的政党责任，提出了政党政治与政党外交的新理念，特别是提出建立新型政党关系的倡议，标志着当代中国政党外交进入新时代、达到新境界。这是继毛泽东提出"三个世界"理论、邓小平提出"和平与发展"是当今世界两大主题后，中国再次提出的具有全人类关怀、具有原创性思想、具有重大世界影响和未来意义的价值理念，也是中国引领时代潮流和人类文明进步方向的鲜明旗帜。从走进时代到引领时代，中国正在逐渐走近世界舞台中央，与世界人民一起推动人类命运共同体的构建，为全球治理提供新方案，科学绘制人类文明进步的理想蓝图。

新时代中国处于两个大局的交汇点，"世界向何处去、中国向何处去"成为时代之问。中国共产党坚持用马克思主义观察时代、解读时代、引领时代，高举和平、发展、合作、共赢的旗帜，发扬历史主动精神，统筹中华民族伟大复兴战略全局和世界百年未有之大变局，使之朝着有利于中华民族伟大复兴、有利于构建人类命运共同体的方向演变，是在新的时代条件下对马克思主义理论的原创性贡献，是对人类社会发展规律认识的新见解、新理念，人类命运共同体的理念和主张已经在中国的外交理念及行动中得到充分体现，为构建公平正义的国际治理新秩序，解决国际社会的冲突和争端，促进世界和平发展，解决全球性问题，促进人类文明进步提供了富有中国特色的文明智慧和原创性的理论贡献。

二 推动科学社会主义走向复兴深刻影响世界社会主义进程

100 年来，中国共产党坚持把马克思主义写在自己的旗帜上，不断推进马克思主义中国化时代化，用马克思主义中国化的科学理论引领伟大实践。马克思主义的科学性和真理性在中国得到充分检验，马克思主义的人民性和实践性在中国得到充分体现，马克思主义的开放性和时代性在中国得到充分彰显。

20 世纪末，苏东发生剧变，世界社会主义发展面临着艰难险阻，对社会主义的发展前途国际社会满怀各种质疑。在世界社会主义运动发展的关键时刻，中国共产党肩负起复兴社会主义的光荣使命，成为世界社会主义运动的中坚力量，在维护国家主权利益的同时壮大了世界社会主义力量，在全球范围内引领社会主义不断向前发展。中国共产党以实践中的辉煌成就证明了社会主义制度的优越性，证明了社会主义道路具有强大的生命力。

十八大以来，中国共产党继续在中国特色社会主义旗帜指引下团结带领中国人民，创造了人类社会发展史上惊天动地的发展奇迹，中华民族迎来了从站起来、富起来到强起来的伟大飞跃，"科学社会主义在 21 世纪焕发出新的蓬勃生机"[2]。中国特色社会主义不断成功，马克思主义以崭新形象展现在世界上，使世界范围内社会主义和资本主义两种意识形态、两种社会制度的历史演进及其较量发生了有利于社会主义的重大转变，使社会主义优越性得到很大程度的彰显，中国特色社会主义成为 21 世纪科学社会主义发展的旗帜，成为世界社会主义发展振兴的中流砥柱，深刻影响着世界社会主义进程，这是世界社会主义发展史甚至是世界历史上的重大事件。

（一）中国共产党百年奋斗成功走出中国式现代化道路、创造人类文明新形态，集中体现了社会主义制度的优越性，彰显了科学社会主义理论的科学性

中国式现代化道路不是什么别的道路，而是中国特色的社会主义

道路；人类文明新形态也不是别的什么文明形态，而是不同于资本主义文明的社会主义现代文明新形态。社会主义是中国现代化发展的方向，也是人类文明新形态的发展方向。中国式现代化道路的成功走出和人类文明新形态的成功创造，是坚持社会主义方向并不断发挥社会主义制度优势的必然产物。社会主义方向和社会主义制度是中国式现代化道路和人类文明新形态取得成功的根本保证。

中国全面建成小康社会、在较短的时间内消除贫困，充分显示了社会主义制度的优越性。全面建成小康社会，创造了人类减贫历史上的世界奇迹，为世界经济发展带来巨大机遇，为促进人类福祉的整体性提升、历史性跃迁做出了重大贡献，拓展了发展中国家走向现代化的途径，间接影响到国际关系以及国际格局的变化调整，凸显了中国特色社会主义在21世纪世界社会主义事业中的国际地位，充分彰显了科学社会主义的制度魅力，为21世纪世界社会主义发展带来了勃勃生机。

目前资本主义制度面临挑战，世界资本主义进入新一轮衰退期，预示着资本主义必将被替代的命运。这再一次证明了马克思主义关于资本主义的基本矛盾不可克服的论断，马克思对资本主义危机的科学分析再次应验，昭示了资本主义不可逆转的历史命运。习近平指出："最近一段时间以来，世界最主要的特点就是一个'乱'字，而这个趋势看来会延续下去。这次应对新冠肺炎疫情全球大流行，各国的领导力和制度优越性如何，高下立判。"[3]科学社会主义在中国的成功，中国特色社会主义在新时代的新发展，对世界社会主义的发展具有重要的历史意义、时代意义和世界意义。我们要从世界社会主义500年的大视野中把握中国特色社会主义，总结苏东剧变的经验教训，为21世纪世界社会主义的新发展提供宝贵历史借鉴。统筹中华民族伟大复兴战略全局和世界百年未有之大变局，在新时代继续坚持和发展社会主义，必将对世界社会主义发展产生更加深远的影响。

当今世界国与国的竞争，归根结底是国家制度的竞争。中国发展呈现出"风景这边独好"的局面，很重要的原因就在于，中国特色社会主义制度和国家治理体系是以马克思主义为指导、根植中国大地、具有深厚中华文化根基、深得人民拥护的制度和治理体系，是具有强大生命力和巨大优越性的制度和治理体系。"在人类文明发展史上，除了中国特色社会主义制度和国家治理体系外，没有任何一种国家制度和国家治理体系能够在这样短的历史时期内创造出我国取得的经济快速发展、社会长期稳定这样的奇迹。"[4]

（二）中国共产党百年奋斗成功走出中国式现代化道路、创造人类文明新形态，成功破解世界社会主义的系列难题，提振了发展中国家的信心，对其他社会主义国家发挥了重要的影响、借鉴和支持作用

改革开放 40 多年来，中国特色社会主义取得了举世瞩目的历史性成就。中国这个世界上最大的发展中国家创新探索现代化道路，坚持以经济建设为中心，大力解放和发展生产力，成功摆脱贫困并跃升为世界第二大经济体；坚持人民主体地位，探索民主政治建设的新途径，实现了全过程人民民主，民主法治建设取得新进展；坚持马克思主义的指导地位，培育社会主义核心价值观，全民族的思想道德素质和科学文化素质普遍提升，社会主义精神文明建设取得新成就；坚持在发展中保障和改善民生，我国社会建设全面加强，人民生活全方位改善；坚持人与自然和谐共生，坚定走生产发展、生活富裕、生态良好的文明发展道路，为人民创造了良好的生产生活环境。我们坚持"五大文明"协调发展，成功开创中国式现代化道路和创造人类文明新形态。可以说，中国的改革开放和社会主义现代化建设创造了人类社会发展史上惊天动地的发展奇迹，使中华民族焕发出了新的蓬勃生机。

中国共产党在理论创新、道路探索、制度完善、经济发展和党的建设等方面取得巨大成就，推动中国特色社会主义事业取得巨大成功，破解了世界社会主义发展过程中的一系列难题，对其他社会主义国家发挥了重要的影响、借鉴和支持作用。社会主义在作为人口最多发展中国家的中国的巨大成功，充分展示了科学社会主义的生命力。中国式现代化道路的成功开辟、人类文明新形态的成功创造，是中国特色社会主义的成功，这一伟大成就和历史经验，让世界人民看到了社会主义的美好未来，让广大发展中国家看到了希望，中国成为推动世界发展的最大动能。

（三）中国共产党百年奋斗走出中国式现代化道路、创造人类文明新形态所标示的新时代中国特色社会主义取得巨大成功，中国特色社会主义成为21世纪社会主义发展的引领旗帜，成为21世纪振兴世界社会主义的中流砥柱

中国特色社会主义既有整体上的优越性，也有经济政治文化社会生态等具体方面的比较优势，这些比较优势是对当下资本主义文明形态存在的各种弊端的伟大超越。社会主义市场经济的不断发展完善为人类社会经济发展模式和资本治理做出了新的贡献，确保以人民为中心的发展价值不变，从而使社会主义市场经济成为人类利用资本同时又有效规制资本对人类社会异化作用的示范；全面实现国家治理体系

和治理能力现代化，发展和完善社会主义协商民主，发展全过程人民民主，进一步完善和发展中国特色政治文明，不断超越西方竞争式民主带来的社会分裂；坚持用马克思主义来认识人类社会，坚持以马克思主义为指导改造人类社会，用宽广视野吸收人类创造的一切优秀文明成果，从而不断开辟当代中国马克思主义、21世纪马克思主义的新境界，为人类社会的发展提供新的理论武器；在完成精准脱贫任务，解决绝对贫困问题的基础上，聚焦解决不平衡不充分的发展问题，满足人民日益增长的美好生活需要，从而探索出一条相对贫困治理的新路，最终实现共同富裕，有效克服西方国家因两极分化导致的社会分裂，为人类社会消灭贫困提供示范，为全球各国国家治理提供新的路径选择和经验启示。

21世纪，随着中国日益走近世界舞台的中央，随着中国综合国力和国际影响力不断增强，中国以雄辩的力量和地位当之无愧地成为世界社会主义发展振兴的中流砥柱，这是世界社会主义发展史甚至是世界历史上的重大事件。随着历史发展和时间推移，中国特色社会主义对世界的重大意义会越来越清晰。新时代继续坚持和发展中国特色社会主义，继续丰富和完善中国式现代化道路、人类文明新形态，是中国共产党对社会主义事业及人类社会发展与文明进步的历史担当。作为马克思主义忠诚信奉者、坚定实践者的当代中国共产党人，是21世纪重大时代问题的答卷人，也是人类社会发展史上惊天动地的发展奇迹的创造者。在马克思主义中国化成果指引下，当代中国保持了政治稳定、经济发展、社会繁荣，用事实宣告了各国最终都要以西方制度模式为归宿的单线式历史观的破产，给世界上那些既希望加快发展又希望保持自身独立性的国家、民族提供了参照方案和智慧样板。

三 为发展中国家提供现代化道路新选择深刻影响世界现代化进程

党的十八大以来，以习近平同志为核心的党中央，既不走封闭僵化的苏联式老路，也不走改旗易帜的西方式资本主义的邪路，而是开辟了中国特色社会主义新时代。

（一）中国共产党百年奋斗成功开辟中国式现代化道路，为世界上其他发展中国家提供了非西方的全新现代化道路参照

中国式现代化道路体现出"两个结合"，即马克思主义同中国具体实际相结合、马克思主义同中华优秀传统文化相结合。党的百年奋斗开辟了实现中华民族伟大复兴的正确道路，中国仅用几十年时间就走完发达国家几百年走过的工业化历程，创造了经济快速发展和社会长期稳定两大奇迹，破除了"西方中心论"和单一线性发展的历史观，为世界上其他发展中国家提供了非西方的全新现代化道路参照。

现代化是一场世界性的运动，是世界各国从传统社会、传统文明走向现代社会、现代文明的必由之路。走现代化的道路，是一切不愿意被历史淘汰的国家和民族发展自身的必然选择。然而，一个国家和民族走什么样的现代化道路，或者说，以什么样的方式实现现代化，必须根据自身的国情和文化特性进行选择。中国共产党在确立把中国建设成为一个现代化国家的发展目标时，始终坚持的是社会主义方向。也就是说，我们要建设的现代化不是资本主义的现代化，而是社会主义的现代化。走现代化道路是我们的历史性选择，走社会主义的

现代化道路更是我们坚定的历史性选择。因此，在改革开放、重启现代化建设事业之初，邓小平便旗帜鲜明地提出了"坚持四项基本原则"，明确中国的现代化必须坚持社会主义。1987 年党的十三大确立了党的"一个中心、两个基本点"基本路线，"四项基本原则"是其中的一个基本点。从党的十三大到党的十九大，虽然基本路线的内容有所变化，现代化建设的内容也有变动，但"一个中心、两个基本点"却一直没有任何改动。这充分说明了中国的现代化道路是社会主义的道路，中国式现代化道路的本质是社会主义。同样，在中国式现代化道路上创造的人类文明新形态也必然是社会主义现代文明，是社会主义文明的新形态。正是因为中国现代化道路和文明形态的社会主义性质，社会主义的制度优势保证了中国特色的现代化道路取得了其他现代化道路无法企及的成就和文明成果，赢得了与其他形式的现代化道路的比较优势。中国式现代化道路和人类文明新形态无疑开拓了一条既不同于西式现代化也不同于苏联模式的现代化的新路，为人类文明发展和现代化建设做出了新的中国贡献，也为世界各国的现代化建设和文明创造拓宽了道路选择的空间。

（二）中国共产党百年奋斗成功开辟中国式现代化道路，创造人类文明新形态，为世界现代化进程提供了全面发展、和平发展的现代化路径新选择

在近代史上，英国、美国、法国等西方国家历经从封建主义到资本主义的社会变迁，率先实现现代化。西方资本主义的现代化道路，典型特征就是以私有制和市场交易为核心的经济自由主义，以宪政和政党选举为核心的政治自由主义，以所谓民主、自由、人权等"普世价值"为核心的文化意识形态。构成西方现代化道路之内核的是

资本逻辑和霸权逻辑，背后的主导原则是弱肉强食、适者生存的"丛林法则"。西方现代化理论家坚信，落后国家不仅需要在经济方面学习西方的工业化、市场化、城镇化，而且不得不在政治上学习西方的多党制、议会制、总统制，在文化上学习民主、自由、人权等价值观。在这种理论的推动下，资本逻辑主导的世界现代化进程对内造成资本对劳动的剥夺，对外造成对落后国家的侵略和殖民，并带来全球经济发展失衡、政治失序、文明冲突等一系列资本主义现代性病症。

马克思主义深刻分析了资本主义及其现代化的历史局限性，深刻揭示了资本主义及其现代化的发展趋势，提出了资本主义必然灭亡和社会主义必然胜利的"两个必然"理论，认为社会主义现代化取代资本主义现代化是不可避免的。

100年来，中国共产党坚持将马克思主义作为自己的旗帜，领导中国人民不懈奋斗、不断进取，成功开辟了建设社会主义现代化和实现中华民族伟大复兴的正确道路。中国从四分五裂、一盘散沙到高度统一、民族团结，从积贫积弱、一穷二白到全面小康、繁荣富强，从被动挨打、饱受欺凌到独立自主、坚定自信，仅用几十年时间就走完了发达国家几百年走过的工业化历程，创造了经济快速发展和社会长期稳定两大奇迹。今天，中华民族向世界展现的是一派欣欣向荣的气象，巍然屹立于世界东方。习近平指出："我们建设的现代化必须是具有中国特色、符合中国实际的。""我国现代化是人口规模巨大的现代化，是全体人民共同富裕的现代化，是物质文明和精神文明相协调的现代化，是人与自然和谐共生的现代化，是走和平发展道路的现代化。这是我国现代化建设必须坚持的方向。"[5]同资本主义现代化相比，中国式现代化是以人民为中心的共同富裕的现代化、全面的现代化、和平发展的现代化、人类合作共赢的现代化。首先，中国式现代化始终坚持以人民为中心的发展思想，发展全过程人民民主，推动人的全面发展，努力实现全体人民共同富裕；全面推进经济、政治、文化、社会、生态"五位一体"的社会主义现代化建设；全面深化改革、全面依法治国、全面从严治党，走出了一条以人民为中心、全面超越资本逻辑的现代化道路。其次，中国式现代化道路始终坚持和平发展的理念，贯彻"创新、协调、绿色、开放、共享"的新发展理念，加快构建以国内大循环为主体、国内国际双循环相互促进的新发展格局，推动高质量发展，统筹发展和安全，走出了一条完全不同于西方以霸权为表征的现代化道路，实现了对霸权逻辑的超越。最后，中国式现代化道路不仅服务于民族复兴，而且始终胸怀天下，追求全人类合作共赢，致力于促进人类进步，推动建设新型国际关系，推动构建人类命运共同体，走出了一条旨在追求人类共赢的中国式现代化之路，是对资本主义现代性病症的有效克服。

简言之，中国的现代化发展道路，打破了国强必霸的逻辑，既通过维护世界和平发展自己，又通过自身发展维护世界和平。与西方建立在"资本中心""霸权逻辑"基础上的现代化道路不同，中国式现代化是以人民为中心的物质文明、政治文明、精神文明、社会文明、生态文明协调发展的全面现代化，在走出了中国式现代化新道路的同时，也创造了人类文明新形态。中国式现代化道路是基石，中国特色社会主义就是人类文明新形态。这种人类文明新形态不是什么别的文明，而是社会主义文明，是中国特色的社会主义文明，人类文明新形态必将在新时代中国发展进程中不断升级完善，深刻影响人类文明进程。

（三）迈向第二个百年，中国式现代化、人类文明新形态的进一步丰富、发展、完善，将为人类社会进步发展做出新的贡献

中国特色社会主义的蓬勃发展，彰显了社会主义的强大生命力，彰显了中国特色社会主义制度以人民为中心、坚持党的集中统一领导的制度优势。新时代，中国共产党在努力建设工业现代化、农业现代化、科学技术现代化、国防现代化以及人与自然和谐共生的现代化的基础上，进一步推动国家治理体系和治理能力现代化建设，进一步丰富中国式现代化道路的内涵，推动社会的全面进步和人的全面发展。可以说，中国现代化道路的成功实践和人类文明新形态的创造，是始终以中国共产党的坚强领导为根本保证、以人民为中心的发展思想为价值旨归、以对国内外大局的准确判断为重要前提的，这既不是经典马克思主义现代化的模板，更不是西方现代化模式的翻版，而是具有中国特色的现代化道路，因而具有世界性意义。

现代化道路不止一条，中国特色社会主义道路是中国共产党领导全国各族人民独立自主谋求发展，成功走出独立自主发展道路的典范，体现了社会发展一般规律与中国国情相结合、与中华优秀传统文化相结合的典型特征。迈向第二个百年，中国式现代化、人类文明新形态的进一步丰富、发展、完善，将为人类社会进步发展做出新的贡献。这种不同于西方资本主义现代化的新模式，将有利于克服资本主义现代化固有的弊端，为人类社会提供走向现代化的全新选择，对世界现代化进程产生深刻影响。世界现代化进程可以是尽量减少代价的，可以是尽量避免混乱的，可以是治理和发展相结合、最大限度减

少阵痛的现代化。新时代中国发展继续推进中国式现代化道路，不依附别人，不掠夺别人，永远不称霸，必将全面超越西方现代性的各种弊端，为世界上其他发展中国家谋求自身发展提供示范，必将同世界上一切进步力量携手前进，进而不断为人类文明进步贡献智慧和力量。

四　推动构建人类命运共同体深刻影响人类文明进步进程

习近平在庆祝中国共产党成立 100 周年大会上的重要讲话中指出："以史为鉴、开创未来，必须不断推动构建人类命运共同体。和平、和睦、和谐是中华民族 5000 多年来一直追求和传承的理念，中华民族的血液中没有侵略他人、称王称霸的基因。中国共产党关注人类前途命运，同世界上一切进步力量携手前进，中国始终是世界和平的建设者、全球发展的贡献者、国际秩序的维护者！"[6]党的十九届六中全会也指出："经过持续努力，中国特色大国外交全面推进，构建人类命运共同体成为引领时代潮流和人类前进方向的鲜明旗帜，我国外交在世界大变局中开创新局、在世界乱局中化危为机，我国国际影响力、感召力、塑造力显著提升。""党推动构建人类命运共同体，为解决人类重大问题，建设持久和平、普遍安全、共同繁荣、开放包容、清洁美丽的世界贡献了中国智慧、中国方案、中国力量，成为推动人类发展进步的重要力量。"[7]站在历史的交汇点上，中国共产党统筹国内国际两个大局，继续推动构建人类命运共同体，弘扬和平、发展、公平、正义、民主、自由的全人类共同价值，引领人类进步潮流，成为人类文明进步的重要力量。

（一）迈向第二个百年新征程，中国共产党作为一个具有人类使命自觉的马克思主义政党，领导中国人民、联合和团结世界其他政党和人民，共同致力于解决人类进步发展面临的突出问题，中国式现代化道路、人类文明新形态必将在这一历史进程中进一步丰富、发展和完善

马克思主义产生于人类工业文明兴起的时代，马克思恩格斯一方面高度肯定资本主义工业文明对解放人类生产力的巨大作用，另一方面也对工业文明的负面效应进行了尖锐批判。当今时代，生态危机日益严重，军事霸权主义、不平衡地理发展、地区性冲突、不同文明之间的冲突加剧，人类安全、和平发展遭受威胁。进入 21 世纪，在全球化的不确定性日益增多、风险挑战日益加大的复杂国际背景下，中国共产党人不懈奋斗、不断进取，成功走出中国式现代化道路，创造人类文明新形态，为人类文明的发展进步提供了新的选择。

以习近平同志为核心的党中央统筹中华民族伟大复兴战略全局和世界百年未有之大变局，推进新时代中国特色社会主义的新发展，使中国特色社会主义这一人类文明新形态更加完善、更显活力，更进一步为世界接受和认同，成为人类文明进步发展的主流和方向，回答人类向何处去的"文明之问"，这将是中国共产党迈向第二个百年奋斗目标对人类社会进步发展做出的重大贡献。在宏观层面，中国特色社会主义这一人类文明新形态因其相比于资本主义文明的优越性，必将对人类社会进步发展做出更大贡献；在中观层面，物质文明、政治文明、精神文明、社会文明以及生态文明"五位一体"的全面现代化道路，必将在各个具体领域对人类文明进步做出独特贡献；在微观层

面，中国共产党在具体的治国理政以及解决人类面临的共同问题的过程中，独具特色的理论与实践探索的成就与经验，比如在贫困治理方面的成就与经验，必将对人类整体的文明进步做出持续的创新性贡献。

（二）构建人类命运共同体是中国共产党人在社会主义与资本主义并存的世界背景下，对"世界向何处去""当代人类如何共存"的新时代之问做出的深刻回答，是对资本文明的超越，必将对推动人类共享发展做出原创性贡献

人类社会进步与发展面临的一系列困境，究其原因是资本主义基本矛盾在当代扩散的表现。伴随资本逻辑主导的西方现代性在全球的散播，资本主义文明被视为人类唯一的文明形态，西式民主、不受限制的自由市场被神化为人类唯一的文明的评判尺度，其他人类文明形态的丰富性和差异性被否认、被漠视，甚至被抹杀，而这一切都是霸权思维和强权逻辑的体现，充分显示了资本主义文明的狭隘性、唯我独尊性。资本逻辑和文化霸权造成不公正的世界秩序和世界格局："使东方从属于西方"的格局，中心-边缘的全球不平衡发展格局。换言之，伴随资本主义工业文明的发展、世界市场的扩张，出现的是人类"繁荣悖论"和"发展缺位"的并存。早在170多年前，马克思恩格斯就曾以"世界历史"概念阐述全球化的历史开端、进程及发展规律，并通过对资本现代性的批判，揭示出与全球化相伴的"农村屈服于城市的统治""使东方从属于西方"[8]的不平衡发展趋势。法国马克思主义理论家亨利·列斐伏尔（Henri Lefebvre）也曾以全球视野揭示了发达资本主义与第三世界的不平衡

发展状况，并将这种不平衡发展称为"破坏性力量和创造性力量"[9]。随着全球化的不断扩展和深入，这种破坏性力量和创造性力量既造就了少数发达资本主义国家的"繁荣"景观，也带来了两极分化、矛盾丛生的发展"缺位"，危机转嫁、跨国剥削，使全球不平衡发展日益加剧，进而造成全球性的经济危机、政治危机、文化危机和生态危机。长期由少数发达国家主导的旧的资本文明的发展模式，其结果必然是少数国家的发展和大多数国家的不发展，以及中心-边缘的不平衡世界体系。

在新的历史条件下，中国共产党人提出的人类命运共同体构想是人类共同应对全球性危机和挑战，携手开创人类共存共荣、共享发展、持久繁荣之美好未来的新方案，既体现了唯物史观的当代价值，也体现了跨越时空的普遍人类关怀。与资本逻辑的零和思维不同，人类命运共同体理念倡导合作；与工具性思维不同，人类命运共同体理念倡导以公共价值引领全球市场，以实现互利共赢；与资本的侵略性扩张逻辑不同，人类命运共同体理念倡导以共享人类发展成果作为人类共存和持续繁荣发展的核心诉求和价值旨归。资本不应作为一种异化的社会权力凌驾于人类整体利益之上，而是应以实现人类整体利益为根本性价值追求，在利用资本的同时规训资本、限制资本，从而寻求各国、各民族共同发展的公共利益平衡点，寻求各国、各民族合作共赢的最大公约数，并最终实现人类命运共同体的持久繁荣和平衡发展。这既是对马克思普遍人类关怀的继承，也体现了在新的历史条件下超越资本现代性，继续丰富、发展、完善中国式现代化和人类文明新形态，从而进一步推动人类共享发展方面的原创性贡献。

（三）构建人类命运共同体强调以"和平、发展、公平、正义、民主、自由"等全人类的共同价值为前提，确立不同国家、不同民族"共存共荣"的伦理信念，扩展了国家之间普遍交往的新内涵，蕴含着全球化时代规范国家之间普遍交往的全球性价值规范的创新性建构

由资本主义文明主导的旧的世界体系，伴随人类普遍交往范围日益扩大的，是不公平不合理的国际分工体系和以"中心–边缘"为特征的全球不平衡地理发展，是第三世界国家对西方发达国家的普遍依附，是充斥着不平等和倚强凌弱的霸权主义等级结构，如此的"普遍"交往只是形式上的普遍交往，实则充满了特殊利益和普遍利益的对立，如此的全球化只能是少数国家实现自身特殊利益的全球化，而绝非所有国家都能够实现自身利益的普惠的全球化。其结果是，不仅普遍交往中的主体无法真正成为超越特殊利益的、共享人类文明发展成果的普遍性"人类"主体，而且国家之间的交往也充满着不确定性，充满着竞争、敌对和冲突，威胁到人类的持久和平和繁荣发展。有鉴于此，习近平认为，在世界文明的大家庭中，"各国和各国人民应该共同享受尊严。要坚持国家不分大小、强弱、贫富一律平等"；"每个国家在谋求自身发展的同时，要积极促进其他各国共同发展"；同时，"各国和各国人民应该共同享受发展成果"[10]。这既强调了国家之间平等尊重、平等交往的基本原则，也强调了各国人民自主选择发展道路、共同享受发展成果的基本权利和积极促进世界各国共同发展的基本义务。他还强调以"和平、发展、公平、正义、民主、自由"[11]等全人类的共同价值为前提，确立不同国家、不同民族"共存共荣"的伦理信念，建构能够为世

界各国人民所普遍接受的共同价值理念，以规范国家之间、民族之间、个体之间日益普遍的国际交往。这些主张是构建人类命运共同体思想的主要内容，既是对马克思普遍交往理论之"平等交往"理念的继承，同时也扩展了国家之间普遍交往的新内涵。正因为如此，人类命运共同体思想在继续丰富、发展、完善中国式现代化和人类文明新形态，推动人类普遍交往及全球性规范建构等方面，体现出独特的原创性贡献。

（四）推动构建人类命运共同体既是对中国传统政治文化思想的继承，又体现了对当代人类文明新走向的智识创新，是对唯物史观当代发展的原创性贡献，展现出塑造人类文明新形态的世界意义

推动构建人类命运共同体旨在引导人类摒弃零和博弈的思维，进入奉行公平、正义、民主、和谐、共赢等共同价值理念的新时代，真正实现和平发展的人类文明新愿景。从走向胸怀天下的人类文明新形态的格局着眼，人类命运共同体思想强调不同文明之间的互鉴、不同文化之间的包容，从而有助于以人类文明的视野超越文明冲突和对抗，共同应对全球性危机和全球治理危机。具体而言，面对文化冲突和文明对抗，构建人类命运共同体思想吸收了中华文化"和而不同"的理念，强调不同文化之间的平等对话、不同文明之间的交流互鉴，积极促进各文明主体的平等对话和交流，推动人类走向命运与共的新形态文明。这种文明是文明的一种综合形态，而非某种单一的文明，是不同文明凝结而成的全球共识。各民族最终形成单一化的文明状态并非人类命运共同体的题中之义，试图以"普世文明"去框定丰富多彩的人类生活，不过是霸权主义的文化逻辑，正确态度是尊重文明

多样性形态的客观存在，尊重人类文明发展的客观规律，推动人类各种文明"和合共生""各美其美"，走向新的发展和繁荣。

（五）中国共产党人坚持胸怀天下，以世界眼光关注人类前途命运，以人类命运共同体理念推进全球治理现代化，推动构建公平正义的国际治理新秩序，成为人类发展进步的重要力量

新时代，中国共产党人坚持胸怀天下，以世界眼光关注人类前途命运，从人类发展大潮流、世界变化大格局、中国发展大历史出发正确认识和处理同外部世界的关系，坚持开放、不搞封闭，坚持互利共赢、不搞零和博弈，坚持主持公道、伸张正义，站在历史正确的一边，站在人类进步的一边，推动构建人类命运共同体，引领世界和平发展新潮流。首先，从世界历史和人类解放的宏大视野出发，人类命运共同体理念强调互利共赢、命运与共、共享发展，从而有助于推动全球经济治理改革和创新，有助于塑造公平正义的新型国际经济关系。其次，从维护全人类共同利益的立场出发，人类命运共同体理念强调以共同协商来解决国际争端，化解地方冲突，开启全球民主协商新模式，从而有助于推动全球政治治理的改革和创新，有助于建立公正合理的国际政治新秩序。因此，新型全球治理和构建人类命运共同体互为表里，具有内在的逻辑一致性。人类命运共同体理念内在地要求新型全球治理是一种以平等尊重为前提的多边治理，而不是霸权思维主导下的单极治理；是一种以互利共赢为前提的合作治理，而不是赢者通吃思维主导下的排他性治理；是一种以共享为目标，强调共同参与共同受益的开放性治理，而不是以邻为壑思维主导下的封闭化、碎片化治理。党的十九届四中全会明确指出推进国家治理体系和治理能力现代化，积极参与全球治理体系改革和建设，强调"高举构建人类命运共同体旗帜，秉持共商共建共享的全球治理观，倡导多边主义和国际关系民主化，推动全球经济治理机制变革。……推动构建更加公正合理的国际治理体系"[12]，这是在全球治理危机不断加深的国际背景下，中国积极应对危机并给出的替代性方案，也是中国参与全球治理的话语体系和模式。简言之，人类命运共同体理念所内蕴的新型全球治理绝不是基于抽象人权的单方面治理，而是基于共同体利益的共同治理，是在人类命运共同体的观照下，以共商、共建、共享作为全球治理的行动原则，是有规划、有组织的全球治理，旨在克服全球化与本土化、世界性与民族性、个体主义与共同体主义之间的矛盾，共谋未来，共享发展。

在新的历史条件下人类社会如何走向马克思恩格斯所论证的"自由人联合体"[13]的时代？这是作为马克思主义使命型政党、作为一个百年大党、作为世界上最大的政党——中国共产党站在新的百年起点上必须思考的问题，也是迈向第二个百年奋斗目标的中国共产党必须回答的问题。中国特色社会主义道路的开辟和发展，创造人类文明新形态，使科学社会主义在 21 世纪焕发出新的生机与活力，中国特色社会主义为人类文明的进步发展提供了新的选择。历史和当代实践充分证明，资本主义社会基本矛盾的不可克服性规定了资本主义文明形态的发展限度。在世纪疫情与百年未有之大变局叠加的当下，人类亟须回答"向何处去"的根本性问题。

"进入新时代，国际力量对比深刻调整，单边主义、保护主义、霸权主义、强权政治对世界和平与发展威胁上升，逆全球化思潮上升，世界进入动荡变革期。""全党要坚持唯物史观和正确党史观，从党的百年奋斗中看清楚过去我们为什么能够成功、弄明白未来我们怎样才能继续成功，从而更加坚定、更加自觉地践行初心使命，在新时代更好坚持和发展中国特色社会主义。"[14]习近平新时代中国特色社会主义思想作为当代中国马克思主义、21世纪马克思主义，不仅仅属于中国，还属于世界。中国共产党百年奋斗成功走出中国式现代化道路，创造人类文明新形态，深刻改变了世界发展的趋势和格局，中国马克思主义开创了落后国家和平发展的现代化道路，为世界上既希望加快发展又希望保持自身独立性的国家和民族提供了全新的选择。习近平指出："中国特色社会主义是不是好，要看事实，要看中国人民的判断，而不是看那些戴着有色眼镜的人的主观臆断。中国共产党人和中国人民完全有信心为人类对更好社会制度的探索提供中国方案。"[15]中国共产党的百年奋斗，不仅为世界提供了一种超越西方现代化的可能方案，拓展了发展中国家走向现代化的和平发展途径，而且提供了一种全新的文明观，中国道路高举和平、发展、合作、共赢的旗帜，与世界人民一起推动人类命运共同体的构建，共同创造人类的美好未来，为世界提供了一种新的全球治理方案。展望未来，当今世界，一些全球性难题关乎全人类的生存与安全，也直接影响中国的发展。作为人类文明新形态的中国特色社会主义，还需要为解决当今人类社会面临的共同困难和问题做出新的更大的贡献。迈向第二个百年奋斗目标，中国共产党将继续推进新时代中国特色社会主义的新发展，使中国特色社会主义这一人类文明新形态更加完善、更显活力，更进一步为世界接受和认同，从而成为人类文明进步发展的新的方案和选择，这将是中国共产党迈向第二个百年奋斗目标对人类社会进步发展做出的最伟大的贡献。

党的百年奋斗深刻影响世界历史进程，充分证明中国人民当家作主的新型国家制度，是具有显著优越性和强大生命力的制度，也为人类探索建设更好社会制度贡献了中国智慧和中国方案。从世界历史进程的角度来思考中国发展问题，有助于始终站在时代的制高点上，以开阔的眼界观察世界，以博大的胸怀容纳世界，既从中国看世界，更从世界看中国。党的百年奋斗成功走出中国式现代化道路、创造人类文明新形态是新时代中国发展的集中体现，理解和把握新时代中国发展对世界历史进程的深刻影响：有助于从宏观全局的角度把握当代世界发展的客观态势，敏锐捕捉时代发展的新潮流；有助于从大局看问题，放眼世界，放眼未来，进一步瞄准世界历史进程，及时调整发展战略，自觉推进社会变革和转型，获得从富起来到强起来的发展主动权，确保实现社会的全面发展和历史进步；有助于以世界历史进程为坐标，聚焦我们正在做的事情，重视和把握世界发展的机遇，牢牢抓住和平与发展的时代精神，进一步推动"两个大局"，实现中华民族伟大复兴；有利于引导全党进一步坚定信心，深刻把握"两个确立"的重大意义，聚焦我们正在做的事情，以更加昂扬的姿态迈进新征程、建功新时代；有助于把握世界性与民族性、统一性与多样性的辩证关系；有助于更好地建设中国特色社会主义，以中国的发展为世界发展带来更多的机遇，同世界上一切进步力量携手前进，不断为人类文明进步贡献中国智慧和中国力量。

（执笔：宋建丽）

第十二章 创造人类文明新形态对马克思主义的创新发展

马克思主义以实现人的自由而全面的发展和全人类解放为己任，人的全面发展和彻底解放是在新的社会形态、新的人类文明中才能实现的目标。中国共产党在百年奋斗历程中始终不渝地为实现中华民族伟大复兴而奋斗。创建社会主义新社会、创造人类文明新形态，就是民族复兴的社会和文明基础，也是民族复兴的社会和文明内容。《中共中央关于党的百年奋斗重大成就和历史经验的决议》指出："党领导人民成功走出中国式现代化道路，创造了人类文明新形态。"[1]创造人类文明新形态，是马克思主义的重要思想，是科学社会主义的社会理想，是中国共产党的重大创新。党领导中国人民在创造人类文明新形态的过程中，丰富发展了马克思主义、大大推进了科学社会主义，成为马克思主义中国化实现飞跃的重大成果。

一 创造人类文明新形态是马克思主义中国化的重大课题

100 年来，中国共产党不断推进马克思主义中国化，实现了马克思主义中国化的历史性飞跃和新的飞跃，创立和形成了马克思主义中国化的重大理论成果。中国共产党深入探索建设社会主义的根本性问题，内在地包含着建设社会主义文明形态，即创造人类文明新形态的重大课题。

（一）中国共产党始终坚持共产主义理想和社会主义信念的必然要求

中国共产党成立以来，"始终把为中国人民谋幸福、为中华民族谋复兴作为自己的初心使命，始终坚持共产主义理想和社会主义信念，团结带领全国各族人民为争取民族独立、人民解放和实现国家富强、人民幸福而不懈奋斗"[2]。创造人类文明新形态，内在于中国共产党践行初心使命的征程之中，是坚持中国共产党的理想信念的自觉实践。

马克思主义的社会理想包含创造人类文明新形态的理想。马克思主义科学揭示了人类社会最终走向共产主义的必然趋势，指明了人类文明进步和实现人类解放的方向，描述了建立人的自由和全面发展的联合体的理想社会，奠定了共产党人坚定理想信念的理论基础。人类历史的发展同时也是人类文明的发展，从蒙昧、野蛮到文明，从初级水平的文明到现代水平的文明，从私有制文明到社会主义文明，经历了不同阶段、不同质量、不同性质的文明形态。始终坚持共产主义理想和社会主义信念，必然要求创造出体现共产主义发展趋势、社会主义本质要求，同中国特色社会主义正在做的事情统一起来的人类文明新形态。创造人类文明新形态，是为马克思主义的社会理想而不懈奋斗的题中应有之义。

　　人民幸福、民族复兴只能在新社会新中国新文明中实现。中国共产党的百年奋斗，是在完成不同历史时期的主要任务中践行初心使命的历程。中国共产党成立后，为中国人民谋幸福、为中华民族谋复兴，就是要团结带领人民推翻旧社会、建立新社会，改变旧中国、建设新中国，创造人民幸福、民族复兴的根本社会条件。这是中国人民彻底摆脱被欺负、被压迫、被奴役的命运，把对美好生活的向往不断变为现实的新社会新中国，是中华民族从积贫积弱、一穷二白到全面小康、繁荣富强的新社会新中国。党和人民建立和建设的新社会新中国，就是创造过程中的中华文明新形态，也是创造过程中的人类文明新形态。正如毛泽东于开国大典前夕在全国政协第一届全体会议上的开幕词中所说，中华民族将从此"创造自己的文明和幸福"，"中国人被人认为不文明的时代已经过去了，我们将以一个具有高度文化的民族出现于世界"[3]。

　　只有建立和建设社会主义才能创造人类文明新形态。人类文明形态最根本的载体是社会形态。人类进入私有制社会后，也曾创造出达到相应历史高度的文明形态，如奴隶制文明、封建文明、资本主义文明。在资本主义文明之后，能够替代和超越资本主义文明、属于更高阶段的文明形态，则是社会主义和共产主义文明形态。中国共产党经历百年奋斗创造的人类文明新形态，是在新民主主义革命、社会主义革命和建设、改革开放和社会主义现代化建设、新时代中国特色社会主义伟大成就的基础上创造出来的。没有民族独立、人民解放，没有从新民主主义到社会主义的转变，没有中国建设社会主义正确道路的开辟，没有中国特色社会主义新时代的开创，就没有人类文明新形态的创造。

（二）中国共产党百年矢志不渝的奋斗目标

中国共产党百年奋斗，在不同历史时期创造了一个个伟大成就，实现和推进了一次次伟大飞跃。每个伟大成就、每次伟大飞跃，都是实现和推进中华民族伟大复兴的重大进步，都是创造人类文明新形态的重大进展。人类文明新形态孕育于民族复兴的进程和成就之中。

中华民族绵延 5000 多年的灿烂文明，为人类文明进步做出了不可磨灭的贡献。1840 年鸦片战争以后，国家蒙辱、人民蒙难、文明蒙尘。辛亥革命推翻了君主专制制度，但未能改变中国的社会性质和人民的悲惨命运。中国共产党在新民主主义革命时期，带领人民推翻了帝国主义、封建主义、官僚资本主义"三座大山"，"彻底结束了极少数剥削者统治广大劳动人民的历史，彻底结束了旧中国一盘散沙的局面，彻底废除了列强强加给中国的不平等条约和帝国主义在中国的一切特权，实现了中国从几千年封建专制政治向人民民主的伟大飞跃"[4]。中国人民从此站起来了，中国发展从此开启了新纪元，创造人类文明新形态有了根本社会条件。

新中国成立后，中国共产党领导人民进行社会各方面建设，荡涤旧社会留下的污泥浊水，建立起社会主义制度，努力把我国逐步建设成为一个具有现代农业、现代工业、现代国防和现代科学技术的社会主义国家，正确处理我国社会主义建设的十大关系，走出一条适合我国国情的工业化道路。事实证明，中国人民不但善于破坏一个旧世界，也善于建设一个新世界。在社会主义革命和建设时期，实现了中华民族有史以来最为广泛而深刻的社会变革，实现了一穷二白、人口众多的东方大国迈进社会主义社会的伟大飞跃，人类文明新形态有了根本政治前提和制度基础。

改革开放是中国人民和中华民族发展史上一次伟大革命。党的十一届三中全会以来，我国实现了从高度集中的计划经济体制到充满活力的社会主义市场经济体制、从封闭半封闭到全方位开放的历史性转变。解放和发展社会生产力，建设社会主义政治文明，建设社会主义法治国家，建设社会主义精神文明，促进社会和谐稳定，我国实现了从生产力相对落后的状况到经济总量跃居世界第二的历史性突破，实现了人民生活从温饱不足到总体小康、奔向全面小康的历史性跨越，推进了中华民族从站起来、富起来到强起来的伟大飞跃。中国大踏步赶上了时代，人类文明新形态有了充满新的活力的体制保证和快速发展的物质条件。

中国特色社会主义新时代是承前启后、继往开来、在新的历史条件下继续夺取中国特色社会主义伟大胜利的时代，是决胜全面建成小康社会进而全面建设社会主义现代化强国的时代，是全国各族人民团结奋斗、不断创造美好生活、逐步实现全体人民共同富裕的时代，是全体中华儿女勠力同心、奋力实现中华民族伟大复兴中国梦的时代，是我国不断为人类做出更大贡献的时代。实现创新成为第一动力、协调成为内生特点、绿色成为普遍形态、开放成为必由之路、共享成为根本目的的高质量发展，加快建设创新型国家和世界科技强国，我国经济迈上更高质量、更有效率、更加公平、更可持续、更为安全的发展之路，中国特色社会主义制度更加成熟更加定型，国家治理体系和治理能力现代化水平不断提高，积极发展全过程人民民主，中国特色社会主义法治体系不断健全，法治中国建设迈出坚实步伐，建设社会主义文化强国，推动中华优秀传统文化创造性转化、创新性发展，创造了人类减贫史上的奇迹，更加自觉地推进绿色发展、循环发展、低碳发展，美丽中国建设迈出重大步伐，推动构建人类命运共同体，弘扬和平、发展、公平、正义、民主、自由的全人类共同价值，构建人类命运共同体成为引领时代潮流和人类前进方向的鲜明旗帜。在中国特色社会主义新时代，中华民族迎来了从站起来、富起来到强起来的伟大飞跃，人类文明新形态有了更为完善的制度保证、更为坚实的物质基础、更为主动的精神力量。

（三）在坚持"两个相结合"的过程中持续探索回答重大问题

习近平指出："一百年来，中国共产党把马克思主义基本原理同中国具体实际相结合、同中华优秀传统文化相结合，团结带领中国人民在这片广袤大地上绘就了人类发展史上波澜壮阔的壮美画卷，书写了中华民族几千年历史上最恢宏的史诗。"[5] 这就告诉我们，坚持"两个相结合"，必然要求回答在中国怎样创造人类文明新形态的重大问题。

一是要解答马克思主义的人类社会美好理想如何同中国具体实际相结合、创造出人类文明中国式新形态的问题。马克思主义指明的人类社会美好理想，这一必然要求和普遍趋势是在各个民族和国家逐步实现的，既不能是一个步调，也不能是一个模样。建设什么样的社会主义，要符合各国实际、体现民族特色。对于中国共产党来说，创造什么样的人类文明新形态，同样要把普遍性和特殊性统一起来，从特殊性中反映普遍性，创造出符合中国实际、体现中国特色的人类文明新形态。中国共产党的百年历程，是在半殖民地半封建社会的国度里建立社会主义国家，是在一穷二白的土地上建设社会主义，是在落后时代的形势下跟上时代、引领时代，是在社会主义初级阶段的方位中全面建设社会主义现代化国家。创造人类文明新形态，正是在这样的历史条件下推进和展开的。习近平指出："世界上既不存在定于一尊的现代化模式，也不存在放之四海而皆准的现代化标准。我们推进的现代化，是中国共产党领导的社会主义现代化，必须坚持以中国式现代化推进中华民族伟大复兴，既不走封闭僵化的老路，也不走改旗易帜的邪路，坚持把国家和民族发展放在自己力量的基点上、把中国发展进步的命运牢牢掌握在自己手中。"[6] 无论是西方的现代化文明形态，还是苏联解体、东欧剧变前的其他社会主义国家的文明形态，都不能成为中国的文明新形态的母版或模板。党和人民坚持独立自主，走自己的路，成功走出中国特色社会主义道路，走出中国式现代化道路，也创造出具有中国特色的人类文明新形态。

二是要回答马克思主义的人类社会美好理想如何同中华优秀传统文化相结合、创造出展现中华文化和中国精神的人类文明新形态的问题。马克思主义指明的人类社会美好理想，在各个国家各个民族的实现形式，因其国情、传统、文化而会各具特色。每种文化都有其独特的世界观念、价值理念、幸福标准，对人类社会美好理想也包含着本民族文化的理解，也就自然会影响到理想社会的建构。中国的先哲们关于道法自然、天人合一，天下为公、大同世界，自强不息、厚德载物，以民为本、安民富民，为政以德、政者正也，革故鼎新、与时俱进，仁者爱人、以德立人，求同存异、和而不同等思想，都是中华传统文化中对理想社会的憧憬和要求，都会在不同程度上以不同方式启迪和引导当代中国的人类文明新形态建设。党和人民创造的人类文明新形态，是科学社会主义基本原则同中华优秀传统文化相结合的产物。这一新形态，既秉承着共产主义理想和社会主义信念，又将马克思主义的社会理想与中华民族的大同理想融合起来，有着民族文化的根基，符合广大群众的心理，不仅可行，而且可亲。习近平指出："站立在960万平方公里的广袤土地上，吸吮着中华民族漫长奋斗积累的文化养分，拥有13亿中国人民聚合的磅礴之力，我们走自己的路，具有无比广阔的舞台，具有无比深厚的历史底蕴，具有无比强大的前进定力。"[7]

（四）中国特色社会主义创造人类文明新形态的重大进展

改革开放是中国人民和中华民族发展史上一次伟大革命。40多年来，在中国特色社会主义道路上创造人类文明新形态取得的伟大成就举世瞩目，中国实现和迎来了从落后时代到跟上时代再到引领时代的伟大跨越。

（1）中国实现了从落后时代到跟上时代的伟大跨越。改革开放是党的一次伟大觉醒。"文化大革命"期间，党、国家、人民遭到新中国成立以来最严重的挫折和损失，我国和世界先进水平的差距进一步拉大。邓小平鲜明地指出："我们要赶上时代，这是改革要达到的目的。"[8]世界科技革命快速发展、日新月异，国际变革浪潮来势迅猛、不进则退。对于立志走在时代前列、为人类文明进步做出更大贡献的中国共产党人来说，落后时代就不能充分证明社会主义制度的优越性，就不能让中华民族自立于世界民族之林，也难以创造出人类文明新形态。只有解放思想、锐意进取，奋起直追、后来居上，才能跟上时代潮流，在人类文明主流中居于越来越重要的地位。中国共产党坚决推进改革开放，不断形成和发展符合中国国情、充满生机活力的体制机制，兴办经济特区，加入世界贸易组织，加快推进社会主义现代化，进行经济、政治、文化、社会和生态文明建设，实施科教兴国、可持续发展、人才强国等重大战略，推动经济持续快速发展。经过英勇顽强的奋斗，中国大踏步赶上了时代。

（2）中国迎来了从跟上时代到引领时代的伟大跨越。改革开放是实现民族复兴的接力跑，是从跟上时代到引领时代的加速跑。从跟上时代到引领时代，是以习近平同志为核心的党中央带领全党和人民接续奋斗、再攀新高，推动党和国家事业取得的最为深刻的历史性成就和历史性变革，是创造人类文明新形态达到的新的时代高度。中国共产党在决胜全面建成小康社会的基础上全面建设社会主义现代化国家，积累了引领时代的综合国力，引领的是中华民族伟大复兴的强国时代。21世纪的中国在世界上高高举起了中国特色社会主义伟大旗帜，形成了引领时代的制度优势，引领的是科学社会主义的复兴时代。中国式现代化道路拓展了发展中国家走向现代化的途径，提供了引领时代的中国方案，引领的是人类社会发展道路的多样时代。中国在新冠肺炎疫情防控中充分展示了讲信义、重情义、扬正义、守道义的大国形象，展现了引领时代的大国担当，引领的是构建人类命运共同体的合作时代。统筹把握中华民族伟大复兴战略全局和世界百年未有之大变局，促使"两个大局"相互影响、相得益彰，塑造世界历史大变局的创新时代，党和国家引领时代发展、创造人类文明新形态更具历史主动。在新时代新征程上持续巩固深化这一伟大跨越，是百年大党担起新的时代使命时的历史责任。

二　创造人类文明新形态是马克思主义中国化在新时代实现新飞跃的重大成果

党的十八大以来，中国特色社会主义进入新时代。中国共产党面临着实现"两个一百年"奋斗目标、继续推进民族复兴宏伟目标新的主要任务。新时代及其主要任务，内在地包含着创造人类文明新形态取得新的重大成就。创立习近平新时代中国特色社会主义思想，实现了马克思主义中国化新的飞跃。成功走出中国式现代化道路，创造人类文明新形态，正是这一思想继续深入探索并取得新的重大成果的课题，并且成为实现马克思主义中国化新的飞跃的重要内容。

（一）开创中国特色社会主义新时代将创造人类文明新形态推向新的历史方位

中国共产党的百年奋斗经历不同历史时期，完成每一历史时期的主要任务都将中华民族伟大复兴推进到新的历史阶段，都将人类文明新形态发展至新的时代高度。《中共中央关于党的百年奋斗重大成就和历史经验的决议》指出："中国特色社会主义新时代是我国发展新的历史方位。"[9]新的历史方位赋予创造人类文明新形态以新的内涵。

（1）承前启后、继往开来的人类文明新形态。新时代是中国共产党百年奋斗新的历史时期，以习近平同志为核心的党中央不忘初心、牢记使命，为党的百年伟大成就续写新的辉煌。新时代是新中国建设社会主义新的历史时期，从推进从站起来到富起来的伟大飞跃，再到迎来从站起来、富起来到强起来的伟大飞跃，自信自强、守正创新，彰显了中国特色社会主义的强大生机活力。新时代是中国特色社会主义的新时代，在改革开放、中国特色社会主义的道路上勇毅前行，开创了中国特色社会主义新时代。新时代创造人类文明新形态，不是凭空而来的，也不是一成不变的，而是一脉相承、与时俱进的。

（2）实现"两个一百年"奋斗目标的人类文明新形态。建设社会主义社会，是一个一个目标走向远方的长征，是一个一个台阶朝向高峰的攀登。中国特色社会主义新时代，既要在以往成就的基础上全面建成小康社会，又要乘势而上开启全面建设社会主义现代化国家新征程。全面小康和全面现代化，是新时代同一过程的不同阶段，包含着不同的内涵、标准和要求。全面小康是要解决人民日益增长的物质文化需要同落后的社会生产之间的矛盾，解决的是"有没有""快不快"的问题；全面现代化则是要解决人民日益增长的美好生活需要和不平衡不充分的发展之间的矛盾，解决的是"好不好""美不美"的问题。这对于创造人类文明新形态而言，标志着不同的水平和阶段。

（3）不断创造美好生活、逐步实现共同富裕的人类文明新形态。党的十九届五中全会明确提出"以满足人民日益增长的美好生活需要为根本目的"[10]，这就表明了中国特色社会主义新时代是在人民美好生活需要的更高层次上创造人类文明新形态。进入新时代，人民美好生活需要日益广泛、日益增长，需要的领域在拓展，需要的性质在提升。这是文明发展的必然趋势，也是文明进步的内在动力。党的十九届五中全会还明确提出"推动人的全面发展、社会全面进步，努力促进全体人民共同富裕取得更为明显的实质性进展"[11]，这就将美好社会不是作为一个遥远目标来看待，而是作为一个现实目标来完成。全面建设社会主义现代化国家，必然要求在人的全面发展、全体人民共同富裕上见实效出实绩。

（4）与实现中华民族伟大复兴中国梦融为一体的人类文明新形态。习近平指出："一百年来，中国共产党团结带领中国人民进行的一切奋斗、一切牺牲、一切创造，归结起来就是一个主题：实现中华民族伟大复兴。"[12]只有坚持和发展中国特色社会主义,才能实现中华民族伟大复兴,而坚持和发展中国特色社会主义的奋斗目标,就是要建设社会主义现代化强国、创造人类文明新形态。实现中华民族伟大复兴,只能依靠全面建成富强民主文明和谐美丽的社会主义现代化强国,不断推进人类文明新形态建设。因此,没有离开中华民族伟大复兴、在此之外的人类文明新形态,也没有远离人类文明新形态、不含其中的中华民族伟大复兴,二者是互为一体的。

(5)不断为人类做出更大贡献的人类文明新形态。"大道之行,天下为公。"中国共产党为中国人民谋幸福、为中华民族谋复兴的实践,同时也是为人类谋进步、为世界谋大同的实践。成功走出中国式现代化道路,创造人类文明新形态,深刻影响了世界历史进程,"拓展了发展中国家走向现代化的途径,给世界上那些既希望加快发展又希望保持自身独立性的国家和民族提供了全新选择"[13],中国成为推动人类发展进步的重要力量。党带领人民创造的人类文明新形态表明,西方文明并不是人类文明的最高代表,资本主义文明也不是人类文明的终结形式,植根于中华文明的社会主义现代化文明则是一种全新的文明形态。

(二)马克思主义中国化在新时代的新飞跃包括创造人类文明新形态的原创性贡献

习近平新时代中国特色社会主义思想的创立,实现了马克思主义中国化新的飞跃。这一飞跃是在党的十八大以来的原创性思想、变革性实践、突破性进展、标志性成果中体现出来的,其中包括关于创造人类文明新形态的原创性贡献。

(1)人民至上:人类文明新形态的根本性质。文明是人类的创造，但是在阶级社会中，创造文明的群体与享用文明的群体并不是一体的，创造文明和享用文明的权利并不是统一的。马克思主义则要求创造文明的人民成为历史的主人，成为享用文明的主体。习近平新时代中国特色社会主义思想，坚持人民至上，坚持以人民为中心的发展思想，要求始终牢记"江山就是人民、人民就是江山"。这就深刻阐述了人类文明新形态的根本性质，这一文明形态不是归属于任何利益集团的，不是服从于任何权势团体的，不是服务于任何特权阶层的，而是文明创造为了人民，文明发展依靠人民，文明成果由人民共享。比如，民主是全人类的共同价值，但在不同的历史时代中、在不同的社会制度下，民主有着不同的性质和内容。中国共产党要实现的民主目标，是人民享有最广泛、最真实、最管用的社会主义民主，而不是少数人的民主，不是"只有在投票时被唤醒、投票后就进入休眠期"[14]的做摆设的民主。

（2）"四个自信"：人类文明新形态的显著优势。中国特色社会主义道路、理论、制度、文化，是人类文明新形态的基本支撑，也是这一文明形态与其他文明形态相比较所彰显的显著优势。党的十八大后，习近平明确提出"四个自信"，这也是人类文明新形态的"四个自信"。中国特色社会主义道路是创造人类文明新形态的必由之路，人类文明新形态是中国特色社会主义的创造产物，中国式现代化道路是中国特色社会主义道路的具体形式。中国特色社会主义理论体系是指导党和人民创造人类文明新形态的正确理论。习近平新时代中国特色社会主义思想，是党的十八大以来党和国家事业取得历史性成就、发生历史性变革的科学指引。中国特色社会主义制度是创造人类文明新形态的根本制度保障。党的十八大以来，中国特色社会主义制度更加成熟定型，国家治理体系和治理能力现代化水平不断提高，本身也由人类政治文明新形态的重大进展。中国特色社会主义文化是创造人类文明新形态的智力支撑和强大精神力量，是人类文明新形态的文化内核。

（3）"五位一体"和"四个全面"：人类文明新形态的系统建设。习近平新时代中国特色社会主义思想，明确中国特色社会主义事业"五位一体"的总体布局和"四个全面"的战略布局，这同时也构成了创造人类文明新形态的主要领域和基本机制。经济建设、政治建设、文化建设、社会建设、生态文明建设一体推进，物质文明、政治文明、精神文明、社会文明、生态文明协调发展，富强、民主、文明、和谐、美丽的目标一齐实现，人类文明新形态强基固本。全面建设社会主义现代化国家与创造人类文明新形态是同一个事物、同一个过程，全面深化改革为创造人类文明新形态破除各方面体制机制弊端，全面依法治国为创造人类文明新形态固根本、稳预期、利长远，全面从严治党为创造人类文明新形态锻造走在时代前列的马克思主义执政党。人类文明新形态存在于"五位一体"的系统布局中，创造人类文明新形态实现于"四个全面"的系统机制中。

（4）人类命运共同体：人类文明新形态的天下胸怀。人类文明新形态是在人类文明数千年的延续中发展出来的，是在世界文明多样多彩的百花园中生长出来的。中国创造的人类文明新形态，从属于人类文明，又是推动人类文明发展进步的重要因素。党的十八大以来，习近平坚持胸怀天下，推动构建人类命运共同体，建设持久和平、普遍安全、共同繁荣、开放包容、清洁美丽的世界，推动历史车轮向着光明的前途前进。习近平在 2022 年新年贺词中指出："世界各国风雨同舟、团结合作，才能书写构建人类命运共同体的新篇章。"[15]中国的文明新形态，不是游离于人类文明之外的文明新形态，而是代表了人类文明发展方向的文明新形态。

（三）新时代的重大课题是创造人类文明新形态需要着力解决的根本性问题

《中共中央关于党的百年奋斗重大成就和历史经验的决议》在党的十九大报告的基础上，进一步明确提出新时代坚持和发展什么样的中国特色社会主义、怎样坚持和发展中国特色社会主义，建设什么样的社会主义现代化强国、怎样建设社会主义现代化强国，建设什么样的长期执政的马克思主义政党、怎样建设长期执政的马克思主义政党的重大时代课题。新时代的重大理论和实践课题，是习近平新时代中国特色社会主义思想的理论起点和实践基石，也是创造人类文明新形态所要着力回答和解决好的重大问题。

新时代坚持和发展中国特色社会主义的重大课题，包含创造人类文明新形态的总体构建。习近平新时代中国特色社会主义思想的丰富内涵，随着新时代实践的发展而不断完善；习近平新时代中国特色社会主义思想所思考的重大时代课题，随着新时代实践的深化而继续拓展。党的第三个历史决议提出的新时代坚持和发展什么样的中国特色社会主义、怎样坚持和发展中国特色社会主义的重大课题，具有了新的统领性和全局性，是三个重大时代课题的总课题。新时代坚持和发展中国特色社会主义，是新时代创造人类文明新形态的总依据、总方略、总道路。党带领人民创造的人类文明新形态，就是新时代坚持和发展中国特色社会主义的文明进展和成就。习近平新时代中国特色社会主义思想的"十个明确"，是这一思想的核心内容，同时也包含着对创造人类文明新形态的深邃思考。比如，贯彻创新、协调、绿色、开放、共享的新发展理念，正是代表发展的文明、文明的发展的时代理念、先进理念。

建设社会主义现代化强国的重大时代课题，直接就是创造人类文明新形态的实践方案。建设社会主义现代化国家，是新中国成立后党和国家一以贯之的主题。建设社会主义现代化国家，就是创造人类文明新形态。新时代建设社会主义现代化国家的历史任务，升华为全面建设富强民主文明和谐美丽的社会主义现代化强国。现代化的目标没有变，但现代化的方位、条件、内涵、水准等，都发生了深刻的历史变化。建设什么样的社会主义现代化强国、怎样建设社会主义现代化强国，要求从当今世界人类发展大潮流、世界变化大格局、中国发展大历史的视野出发，做出正确判断和准确定位，建设走在时代前列、具有中国特色、展现制度优势的现代化国家。建设社会主义现代化强国，就是创造人类文明新形态的新内容、新要求。党领导人民创造的人类文明新形态，就是建设社会主义现代化强国的文明新形态。全面建设社会主义现代化强大国家的战略安排，就是创造人类文明新形态的实践筹划。

建设长期执政的马克思主义政党，锻造出创造人类文明新形态的坚强领导力量。新时代坚持和发展中国特色社会主义，建设社会主义现代化强国，关键在党，党是最高政治领导力量，必须确保党在新时代坚持和发展中国特色社会主义的历史进程中始终成为坚强领导核心。因此，能否建设好长期执政的马克思主义政党，是关系到新时代中国特色社会主义能否兴旺发达，社会主义现代化强国能否建成并发展壮大的根本性问题。只有回答和解决好这个重大时代课题，才能回答和解决好前两个重大时代课题。中国特色社会主义最本质的特征是中国共产党领导，人类文明新形态最本质的特征同样是中国共产党领导；中国特色社会主义制度的最大优势是中国共产党领导，创造人类文明新形态的最大优势同样是中国共产党领导。"打铁必须自身硬。"习近平在党的十九届六中全会上的重要讲话中指出:"在建党百年之际,我们要居安思危,时刻警惕我们这个百年大党会不会变得老态龙钟、疾病缠身。对党的历史上走过的弯路、经历的曲折不能健忘失忆,对中外政治史上那些安于现状、死于安乐的深刻教训不能健忘失忆;对自身存在的问题不能反应迟钝,处理动作慢腾腾、软绵绵,最终人亡政息!"[16]只有坚持自我革命,更显风华正茂,党才能始终引领创造更高级更进步的人类文明新形态。

三 创造人类文明新形态为发展21世纪马克思主义、复兴科学社会主义做出重大贡献

在人类文明的演进历史中,在人类文明的诸多形态中,党领导人民成功走出中国式现代化道路,创造人类文明新形态,不仅拓展了发展中国家走向现代化的途径,而且为创新发展 21 世纪马克思主义、推动复兴科学社会主义,做出了重大的理论和实践贡献。

(一)对人类文明的贡献

党的百年历史,在漫长的人类文明历史中并不长,却为人类文明进步做出了重大贡献。百年来,党领导人民创造人类文明新形态,从实践自觉、认识自觉到理论自觉、战略自觉,走过了百年光辉历程,创造人类文明新形态进入了新的历史阶段。

(1)人类文明新形态的时代坐标。党在百年历程中经历了时代主题的深刻变化,经历了历史大势的潮起潮落,经历了世界百年未

有之大变局。无论世界如何发展变化，但党的时代坐标始终是走在前列，党的历史站位始终是勇立潮头。习近平在党的十九届六中全会上的重要讲话中指出："我们党领导人民不仅创造了世所罕见的经济快速发展和社会长期稳定两大奇迹，而且成功走出了中国式现代化道路，创造了人类文明新形态。这些前无古人的创举，破解了人类社会发展的诸多难题，摒弃了西方以资本为中心的现代化、两极分化的现代化、物质主义膨胀的现代化、对外扩张掠夺的现代化老路，拓展了发展中国家走向现代化的途径，为人类对更好社会制度的探索提供了中国方案。"[17] 人类文明新形态摒弃了西方的现代化老路，这就从时代坐标上保证了人类文明形态之新。

（2）人类文明新形态的制度基础。制度文明构成人类文明的制度基础，是人类政治文明的主体内容。中国特色社会主义制度是党和人民在长期实践中创立的新型科学制度体系，紧紧依靠人民推动国家发展，不断解放和发展社会生产力，自我完善、自我发展，具有强大生命力和巨大优越性。比如，全过程人民民主是中国特色社会主义政治制度的鲜明特征，是党团结带领人民追求民主、发展民主、实现民主的伟大创造。《中国的民主》白皮书指出："中国基于本国国情发展全过程人民民主，既有着鲜明的中国特色，也体现了全人类对民主的共同追求；既推动了中国的发展与中华民族的复兴，也丰富了人类政治文明形态。"[18] 人类文明新形态的制度优势和制度密码，从制度基础上保证了人类文明形态之新。

（3）人类文明新形态的整体推进。资本主义文明是以资本为中心的文明，生产的最高目的是获取利润，至于带来的后果和代价，则不在资本的视野之内。这就决定了这一文明形态是畸形的、片面的、不可持续的。中国特色社会主义创造的人类文明新形态，是物质文明、政治文明、精神文明、社会文明、生态文明协调发展的文明新形态，是人的全面发展与社会全面进步共同推进的文明新形态，是新时代中国文明新形态与人类文明发展进步相互促进的文明新形态。因为这一文明新形态是以人民为中心的文明新形态，人民对美好生活的向往是全面的美好生活，包括物质生活、政治生活、精神生活、社会生活、生态生活，全面的美好生活需要要求整体推进、协调发展的文明形态。因为这一文明新形态是中国共产党领导建设的文明新形态，党代表中国最广大人民根本利益，在中国长期执政，这就决定其能够超越狭隘的利益羁绊和短视的执政行为，为天下谋、为长远谋，系统协调推进创造人类文明新形态。人类文明新形态的整体推进，从全面性上保证了人类文明形态之新。

（4）人类文明新形态的实践展开。科学社会主义的创立，社会主义从空想成为科学；十月革命的胜利，社会主义从理论成为实践；新中国的成立，社会主义实践从苏东国家发展到东方大国；中国特色社会主义的创立、中国特色社会主义新时代的开创，中国社会主义从自力更生、发愤图强进展到解放思想、锐意进取，自信自强、守正创新，充分彰显了中国特色社会主义的强大生机活力。科学社会主义的发展历程，同时也是社会主义文明新形态的发展历程。人类文明新形态并不是一种理论上的构想、理想中的存在，而是人类社会中现实的存在、活生生的事实，是在中国共产党领导下进行了百年实践并且还将长期持续下去的伟大实践。进入新时代，在以习近平同志为核心的党中央的坚强领导下，这一伟大实践将书写更为恢宏的历史篇章，取得更为丰富的原创经验，展现更加光明的未来前景。人类文明新形态的实践展开，从信服力上证明了人类文明形态之新。

（二）对社会主义文明的贡献

文明形态可以根据不同的标志和标准做出区分，如根据技术形态的演进区分为石器文明、金属文明、机器文明、信息文明、智能文明等，根据产业形态的发展区分为渔猎经济、农业经济、工业经济、信息经济、智能经济等。历史唯物主义则主要是根据生产方式及建立在此基础上的社会形态做出区分。中国共产党领导创造的人类文明新形态，是在从生产力到生产关系、上层建筑，从技术形态、产业形态到社会形态都走在和走向时代前列的文明新形态，其中最为根本和突出的标志是社会主义文明新形态，并且对建设社会主义文明新形态做出了越来越重要的贡献。

（1）苏联解体、东欧剧变后的勇毅前行。中国特色社会主义是在经历了社会主义运动的严重挫折和曲折后坚定前行、愈益壮大的，中国共产党坚持建设的社会主义文明也是在吸取一些国家社会主义实践的经验教训后改革创新、更加多彩的。习近平指出："上个世纪 80 年代末 90 年代初，东欧剧变、苏共垮台、苏联解体，世界社会主义遭受严重曲折，我国也发生了 1989 年春夏之交的严重政治风波。我们党紧紧依靠人民，以坚定意志和历史担当，采取果断措施，打赢了这场关系党和国家生死存亡的斗争，并顶住了西方国家所谓'制裁'的压力，保证了中国特色社会主义正确航向和改革发展的正确方向。邓小平同志说：'只要中国社会主义不倒，社会主义在世界将始终站得住。'我也说过，如果中国共产党领导和我国社会主义制度也在那场多米诺骨牌式的变化中倒塌了，或者因为其他原因失败了，那社会主义实践就可能又要长期在黑暗中徘徊了，中华民族伟大复兴的进程也必然会被打断。"[19]中国共产党在苏联解体、东欧剧变之后继续高举起科学社会主义的伟大旗帜，中国特色社会主义继续传承着社会主义文明新形态的创造历史。

（2）中国特色社会主义新时代的开创实践。以习近平同志为核心的党中央是在统筹把握中华民族伟大复兴战略全局和世界百年未有之大变局的宏观视野中继续创造人类文明新形态的，将人类文明新形态的创造纳入民族复兴战略全局之中，放在世界大变局的国际背景下来定位和推进，深入研究人类文明新形态的新内涵新特征。党的十八大以来，以习近平同志为核心的党中央充分发挥党的政治领导力、思想引领力、群众组织力、社会号召力，加强对权力运行的制约和监督，推动经济发展质量变革、效率变革、动力变革，全面推进社会主义民主制度化、规范化、程序化，积极发展全过程人民民主，法治中国建设迈出坚实步伐，推动中华优秀传统文化创造性转化、创新性发展，建设共建共享共治的社会治理制度，我国生态环境保护发生历史性、转折性、全局性变化，建设强大人民军队，把安全发展贯穿国家发展各领域全过程，坚持和完善"一国两制"制度体系，积极参与全球治理体系改革和建设，等等，新时代的伟大成就也是全面扎实推进人类文明新形态建设的伟大成就。

（3）当今世界社会主义的创新探索。中国是当今世界最大的社会主义国家，也是当今世界创造社会主义文明形态最重要的国家。只要是社会主义国家，坚持社会主义制度，就必然要求建设社会主义文明而不是其他文明，就要展现社会主义文明的共同特征，如马克思主义的指导地位、社会主义的经济制度、人民当家作主的政治制度、社会主义的价值观等。世界上的社会主义国家，在建设社会主义文明形态方面，都有各自的探索和成就，表现出民族的特色和国家的特点。显然，中国创造人类文明新形态的成效和经验，以其参与建设和享用文明的人口最多、文明实践覆盖面最广、国际影响力最大，而在当今世界社会主义国家的文明实践中站在高处、走在前列、成为示范。比如，全国性的新时代文明实践中心建设，横向到边、纵向到底，凝聚群众、引导群众，以文化人、成风化俗，是新时代深化社会主义精神文明建设的一项重要制度安排，是建设社会主义文明重在基层、重在群众、重在农村的一个重大实践举措。

（三）对现代化文明的贡献

中国式现代化道路，创造了人类文明新形态，对人类现代化文明做出了重大贡献。习近平在党的十九届五中全会上特别强调了中国式现代化的五个重要特征，这也是中国式现代化所创造的现代化文明的重要特征。

（1）人口规模巨大的现代化文明。我国现有 14 亿多人口，这样一个巨大规模的人口，超过了现有发达国家人口的总和。在人类现代化的历史上，从来还没有如此巨大规模的人口，在一个国家里共同创造着并且共同享用着现代化文明。中国建成现代化国家，将创造世界现代化史上的最大奇迹。在这样一个人口规模巨大的国家建成现代化国家，在世界现代化历史上没有先例，必定存在着人口效应，既有优势，也有制约。我国现代化建设的成功将表明，现代化文明并非只在中等规模或中等规模以下人口的国家才能实现的"专利"。

（2）全体人民共同富裕的现代化文明。普遍贫困不能建成社会主义文明，两极分化同样不能建成社会主义文明。西方一些国家贫富分化，中产阶层塌陷，导致社会撕裂、政治极化、文明衰落。我国在开启全面建设社会主义现代化国家新征程之时，就明确要求分阶段促进共同富裕，到 2035 年全体人民共同富裕取得更为明显的实质性进展。习近平指出："要防止社会阶层固化，畅通向上流动通道，给更多人创造致富机会，形成人人参与的发展环境，避免'内卷'、'躺平'。"[20]我国现代化文明是坚决防止两极分化、自觉主动解决贫富差距、促进社会公平正义的现代化文明。

（3）物质文明和精神文明相协调的现代化文明。改革开放以后，中国共产党坚持物质文明和精神文明两手抓、两手硬，保证了中国特色社会主义的正确方向，端正了中国特色社会主义的精神导向。十八大以来，中国共产党在推进社会主义现代化的进程中，倡导社会主义核心价值观，弘扬伟大建党精神，树立向上向善向美的精神准则，全社会精神面貌焕然一新，促进了物质文明建设和现代化各项建设。进入新发展阶段，习近平明确提出："我们说的共同富裕是全体人民共同富裕，是人民群众物质生活和精神生活都富裕。"[21]精神生活的富裕是精神文明的人化，就是建设社会主义精神文明。

（4）人与自然和谐共生的现代化文明。在世界现代化的进程中，人类生产活动和生活消费对生态环境造成严重破坏，人与自然的关系出现严重对立。改革开放以后，环境污染、生态破坏一度成为我们的国土之伤、民生之痛。中国共产党在改革开放和社会主义现代化建设进程中，对生态文明建设的重视程度不断增强，对"绿水青山就是金山银山"这种生产和生态辩证关系的把握更加自觉，像保护眼睛一样保护生态环境，像对待生命一样对待生态环境。建设社会主义生态文明，既是造福中华民族、惠及子孙后代的功业，也是中国共产党和中国人民为人类文明延续发展担当的国际责任、做出的世界贡献。

（5）走和平发展道路的现代化文明。和平发展道路凸显社会主义和中华民族的文明本性。一些老牌资本主义国家在现代化的道路上，依靠的是对其他国家的侵略战争、暴力征服、强行掠夺，其现代化是血与火铸成的现代化，其文明是以牺牲他国利益为代价的现代化文明。我国的社会主义现代化，从一开始走的就是截然不同的和平发展道路，是文明发展的现代化。十八大以来，中国共产党积极推动构建人类命运共同体，在同世界各国合作共享、互利共赢的前提下实现中国的现代化。中国式现代化的文明新形态，绝不会对世界造成威胁，只能是世界各国和平发展、发展中国家进入现代化的福音。

（四）对世界历史进程的贡献

《中共中央关于党的百年奋斗重大成就和历史经验的决议》指出："马克思主义中国化时代化不断取得成功，使马克思主义以崭新形象展现在世界上，使世界范围内社会主义和资本主义两种意识形态、两种社会制度的历史演进及其较量发生了有利于社会主义的重大转变。"[22]创造人类文明新形态，是中国共产党准确把握时代大势，勇于站在人类发展前沿，科学回答中国之问、世界之问、人民之问、时代之问，续写马克思主义中国化时代化新篇章的重大成果，具有推动人类发展进步的重大世界历史意义。

（1）创造人类文明新形态有利于增强社会主义意识形态的世界感召力。马克思主义、科学社会主义创立后，社会主义和资本主义两种意识形态的斗争和较量从来没有停止过。意识形态的较量胜负不仅取决于思想理论文化本身，更取决于形成意识形态的实践力量。邓小平在 1992 年南方谈话中指出："一些国家出现严重曲折，社会主义好像被削弱了，但人民经受锻炼，从中吸收教训，将促使社会主义向着更加健康的方向发展。"[23]30 年后，两种意识形态的较量之所以能够发生有利于社会主义的重大转变，从根本上来说就是中国特色社会主义的顽强奋斗、开拓创新，促成了科学社会主义的复兴，为社会主义意识形态提供了最有力的证明和最强劲的说服力。创造人类文明新形态，是新时代坚持和发展中国特色社会主义的重大任务，本身也是社会主义意识形态的实践形态，每一步进展和每一个成就都在增强着社会主义意识形态的凝聚力和引领力。

（2）创造人类文明新形态有利于扩大社会主义制度的国际影响。从十月革命建立第一个社会主义国家苏联开始，社会主义制度在世界上已经有 100 多年的实践历程。社会主义和资本主义制度有着相互影响、相互借鉴的关系，但性质根本不同，是长期竞争和较量的关系。两种制度孰高孰低、孰优孰劣，需要经过历史和实践的检验。随着全面深化改革纵深推进，中国特色社会主义各领域的基础性制度框架基本确立，形成了多方面的显著优势。习近平指出："这次应对新冠肺炎疫情全球大流行，各国的领导力和制度优越性如何，高下立判。"[24]人民至上、生命至上的执政理念与我国国家制度和国家治理体系优越性的有机结合，使我国成为疫情发生以来第一个恢复增长的主要经济体，在疫情防控和经济恢复上都走在世界前列，充分彰显了我国创造的人类文明新形态的崭新内涵和巨大优势。

（3）创造人类文明新形态有利于推动人类发展进步。中国特色社会主义事业是人类进步事业的重要组成部分，不断为人类文明进步贡献智慧和力量。中国共产党和中国人民以人类前途命运为己任，以推动人类发展进步为使命，与人类发展大潮流相一致，在创造人类文明新形态的新时代实践中，同世界各国人民一道，迈开历史的脚步向着文明的高峰行进。在中国特色社会主义新时代，构建人类命运共同体成为创造人类文明新形态的重要组成部分。我国高举和平、发展、合作、共赢的旗帜推动建设新型国际关系，维护和践行真正的多边主义，积极推动经济全球化朝着更加开放、包容、普惠、平衡、共赢的方向发展。特别是在抗疫斗争国际合作中，发起新中国成立以来最大规模的全球紧急人道主义行动，展现了负责任大国的形象。中国创造的人类文明新形态，将会在人类共同发展进步中彰显生机和活力。

（执笔：颜晓峰）

注　释

前　言

[1]《中共中央关于党的百年奋斗重大成就和历史经验的决议》，《人民日报》2021 年 11 月 17 日。

[2] 习近平：《以史为鉴、开创未来　埋头苦干、勇毅前行》，《求是》2022 年第 1 期。

[3]《马克思恩格斯选集》第 4 卷，人民出版社，2012，第 35 页。

[4]《马克思恩格斯文集》第 2 卷，人民出版社，2009，第 34 页。

[5]《马克思恩格斯全集》第 46 卷（上），人民出版社，1979，第 104 页。

[6]《马克思恩格斯文集》第 1 卷，人民出版社，2009，第 427 页。

[7]《马克思恩格斯全集》第 49 卷，人民出版社，1982，第 195 页。

[8]《高举中国特色社会主义伟大旗帜 奋力谱写全面建设社会主义现代化国家崭新篇章》，《人民日报》2022 年 7 月 28 日。

第一章 人类文明形态的演进历程

[1] 夏泽宏:《马克思恩格斯的文明思想研究》,武汉大学博士学位论文,2013,第 116 页。

[2]《马克思恩格斯文集》第 4 卷,人民出版社,2009,第 193 页。

[3] 同上书,第 184~185 页。

[4] 同上书,第 185 页。

[5] 同上。

[6] 同上书,第 186 页。

[7] 参见孙进己、干志耿《文明论——人类文明的形成发展与前景》,黑龙江人民出版社,2007,第 375 页。

[8]《马克思恩格斯文集》第 4 卷,人民出版社,2009,第 38 页。

[9] 参见孙进己、干志耿《文明论——人类文明的形成发展与前景》,黑龙江人民出版社,2007,第 382~383 页。

[10]《马克思恩格斯文集》第 4 卷,人民出版社,2009,第 180 页。

[11] 孙进己、干志耿:《文明论——人类文明的形成发展与前景》,黑龙江人民出版社,2007,第 382 页。

[12] 同上书,第 384 页。

[13]《马克思恩格斯文集》第 1 卷,人民出版社,2009,第 556 页。

[14]《马克思恩格斯文集》第 9 卷,人民出版社,2009,第 308 页。

[15]《马克思恩格斯文集》第 4 卷,人民出版社,2009,第 73 页。

[16] 颜晓峰:《创造社会主义现代化的文明新形态》,《马克思主义研究》2021 年第 7 期。

[17]《马克思恩格斯文集》第 1 卷,人民出版社,2009,第 724 页。

[18] 同上书，第 521 页。

[19]《马克思恩格斯文集》第 5 卷，人民出版社，2009，第 97 页。

[20]《马克思恩格斯文集》第 4 卷，人民出版社，2009，第 195 页。

[21] 同上书，第 194 页。

[22]《马克思恩格斯文集》第 9 卷，人民出版社，2009，第 427 页。

[23] 夏泽宏：《马克思恩格斯的文明思想研究》，武汉大学博士学位论文，2013，第 271 页。

[24]《马克思恩格斯文集》第 4 卷，人民出版社，2009，第 168~169 页。

[25]《马克思恩格斯文集》第 1 卷，人民出版社，2009，第 523 页。

[26] 孙进己、干志耿：《文明论——人类文明的形成发展与前景》，黑龙江人民出版社，2007，第 482 页。

[27]《马克思恩格斯文集》第 1 卷，人民出版社，2009，第 150 页。

[28]《马克思恩格斯文集》第 4 卷，人民出版社，2009，第 310 页。

[29] 夏泽宏：《马克思恩格斯的文明思想研究》，武汉大学博士学位论文，2013，第 276 页。

[30]《马克思恩格斯全集》第 1 卷，人民出版社，1995，第 248 页。

[31]《马克思恩格斯文集》第 8 卷，人民出版社，2009，第 170 页。

[32] 颜晓峰：《创造社会主义现代化的文明新形态》，《马克思主义研究》2021 年第 7 期。

[33]《马克思恩格斯文集》第 2 卷，人民出版社，2009，第 34 页。

[34] 颜晓峰：《创造社会主义现代化的文明新形态》，《马克思主义研究》2021 年第 7 期。

[35]《马克思恩格斯文集》第 2 卷，人民出版社，2009，第 36 页。

[36] 同上书，第 35~36 页。

［37］ 同上书，第 36~37 页。

［38］ 颜晓峰：《创造社会主义现代化的文明新形态》，《马克思主义研究》2021 年第 7 期。

［39］《马克思恩格斯文集》第 1 卷，人民出版社，2009，第 622 页。

［40］《马克思恩格斯文集》第 5 卷，人民出版社，2009，第 487 页。

［41］《马克思恩格斯文集》第 2 卷，人民出版社，2009，第 34 页。

［42］ 同上书，第 33 页。

［43］ 颜晓峰：《创造社会主义现代化的文明新形态》，《马克思主义研究》2021 年第 7 期。

［44］《马克思恩格斯文集》第 2 卷，人民出版社，2009，第 35 页。

［45］《马克思恩格斯全集》第 46 卷（上），人民出版社，1979，第 104 页。

［46］《马克思恩格斯文集》第 1 卷，人民出版社，2009，第 501 页。

［47］《马克思恩格斯文集》第 2 卷，人民出版社，2009，第 36 页。

［48］《马克思恩格斯文集》第 1 卷，人民出版社，2009，第 501 页。

［49］ 同上书，第 161 页。

［50］ 颜晓峰：《创造社会主义现代化的文明新形态》，《马克思主义研究》2021 年第 7 期。

［51］《马克思恩格斯文集》第 4 卷，人民出版社，2009，第 196~197 页。

［52］《马克思恩格斯文集》第 5 卷，人民出版社，2009，第 714 页。

［53］《马克思恩格斯文集》第 4 卷，人民出版社，2009，第 196 页。

［54］ 同上书，第 194 页。

［55］《马克思恩格斯文集》第 5 卷，人民出版社，2009，第 874~875 页。

［56］颜晓峰：《创造社会主义现代化的文明新形态》，《马克思主义研究》2021 年第 7 期。

［57］同上。

［58］覃学茹：《实践·物的尺度·人的尺度》，《中国人民大学学报》1998 年第 3 期。

［59］《马克思恩格斯文集》第 1 卷，人民出版社，2009，第 155 页。

［60］同上书，第 156 页。

［61］颜晓峰：《创造社会主义现代化的文明新形态》，《马克思主义研究》2021 年第 7 期。

［62］《马克思恩格斯文集》第 9 卷，人民出版社，2009，第 559~560 页。

［63］《马克思恩格斯文集》第 5 卷，人民出版社，2009，第 207~208 页。

［64］《马克思恩格斯文集》第 7 卷，人民出版社，2009，第 928~929 页。

［65］颜晓峰：《创造社会主义现代化的文明新形态》，《马克思主义研究》2021 年第 7 期。

第二章 人类文明形态的结构体系

［1］〔英〕汤因比：《历史研究》（下），曹未风等译，上海人民出版社，1986，第 463 页。

［2］《马克思恩格斯文集》第 2 卷，人民出版社，2009，第 591 页。

［3］《马克思恩格斯全集》第 46 卷（上），人民出版社，1979，第 268 页。

［4］《马克思恩格斯文集》第 10 卷，人民出版社，2009，第 43 页。

［5］《马克思恩格斯全集》第 46 卷（上），人民出版社，1979，第 268 页。

［6］《马克思恩格斯全集》第 1 卷，人民出版社，1995，第 182 页。

［7］《马克思恩格斯文集》第 3 卷，人民出版社，2009，第 601 页。

［8］参见许耀桐《马克思政治文明思想论析》，《科学社会主义》2003 年第 3 期。

［9］《马克思恩格斯文集》第 2 卷，人民出版社，2009，第 592 页。

［10］《马克思恩格斯全集》第 3 卷，人民出版社，2002，第 14 页。

［11］参见许耀桐《马克思政治文明思想论析》，《科学社会主义》2003 年第 3 期。

［12］同上。

［13］同上。

［14］《马克思恩格斯文集》第 1 卷，人民出版社，2009，第 97 页。

［15］参见〔美〕霍尔姆斯·罗尔斯顿《哲学走向荒野》，刘耳、叶平译，吉林人民出版社，2000，第 119~148 页。

［16］《马克思恩格斯文集》第 8 卷，人民出版社，2009，第 85 页。

［17］《马克思恩格斯文集》第 9 卷，人民出版社，2009，第 168 页。

［18］《马克思恩格斯文集》第 8 卷，人民出版社，2009，第 139 页。

［19］《马克思恩格斯文集》第 1 卷，人民出版社，2009，第 150 页。

［20］《马克思恩格斯文集》第 2 卷，人民出版社，2009，第 36 页。

［21］同上书，第 599 页。

［22］〔美〕阿尔温·托夫勒：《创造一个新的文明——第三次浪潮的政治》，陈峰译，上海三联书店，1996，第 16 页。

［23］《马克思恩格斯文集》第 8 卷，人民出版社，2009，第 31 页。

［24］《马克思恩格斯文集》第 9 卷，人民出版社，2009，第 550 页。

［25］同上书，第 555 页。

［26］《马克思恩格斯文集》第 5 卷，人民出版社，2009，第 396 页。

［27］成素梅：《信息文明的内涵及其时代价值》，《学术月刊》2018
年第 5 期。

［28］同上。

第三章　中国共产党领导人民成功走出中国式现代化道路，创造了人类文明新形态

［1］习近平：《在庆祝中国共产党成立100周年大会上的讲话》，人
民出版社，2021，第 3、13~14 页。

［2］罗荣渠：《现代化新论——世界与中国的现代化进程》，商务印书
馆，2009，第 3 页。

［3］《马克思恩格斯文集》第 2 卷，人民出版社，2009，第 42 页。

［4］《马克思恩格斯文集》第 1 卷，人民出版社，2009，第 689 页。

［5］谭嗣同语。

［6］《李大钊全集》第 4 卷，人民出版社，2013，第 246 页。

［7］《陈独秀文集》第 2 卷，人民出版社，2013，第 284 页。

［8］《建党以来重要文献选编（1921~1949）》第 1 册，中央文献出版
社，2011，第 1 页。

［9］同上书，第 133 页。

［10］《毛泽东选集》第 3 卷，人民出版社，1991，第 1081 页。

［11］习近平：《在庆祝中国共产党成立100周年大会上的讲话》，人
民出版社，2021，第 4 页。

[12]《毛泽东文集》第8卷，人民出版社，1999，第162页。

[13]《毛泽东选集》第4卷，人民出版社，1991，第1437页。

[14]《毛泽东文集》第6卷，人民出版社，1999，第316页。

[15]《周恩来选集》（下），人民出版社，1984，第132页。

[16]《毛泽东文集》第7卷，人民出版社，1999，第44页。

[17]《建国以来重要文献选编》第9册，中央文献出版社，1994，第341~342页。

[18]《周恩来选集》（下），人民出版社，1984，第439页。

[19]《十八大以来重要文献选编》（上），中央文献出版社，2014，第73页。

[20] 习近平:《在庆祝中国共产党成立100周年大会上的讲话》，人民出版社，2021，第5页。

[21]《邓小平文选》第2卷，人民出版社，1994，第143页。

[22] 同上书，第150页。

[23]《邓小平年谱（一九七五——一九九七）》（上），中央文献出版社，2004，第496页。

[24] 同上书，第497页。

[25]《邓小平文选》第2卷，人民出版社，1994，第237页。

[26] 同上书，第163页。

[27]《邓小平年谱（一九七五——一九九七）》（上），中央文献出版社，2004，第690页。

[28]《邓小平年谱（一九七五——一九九七）》（下），中央文献出版社，2004，第841~842页。

[29] 参见《邓小平思想年谱（一九七五——一九九七）》，中央文献出版社，1998，第385页。

[30] 《十三大以来重要文献选编》（上），人民出版社，1991，第 16 页。

[31] 《十三大以来重要文献选编》（中），人民出版社，1991，第 1429～1430 页。

[32] 《十五大以来重要文献选编》（上），人民出版社，2000，第 4 页。

[33] 习近平：《在庆祝中国共产党成立 100 周年大会上的讲话》，人民出版社，2021，第 5~6 页。

[34] 《习近平谈治国理政》，外文出版社，2014，第 4 页。

[35] 习近平：《在省部级主要领导干部学习贯彻党的十八届五中全会精神专题研讨班上的讲话》，人民出版社，2016，第 24 页。

[36] 习近平：《决胜全面建成小康社会 夺取新时代中国特色社会主义伟大胜利——在中国共产党第十九次全国代表大会上的报告》，人民出版社，2017，第 28~29 页。

[37] 习近平：《论把握新发展阶段、贯彻新发展理念、构建新发展格局》，中央文献出版社，2021，第 9~10 页。

[38] 参见任理轩《开启全面建设社会主义现代化国家新征程》，《人民日报》2021 年 5 月 13 日。

[39] 习近平：《论把握新发展阶段、贯彻新发展理念、构建新发展格局》，中央文献出版社，2021，第 479 页。

[40] 习近平：《在庆祝中国共产党成立 100 周年大会上的讲话》，人民出版社，2021，第 6~7 页。

[41] 同上书，第 13~14 页。

[42] 《中共中央关于党的百年奋斗重大成就和历史经验的决议》，《人民日报》2021 年 11 月 17 日。

［43］习近平：《在党史学习教育动员大会上的讲话》，人民出版社，2021，第 19 页。

［44］习近平：《在庆祝中国共产党成立100周年大会上的讲话》，人民出版社，2021，第 11 页。

［45］《中共中央关于党的百年奋斗重大成就和历史经验的决议》，《人民日报》2021 年 11 月 17 日。

［46］习近平：《在庆祝中国共产党成立100周年大会上的讲话》，人民出版社，2021，第 11~12 页。

［47］《中共中央关于党的百年奋斗重大成就和历史经验的决议》，《人民日报》2021 年 11 月 17 日。

［48］同上。

［49］习近平：《在庆祝中国共产党成立100周年大会上的讲话》，人民出版社，2021，第 13 页。

［50］同上。

［51］同上。

［52］《中共中央关于党的百年奋斗重大成就和历史经验的决议》，《人民日报》2021 年 11 月 17 日。

［53］同上。

［54］同上。

［55］《习近平谈治国理政》第 3 卷，外文出版社，2020，第 228 页。

［56］习近平：《在庆祝改革开放40周年大会上的讲话》，人民出版社，2018，第 4、21 页。

［57］《中共中央关于党的百年奋斗重大成就和历史经验的决议》，《人民日报》2021 年 11 月 17 日。

［58］习近平：《在庆祝中国共产党成立100周年大会上的讲话》，人

民出版社，2021，第 19 页。

[59] 《十八大以来重要文献选编》（下），中央文献出版社，2018，第 589 页。

[60] 习近平：《在庆祝中国共产党成立 100 周年大会上的讲话》，人民出版社，2021，第 19~20 页。

[61] 习近平：《在庆祝改革开放 40 周年大会上的讲话》，人民出版社，2018，第 43~44 页。

第四章　人类文明新形态是社会主义现代化的文明新形态

[1] 《马克思恩格斯文集》第 2 卷，人民出版社，2009，第 591 页。

[2] 武力、李扬：《解放和发展生产力：新中国七十年的主线和成就》，《中共党史研究》2019 年第 9 期。

[3] 《马克思恩格斯文集》第 10 卷，人民出版社，2009，第 43 页。

[4] 《中共中央关于党的百年奋斗重大成就和历史经验的决议》，《人民日报》2021 年 11 月 17 日。

[5] 《马克思恩格斯文集》第 2 卷，人民出版社，2009，第 36 页。

[6] 《毛泽东早期文稿》，湖南出版社，2013，第 76 页。

[7] 仲音：《大家携手前进的阳光大道——推动共建"一带一路"高质量发展》，《人民日报》2022 年 7 月 26 日。

[8] 《习近平谈治国理政》第 3 卷，外文出版社，2020，第 135 页。

[9] 同上书，第 144 页。

[10] 罗沙等：《倾听人民心声　筑牢民主基石——全国两会的全过程人民民主故事》，新华网，http：//www. news. cn/politics/2022lh/2022-03/10/c_ 1128455696. htm。

［11］《庄子·齐物论》。

［12］《论语·卫灵公》。

［13］《逸周书·文传解》。

［14］颜晓峰：《全面把握以中国式现代化推进中华民族伟大复兴的理论内涵和时代意义》，《思想理论教育导刊》2022 年第 3 期。

［15］参见《世界八大公害事件》，《华夏星火》2000 年第 3 期。

［16］习近平：《在庆祝中国共产党成立 100 周年大会上的讲话》，人民出版社，2021，第 14 页。

［17］《马克思恩格斯文集》第 1 卷，人民出版社，2009，第 158 页。

［18］《〈中国应对气候变化的政策与行动〉白皮书》，国新办网站，http：//www. scio. gov. cn/ztk/dtzt/44689/47315/index. htm。

［19］张连起：《开启现代化国家新征程》，《人民政协报》2020 年 11 月 13 日。

［20］《马克思恩格斯文集》第 5 卷，人民出版社，2009，第 864 页。

［21］同上书，第 836 页。

［22］刘军、李爱华：《中国式现代化道路对资本主义文明逻辑的超越》，《中共中央党校（国家行政学院）学报》2022 年第 2 期。

［23］杨振闻：《从"文明蒙尘"到"人类文明新形态"——中国式现代化道路的文明旨归》，《求索》2022 年第 1 期。

［24］《邓小平文选》第 2 卷，人民出版社，1994，第 143 页。

［25］《邓小平文选》第 3 卷，人民出版社，1993，第 130 页。

［26］习近平：《在全国党校工作会议上的讲话》，人民出版社，2016，第 14~15 页。

［27］《毛泽东年谱（一九四九——一九七六）》第 2 卷，中央文献出版社，2013，第 557 页。

[28] 《习近平谈治国理政》第 2 卷，外文出版社，2017，第 209 页。

[29] 巩瑞波、韩喜平：《"现代化中国方案"是对西方现代化模式的超越》，《红旗文稿》2019 年第 7 期。

[30] 《改革开放三十年重要文献选编》（上），中央文献出版社，2008，第 666 页。

[31] 习近平：《决胜全面建成小康社会 夺取新时代中国特色社会主义伟大胜利——在中国共产党第十九次全国代表大会上的报告》，人民出版社，2017，第 19 页。

[32] 陈曙光：《中国道路开启现代性文明的新形态》，《江海学刊》2020 年第 3 期。

[33] 《邓小平文选》第 2 卷，人民出版社，1994，第 237 页。

[34] 《马克思恩格斯文集》第 1 卷，人民出版社，2009，第 295 页。

[35] 《习近平谈治国理政》，外文出版社，2014，第 367 页。

[36] 参见毕亚娜、刘海义《习近平关于文明交流互鉴重要论述的时代背景、内涵与实践路径》，《理论建设》2022 年第 2 期。

[37] 《习近平谈治国理政》，外文出版社，2014，第 258 页；习近平：《出席第三届核安全峰会并访问欧洲四国和联合国教科文组织总部、欧盟总部时的演讲》，人民出版社，2014，第 10 页。

[38] 习近平：《决胜全面建成小康社会 夺取新时代中国特色社会主义伟大胜利——在中国共产党第十九次全国代表大会上的报告》，人民出版社，2017，第 57 页。

第五章　中国式现代化道路是人类文明新形态的基石

［1］〔美〕吉尔伯特·罗兹曼主编《中国的现代化》，国际社会科学基金（比较现代化）课题组译，江苏人民出版社，2003，第4页。

［2］《毛泽东选集》第4卷，人民出版社，1991，第1469～1470页。

［3］《习近平谈治国理政》，外文出版社，2014，第22页。

［4］《李大钊全集》第2卷，人民出版社，2013，第329页。

［5］《马克思恩格斯文集》第2卷，人民出版社，2009，第470～471页。

［6］《中共中央关于党的百年奋斗重大成就和历史经验的决议》，《人民日报》2021年11月17日。

［7］《毛泽东选集》第3卷，人民出版社，1991，第1080页。

［8］《毛泽东选集》第2卷，人民出版社，1991，第666页。

［9］《列宁选集》第4卷，人民出版社，2012，第777页。

［10］《毛泽东选集》第4卷，人民出版社，1991，第1437页。

［11］《建国以来重要文献选编》第5册，中央文献出版社，1993，第584页。

［12］《周恩来选集》（下），人民出版社，1984，第439页。

［13］吴晓明：《中国道路的百年探索与马克思主义中国化》，《北京师范大学学报》（社会科学版）2021年第4期。

［14］《邓小平文选》第2卷，人民出版社，1994，第163页。

［15］《马克思恩格斯文集》第1卷，人民出版社，2009，第161页。

［16］《马克思恩格斯文集》第4卷，人民出版社，2009，第38页。

［17］《马克思恩格斯文集》第 8 卷，人民出版社，2009，第 52 页。

［18］《马克思恩格斯文集》第 2 卷，人民出版社，2009，第 592 页。

［19］同上书，第 34 页。

［20］《马克思恩格斯文集》第 8 卷，人民出版社，2009，第 89 页。

［21］《马克思恩格斯文集》第 3 卷，人民出版社，2009，第 526 页。

［22］《马克思恩格斯文集》第 8 卷，人民出版社，2009，第 91 页。

［23］《马克思恩格斯文集》第 5 卷，人民出版社，2009，第 210 页。

［24］韩震：《如何理解我们创造的人类文明新形态》，《光明日报》
2022 年 1 月 20 日。

［25］《马克思恩格斯全集》第 28 卷，人民出版社，2018，第 652 页。

［26］《马克思恩格斯全集》第 47 卷，人民出版社，2004，第 35 页。

［27］《马克思恩格斯文集》第 1 卷，人民出版社，2009，第 709 页。

［28］《马克思恩格斯文集》第 3 卷，人民出版社，2009，第 466 页。

［29］《马克思恩格斯文集》第 1 卷，人民出版社，2009，第 710 页。

［30］习近平：《论把握新发展阶段、贯彻新发展理念、构建新发展
格局》，中央文献出版社，2021，第 479 页。

［31］习近平：《在纪念毛泽东同志诞辰 120 周年座谈会上的讲话》，
人民出版社，2013，第 21 页。

［32］习近平：《加强政党合作　共谋人民幸福——在中国共产党与
世界政党领导人峰会上的主旨讲话》，人民出版社，2021，第
8 页。

［33］《马克思恩格斯文集》第 1 卷，人民出版社，2009，第 97 页。

［34］《习近平谈治国理政》，外文出版社，2014，第 57 页。

［35］《毛泽东文集》第 7 卷，人民出版社，1999，第 227~228 页。

［36］《第七次全国人口普查公报（第二号）》，国家统计局网站，

http：//www. stats. gov. cn/xxgk/sjfb/zxfb2020/202105/t20210511_1817197. html。

［37］《习近平谈治国理政》，外文出版社，2014，第265页。

［38］习近平：《论把握新发展阶段、贯彻新发展理念、构建新发展格局》，中央文献出版社，2021，第480页。

［39］《习近平谈治国理政》第4卷，外文出版社，2022，第142页。

［40］《毛泽东文集》第6卷，人民出版社，1999，第495页。

［41］《邓小平文选》第3卷，人民出版社，1993，第364页。

［42］习近平：《论把握新发展阶段、贯彻新发展理念、构建新发展格局》，中央文献出版社，2021，第480页。

［43］同上书，第488~489页。

［44］同上书，第247页。

［45］《马克思恩格斯文集》第9卷，人民出版社，2009，第562页。

［46］《习近平在联合国成立75周年系列高级别会议上的讲话》，人民出版社，2020，第10页。

［47］习近平：《加强政党合作　共谋人民幸福——在中国共产党与世界政党领导人峰会上的主旨讲话》，人民出版社，2021，第4页。

第六章　物质文明、政治文明、精神文明、社会文明、生态文明协调发展的人类文明新形态

［1］田心铭：《中国特色社会主义和人类文明新形态》，《世界社会主义研究》2021年第11期。

［2］《马克思恩格斯文集》第2卷，人民出版社，2009，第591页。

［3］〔匈〕格奥尔格·卢卡奇：《历史与阶级意识——关于马克思主义辩证法的研究》，杜章智等译，商务印书馆，1996，第15页。

［4］左亚文、侯文文：《辩证思维的演进与和谐思想的生成》，《理论探讨》2018年第4期。

［5］《马克思恩格斯文集》第1卷，人民出版社，2009，第97页。

［6］《列宁全集》第38卷，人民出版社，2017，第210页。

［7］《马克思恩格斯文集》第1卷，人民出版社，2009，第525页。

［8］《十二大以来重要文献选编》（上），人民出版社，1986，第25页。

［9］《十二大以来重要文献选编》（中），人民出版社，1986，第745页。

［10］《江泽民论有中国特色社会主义（专题摘编）》，中央文献出版社，2002，第304页。

［11］《十六大以来重要文献选编》（上），中央文献出版社，2005，第24页。

［12］于建荣：《简论社会文明》，《科学社会主义》2008年第3期。

［13］《十六大以来重要文献选编》（中），中央文献出版社，2006，第266~268页。

［14］《胡锦涛文选》第2卷，人民出版社，2016，第286页。

［15］《马克思恩格斯文集》第1卷，人民出版社，2009，第519页。

［16］《胡锦涛文选》第2卷，人民出版社，2016，第167页。

［17］《十七大以来重要文献选编》（上），中央文献出版社，2009，第16页。

［18］习近平：《在纪念马克思诞辰200周年大会上的讲话》，人民出版社，2018，第20页。

［19］《十九大以来重要文献选编》（中），中央文献出版社，2021，第 820 页。

［20］《马克思恩格斯文集》第 1 卷，人民出版社，2009，第 31 页。

［21］《习近平在中央人大工作会议上发表重要讲话强调　坚持和完善人民代表大会制度　不断发展全过程人民民主》，《人民日报》2021 年 10 月 15 日。

［22］《马克思恩格斯文集》第 1 卷，人民出版社，2009，第 11 页。

［23］《马克思恩格斯文集》第 9 卷，人民出版社，2009，第 299 页。

［24］《十九大以来重要文献选编》（中），中央文献出版社，2021，第 287 页。

［25］《马克思恩格斯文集》第 1 卷，人民出版社，2009，第 220 页。

［26］《十八大以来重要文献选编》（中），中央文献出版社，2016，第 793 页。

［27］《中共中央关于党的百年奋斗重大成就和历史经验的决议》，《人民日报》2021 年 11 月 17 日。

［28］《习近平谈治国理政》第 2 卷，外文出版社，2017，第 43 页。

［29］《毛泽东选集》第 2 卷，人民出版社，1991，第 663~664 页。

［30］《十九大以来重要文献选编》（中），中央文献出版社，2021，第 283 页。

［31］《中共中央关于党的百年奋斗重大成就和历史经验的决议》，《人民日报》2021 年 11 月 17 日。

［32］《十九大以来重要文献选编》（上），中央文献出版社，2021，第 17 页。

第七章　人类文明新形态视野下的人的全面发展

[1] 习近平:《决胜全面建成小康社会　夺取新时代中国特色社会主义伟大胜利——在中国共产党第十九次全国代表大会上的报告》,人民出版社,2017,第12页。

[2] 习近平:《在庆祝中国共产党成立100周年大会上的讲话》,人民出版社,2021,第14页。

[3]《中共中央关于党的百年奋斗重大成就和历史经验的决议》,《人民日报》2021年11月17日。

[4]《马克思恩格斯文集》第2卷,人民出版社,2009,第36页。

[5]《十二大以来重要文献选编》(上),人民出版社,1986,第65页。

[6]《十三大以来重要文献选编》(上),人民出版社,1991,第15页。

[7]《十七大以来重要文献选编》(上),中央文献出版社,2009,第9页。

[8] 习近平:《决胜全面建成小康社会　夺取新时代中国特色社会主义伟大胜利——在中国共产党第十九次全国代表大会上的报告》,人民出版社,2017,第29页。

[9]《马克思恩格斯文集》第1卷,人民出版社,2009,第97页。

[10] 习近平:《在纪念马克思诞辰200周年大会上的讲话》,人民出版社,2018,第17页。

[11] 习近平:《决胜全面建成小康社会　夺取新时代中国特色社会主义伟大胜利——在中国共产党第十九次全国代表大会上的报

告》，人民出版社，2017，第 10 页。

[12] 李克强：《2021 年国内生产总值达到 114 万亿元　增长 8.1%》，中国新闻网，http：//www. chinanews. com. cn/gn/ 2022/03-05/9692841. shtml。

[13]《经济总量不断飞跃　中国书写世界奇迹》，《经济参考报》 2019 年 9 月 2 日。

[14]《2020 中国 GDP 首超 100 万亿元　占世界经济比重升至 17%》， 中国网，http：//news. china. com. cn/2021-01/18/content_ 771 28161. htm。

[15] 转引自辛向阳《中国式现代化对世界发展的重大影响》，《理论 与评论》2021 年第 5 期。

[16]《惠及全体人民　我国建成世界上规模最大社会保障体系》， 《人民日报》（海外版）2021 年 6 月 17 日。

[17] 习近平：《决胜全面建成小康社会　夺取新时代中国特色社会 主义伟大胜利——在中国共产党第十九次全国代表大会上的报 告》，人民出版社，2017，第 10 页。

[18]《马克思恩格斯文集》第 1 卷，人民出版社，2009，第 97 页。

[19] 习近平：《决胜全面建成小康社会　夺取新时代中国特色社会 主义伟大胜利——在中国共产党第十九次全国代表大会上的报 告》，人民出版社，2017，第 10 页。

[20]《中共中央关于党的百年奋斗重大成就和历史经验的决议》， 《人民日报》2021 年 11 月 17 日。

[21]《马克思恩格斯文集》第 2 卷，人民出版社，2009，第 53 页。

[22]《马克思恩格斯文集》第 8 卷，人民出版社，2009，第 52 页。

[23]《马克思恩格斯文集》第 1 卷，人民出版社，2009，第 574 页。

［24］ 同上书，第 573 页。

［25］ 同上书，第 683 页。

［26］《马克思恩格斯文集》第 9 卷，人民出版社，2009，第 300 页。

［27］《邓小平文选》第 3 卷，人民出版社，1993，第 273 页。

［28］ 习近平：《决胜全面建成小康社会　夺取新时代中国特色社会主义伟大胜利——在中国共产党第十九次全国代表大会上的报告》，人民出版社，2017，第 35 页。

［29］ 参见李青《科学发展观视域中的"以人为本"》，时事出版社，2009，第 173 页。

［30］《改革开放三十年重要文献选编》（下），中央文献出版社，2008，第 1184 页。

［31］《邓小平文选》第 2 卷，人民出版社，1994，第 162~163 页。

［32］"四有"即"有理想、有道德、有文化、有纪律"。

［33］《江泽民文选》第 3 卷，人民出版社，2006，第 294 页。

［34］《十六大以来重要文献选编》（上），中央文献出版社，2005，第 14~15 页。

［35］ 习近平：《决胜全面建成小康社会　夺取新时代中国特色社会主义伟大胜利——在中国共产党第十九次全国代表大会上的报告》，人民出版社，2017，第 11~12 页。

［36］《中共中央关于党的百年奋斗重大成就和历史经验的决议》，《人民日报》2021 年 11 月 17 日。

［37］《邓小平年谱（一九七五——一九九七）》（上），中央文献出版社，2004，第 632 页。

［38］《十八大以来重要文献选编》（上），中央文献出版社，2014，第 594 页。

[39]《毛泽东文集》第 7 卷，人民出版社，1999，第 23 页。

[40]《邓小平文选》第 3 卷，人民出版社，1993，第 380 页。

[41]《邓小平文选》第 2 卷，人民出版社，1994，第 40 页。

[42]《江泽民文选》第 2 卷，人民出版社，2006，第 26 页。

[43]《江泽民文选》第 3 卷，人民出版社，2006，第 274 页。

[44]《胡锦涛文选》第 2 卷，人民出版社，2016，第 286 页。

[45] 习近平：《决胜全面建成小康社会　夺取新时代中国特色社会主义伟大胜利——在中国共产党第十九次全国代表大会上的报告》，人民出版社，2017，第 21 页。

[46]《中共中央关于党的百年奋斗重大成就和历史经验的决议》，《人民日报》2021 年 11 月 17 日。

[47]《马克思恩格斯文集》第 1 卷，人民出版社，2009，第 519 页。

[48] 同上书，第 531 页。

[49] 习近平：《决胜全面建成小康社会　夺取新时代中国特色社会主义伟大胜利——在中国共产党第十九次全国代表大会上的报告》，人民出版社，2017，第 29~30 页。

[50]《习近平谈治国理政》，外文出版社，2014，第 77 页。

[51] 同上书，第 95 页。

[52] 习近平：《决胜全面建成小康社会　夺取新时代中国特色社会主义伟大胜利——在中国共产党第十九次全国代表大会上的报告》，人民出版社，2017，第 21~22 页。

[53]《习近平谈治国理政》第 3 卷，外文出版社，2020，第 32 页。

[54] 同上。

[55]《马克思恩格斯文集》第 1 卷，人民出版社，2009，第 185 页。

[56]《马克思恩格斯文集》第 3 卷，人民出版社，2009，第 564 页。

［57］习近平：《论把握新发展阶段、贯彻新发展理念、构建新发展格局》，中央文献出版社，2021，第474页。

［58］同上书，第246页。

［59］同上书，第204页。

［60］《习近平关于社会主义生态文明建设论述摘编》，中央文献出版社，2017，第4页。

［61］习近平：《决胜全面建成小康社会　夺取新时代中国特色社会主义伟大胜利——在中国共产党第十九次全国代表大会上的报告》，人民出版社，2017，第58页。

［62］同上书，第58~59页。

第八章　推动构建人类命运共同体的人类文明新形态

［1］《马克思恩格斯文集》第1卷，人民出版社，2009，第540~541页。

［2］同上书，第539页。

［3］《习近平谈治国理政》第2卷，外文出版社，2017，第543页。

［4］习近平：《让多边主义的火炬照亮人类前行之路——在世界经济论坛“达沃斯议程”对话会上的特别致辞》，人民出版社，2021，第3页。

［5］习近平：《同舟共济克时艰，命运与共创未来：在博鳌亚洲论坛2021年年会开幕式上的视频主旨演讲》，人民出版社，2021，第5页。

［6］《习近平谈治国理政》第3卷，外文出版社，2020，第210页。

［7］刘弘：《人类命运共同体是人类文明形态发展的大趋势》，《人民

论坛》2021 年第 34 期。

[8] 《马克思恩格斯文集》第 9 卷，人民出版社，2009，第 559～560 页。

[9] 《习近平关于社会主义生态文明建设论述摘编》，中央文献出版社，2017，第 6 页。

[10] 《马克思恩格斯文集》第 2 卷，人民出版社，2009，第 36 页。

[11] 《习近平谈治国理政》，外文出版社，2014，第 350 页。

[12] 同上书，第 331 页。

[13] 《习近平谈治国理政》第 2 卷，外文出版社，2017，第 513 页。

[14] 《马克思恩格斯文集》第 8 卷，人民出版社，2009，第 52 页。

[15] 《马克思恩格斯文集》第 2 卷，人民出版社，2009，第 36 页。

[16] 习近平：《在庆祝中国共产党成立 100 周年大会上的讲话》，人民出版社，2021，第 13 页。

[17] 张鹭、李桂花：《人类命运共同体：从资本逻辑到人的逻辑》，《南京政治学院学报》2018 年第 5 期。

[18] 同上。

[19] 《马克思恩格斯文集》第 2 卷，人民出版社，2009，第 34 页。

[20] 《习近平谈治国理政》第 3 卷，外文出版社，2020，第 46 页。

[21] 同上书，第 375 页。

[22] 《习近平谈治国理政》，外文出版社，2014，第 336 页。

[23] 习近平：《在纪念孔子诞辰 2565 周年国际学术研讨会暨国际儒学联合会第五届会员大会开幕会上的讲话》，人民出版社，2014，第 7 页。

[24] 《马克思恩格斯文集》第 5 卷，人民出版社，2009，第 821 页。

[25] 《孟子·滕文公上》

［26］习近平：《弘扬和平共处五项原则建设合作共赢美好世界——在和平共处五项原则发表 60 周年纪念大会上的讲话》，人民出版社，2014，第 10 页。

［27］习近平：《在纪念孔子诞辰 2565 周年国际学术研讨会暨国际儒学联合会第五届会员大会开幕会上的讲话》，人民出版社，2014，第 9 页。

［28］《习近平谈治国理政》，外文出版社，2014，第 258 页。

［29］习近平：《在纪念马克思诞辰 200 周年大会上的讲话》，人民出版社，2018，第 22 页。

［30］习近平：《弘扬和平共处五项原则建设合作共赢美好世界——在和平共处五项原则发表 60 周年纪念大会上的讲话》，人民出版社，2014，第 9 页。

［31］郗戈：《超越资本主义现代性——马克思主义现代性思想与当代社会发展》，中国人民大学出版社，2014，第 203 页。

［32］《马克思恩格斯文集》第 1 卷，人民出版社，2009，第 11 页。

第九章　新时代创造人类文明新形态的重大成就和宝贵经验

［1］《中共中央关于党的百年奋斗重大成就和历史经验的决议》，《人民日报》2021 年 11 月 17 日。

［2］《习近平谈治国理政》第 3 卷，外文出版社，2020，第 232 页。

［3］《2021 年我国人均 GDP 突破 8 万元　超过世界人均 GDP 水平》，央视网，http：//news. cctv. com/2022/02/28/ARTIvjK914kqS5k0WXe6GsGB220228. shtml。

［4］《外交部：〈2021 年全球创新指数报告〉显示中国位居中等收入经

济体之首》，凤凰网，https：//news. ifeng. com/c/8FbUu0HrmHc。

[5]《习近平谈治国理政》第 3 卷，外文出版社，2020，第 28 页。

[6]《中共中央关于党的百年奋斗重大成就和历史经验的决议》，《人民日报》2021 年 11 月 17 日。

[7]《习近平谈治国理政》，外文出版社，2014，第 153 页。

[8]《习近平关于社会主义文化建设论述摘编》，中央文献出版社，2017，第 5 页。

[9]《十九大以来重要文献选编》（中），中央文献出版社，2021，第 825 页。

[10]《习近平关于社会主义生态文明建设论述摘编》，中央文献出版社，2017，第 6 页。

[11] 同上书，第 4 页。

[12] 同上书，第 23 页。

[13] 同上书，第 4 页。

[14]《中共中央关于党的百年奋斗重大成就和历史经验的决议》，《人民日报》2021 年 11 月 17 日。

[15]《十八大以来重要文献选编》（上），中央文献出版社，2014，第 594 页。

[16]〔美〕阿历克斯·英格尔斯：《人的现代化：心理·思想·态度·行为》，殷陆君编译，四川人民出版社，1985，第 7 页。

[17] 习近平：《论把握新发展阶段、贯彻新发展理念、构建新发展格局》，中央文献出版社，2021，第 474 页。

[18] 习近平：《在中国文联十大、中国作协九大开幕式上的讲话》，人民出版社，2016，第 15~16 页。

[19] 习近平：《在庆祝中国共产党成立 100 周年大会上的讲话》，人

民出版社，2021，第 3 页。

[20]《习近平谈治国理政》第 3 卷，外文出版社，2020，第 76 页。

[21]《改革开放三十年重要文献选编》（下），中央文献出版社，
2008，第 1743 页。

[22] 习近平：《以史为鉴、开创未来　埋头苦干、勇毅前行》，《求
是》2022 年第 1 期。

[23]《谏逐客书》。

[24] 习近平：《在纪念孔子诞辰 2565 周年国际学术研讨会暨国际儒
学联合会第五届会员大会开幕会上的讲话》，人民出版社，
2014，第 10 页。

[25]《习近平谈治国理政》，外文出版社，2014，第 259 页。

[26] 习近平：《共创中韩合作未来　同襄亚洲振兴繁荣——在韩国
国立首尔大学的演讲》，《光明日报》2014 年 7 月 5 日。

[27]《习近平谈治国理政》第 2 卷，外文出版社，2017，第 482 页。

[28]《中共中央关于党的百年奋斗重大成就和历史经验的决议》，
《人民日报》2021 年 11 月 17 日。

[29] 习近平：《论把握新发展阶段、贯彻新发展理念、构建新发展
格局》，中央文献出版社，2021，第 479 页。

[30]《中共中央关于党的百年奋斗重大成就和历史经验的决议》，
《人民日报》2021 年 11 月 17 日。

[31] 习近平：《在庆祝中国共产党成立 100 周年大会上的讲话》，人
民出版社，2021，第 11~12 页。

[32]《中共中央关于党的百年奋斗重大成就和历史经验的决议》，
《人民日报》2021 年 11 月 17 日。

[33] 习近平：《在中华人民共和国恢复联合国合法席位 50 周年纪念

会议上的讲话》，人民出版社，2021，第 6 页。

［34］《中共中央关于党的百年奋斗重大成就和历史经验的决议》，
《人民日报》2021 年 11 月 17 日。

第十章　在全面建设社会主义现代化国家新征程中继续创造人类文明新形态

［1］习近平:《在庆祝中国共产党成立 100 周年大会上的讲话》，人民出版社，2021，第 2 页。

［2］《毛泽东文集》第 8 卷，人民出版社，2004，第 116 页。

［3］《邓小平文选》第 3 卷，人民出版社，2008，第 252 页。

［4］习近平:《论把握新发展阶段、贯彻新发展理念、构建新发展格局》，中央文献出版社，2021，第 471 页。

［5］《毛泽东文集》第 8 卷，人民出版社，2004，第 108 页。

［6］习近平:《论把握新发展阶段、贯彻新发展理念、构建新发展格局》，中央文献出版社，2021，第 474~475 页。

［7］同上书，第 475 页。

［8］习近平:《在庆祝中国共产党成立 100 周年大会上的讲话》，人民出版社，2021，第 4 页。

［9］同上书，第 5 页。

［10］习近平:《论把握新发展阶段、贯彻新发展理念、构建新发展格局》，中央文献出版社，2021，第 472 页。

［11］《中共中央关于党的百年奋斗重大成就和历史经验的决议》，
《人民日报》2021 年 11 月 17 日。

［12］习近平:《在庆祝中国共产党成立 100 周年大会上的讲话》，人

民出版社，2021，第 7 页。

[13] 《十九大以来重要文献选编》（中），中央文献出版社，2021，第 824 页。

[14] 习近平：《论把握新发展阶段、贯彻新发展理念、构建新发展格局》，中央文献出版社，2021，第 472 页。

[15] 《十九大以来重要文献选编》（中），中央文献出版社，2021，第 824 页。

[16] 习近平：《决胜全面建成小康社会 夺取新时代中国特色社会主义伟大胜利——在中国共产党第十九次全国代表大会上的报告》，人民出版社，2017，第 28~29 页。

[17] 习近平：《论把握新发展阶段、贯彻新发展理念、构建新发展格局》，中央文献出版社，2021，第 475 页。

[18] 《十九大以来重要文献选编》（中），中央文献出版社，2021，第 792 页。

[19] 同上。

[20] 同上。

[21] 同上。

[22] 同上书，第 792~793 页。

[23] 同上书，第 793 页。

[24] 同上书，第 789~790 页。

[25] 同上书，第 822 页。

[26] 习近平：《决胜全面建成小康社会 夺取新时代中国特色社会主义伟大胜利——在中国共产党第十九次全国代表大会上的报告》，人民出版社，2017，第 29 页。

[27] 同上。

［28］中共中央党校（国家行政学院）:《习近平新时代中国特色社会主义思想基本问题》，人民出版社、中共中央党校出版社，2020，第 154 页。

［29］《十七大以来重要文献选编》（上），中央文献出版社，2009，第 801 页。

［30］中共中央党校（国家行政学院):《习近平新时代中国特色社会主义思想基本问题》，人民出版社、中共中央党校出版社，2020，第 154 页。

［31］同上书，第 155 页。

［32］同上。

［33］同上。

［34］同上。

［35］《邓小平文选》第 3 卷，人民出版社，2008，第 29 页。

［36］习近平:《论把握新发展阶段、贯彻新发展理念、构建新发展格局》，中央文献出版社，2021，第 473~474 页。

［37］《习近平谈治国理政》第 3 卷，外文出版社，2020，第 66 页。

［38］《习近平谈治国理政》第 4 卷，外文出版社，2022，第 142 页。

［39］同上。

［40］《十九大以来重要文献选编》（中），中央文献出版社，2021，第 825 页。

［41］习近平:《论把握新发展阶段、贯彻新发展理念、构建新发展格局》，中央文献出版社，2021，第 333 页。

［42］同上书，第 111 页。

［43］同上书，第 505 页。

［44］同上书，第 479 页。

［45］同上。

［46］同上。

［47］同上书，第 480 页。

［48］同上。

［49］同上书，第 481 页。

［50］同上。

［51］同上。

［52］同上。

［53］同上。

［54］《十九大以来重要文献选编》（中），中央文献出版社，2021，第 812 页。

［55］同上书，第 819 页。

［56］习近平：《决胜全面建成小康社会　夺取新时代中国特色社会主义伟大胜利——在中国共产党第十九次全国代表大会上的报告》，人民出版社，2017，第 11 页。

［57］《十九大以来重要文献选编》（中），中央文献出版社，2021，第 827 页。

［58］同上。

［59］同上。

［60］同上书，第 665 页。

［61］《习近平关于科技创新论述摘编》，中央文献出版社，2016，第 30 页。

［62］习近平：《论把握新发展阶段、贯彻新发展理念、构建新发展格局》，中央文献出版社，2021，第 113 页。

［63］同上。

［64］习近平：《在中国科学院第二十次院士大会、中国工程院第十五次院士大会、中国科协第十次全国代表大会上的讲话》，人民出版社，2021，第 13 页。

［65］同上书，第 14 页。

［66］同上。

［67］同上书，第 16 页。

［68］《十九大以来重要文献选编》（中），中央文献出版社，2021，第 784 页。

［69］同上。

［70］同上书，第 784~785 页。

［71］同上书，第 812 页。

［72］《习近平谈治国理政》第 3 卷，外文出版社，2020，第 233 页。

［73］习近平：《论把握新发展阶段、贯彻新发展理念、构建新发展格局》，中央文献出版社，2021，第 537 页。

［74］同上书，第 538 页。

［75］同上。

［76］同上书，第 539 页。

［77］同上书，第 247 页。

［78］同上书，第 507 页。

［79］《中共中央关于党的百年奋斗重大成就和历史经验的决议》，《人民日报》2021 年 11 月 17 日。

［80］《十九大以来重要文献选编》（中），中央文献出版社，2021，第 790 页。

［81］《这些重大理论和实践问题怎么看、怎么办的科学指引》，《求是》2022 年第 10 期。

［82］《马克思恩格斯文集》第 8 卷，人民出版社，2009，第 31～32 页。

［83］《习近平谈治国理政》，外文出版社，2022，第 211 页。

［84］《马克思恩格斯文集》第 5 卷，人民出版社，2009，第 871 页。

［85］习近平：《以史为鉴、开创未来　埋头苦干、勇毅前行》，《求是》2022 年第 1 期。

［86］颜晓峰：《创造"人类文明新形态"还有哪些贡献？（下）》，文汇网，http：//wenhui.whb.cn/zhuzhan/jtxw/20220218/450403.html。

［87］《习近平谈治国理政》第 2 卷，外文出版社，2017，第 344 页。

第十一章　成功走出中国式现代化道路、创造人类文明新形态深刻影响世界历史进程

［1］《中共中央关于党的百年奋斗重大成就和历史经验的决议》，《人民日报》2021 年 11 月 17 日。

［2］习近平：《在庆祝中国共产党成立 95 周年大会上的讲话》，人民出版社，2016，第 4 页。

［3］习近平：《论把握新发展阶段、贯彻新发展理念、构建新发展格局》，中央文献出版社，2021，第 473 页。

［4］《习近平谈治国理政》第 3 卷，外文出版社，2020，第 124 页。

［5］习近平：《论把握新发展阶段、贯彻新发展理念、构建新发展格局》，中央文献出版社，2021，第 473～474 页。

［6］习近平：《在庆祝中国共产党成立 100 周年大会上的讲话》，人民出版社，2021，第 16 页。

［7］《中共中央关于党的百年奋斗重大成就和历史经验的决议》，《人民日报》2021 年 11 月 17 日。

［8］《马克思恩格斯文集》第 2 卷，人民出版社，2009，第 36 页。

［9］ Henri Lefebvre, *The Production of Space*, trans. by Donald Nicholson-Smith（Basil Blackwell Ltd, 1991），p. 65.

［10］《习近平谈治国理政》，外文出版社，2014，第 273 页。

［11］《习近平谈治国理政》第 3 卷，外文出版社，2020，第 288 页。

［12］《十九大以来重要文献选编》（中），中央文献出版社，2021，第 294~295 页。

［13］《马克思恩格斯文集》第 5 卷，人民出版社，2009，第 96 页。

［14］《中共中央关于党的百年奋斗重大成就和历史经验的决议》，《人民日报》2021 年 11 月 17 日。

［15］《习近平谈治国理政》第 2 卷，外文出版社，2017，第 37 页。

第十二章　创造人类文明新形态对马克思主义的创新发展

［1］《中共中央关于党的百年奋斗重大成就和历史经验的决议》，《人民日报》2021 年 11 月 17 日。

［2］同上。

［3］《毛泽东文集》第 5 卷，人民出版社，1996，第 344~345 页。

［4］《中共中央关于党的百年奋斗重大成就和历史经验的决议》，《人民日报》2021 年 11 月 17 日。

［5］习近平：《在中国文联十一大、中国作协十大开幕式上的讲话》，人民出版社，2021，第 5 页。

［6］《高举中国特色社会主义伟大旗帜 奋力谱写全面建设社会主义

现代化国家崭新篇章》，《人民日报》2022 年 7 月 28 日。

[7]《习近平谈治国理政》，外文出版社，2014，第 29 页。

[8]《邓小平文选》第 3 卷，人民出版社，1993，第 242 页。

[9]《中共中央关于党的百年奋斗重大成就和历史经验的决议》，《人民日报》2021 年 11 月 17 日。

[10]《十九大以来重要文献选编》（中），中央文献出版社，2021，第 790 页。

[11] 同上书，第 820 页。

[12] 习近平：《在庆祝中国共产党成立 100 周年大会上的讲话》，人民出版社，2021，第 3 页。

[13]《中共中央关于党的百年奋斗重大成就和历史经验的决议》，《人民日报》2021 年 11 月 17 日。

[14]《习近平关于社会主义政治建设论述摘编》，中央文献出版社，2017，第 66 页。

[15]《国家主席习近平发表二〇二二年新年贺词》，《人民日报》2022 年 1 月 1 日。

[16] 习近平：《以史为鉴、开创未来　埋头苦干、勇毅前行》，《求是》2022 年第 1 期。

[17] 同上。

[18] 中华人民共和国国务院新闻办公室：《中国的民主》，《人民日报》2021 年 12 月 5 日。

[19] 习近平：《以史为鉴、开创未来　埋头苦干、勇毅前行》，《求是》2022 年第 1 期。

[20]《习近平谈治国理政》第 4 卷，外文出版社，2022，第 142 页。

[21] 同上。

［22］《中共中央关于党的百年奋斗重大成就和历史经验的决议》，《人民日报》2021 年 11 月 17 日。

［23］《邓小平文选》第 3 卷，人民出版社，1993，第 383 页。

［24］习近平：《论把握新发展阶段、贯彻新发展理念、构建新发展格局》，中央文献出版社，2021，第 473 页。

参考文献

《马克思恩格斯文集》第1~10卷，人民出版社，2009。

《马克思恩格斯全集》第1卷，人民出版社，1995。

《马克思恩格斯全集》第46卷（上），人民出版社，1979。

《列宁全集》第38卷，人民出版社，2017。

《毛泽东选集》第1~4卷，人民出版社，1991。

《邓小平文选》第1~2卷，人民出版社，1994。

《邓小平文选》第3卷，人民出版社，1993。

《邓小平年谱（一九七五——一九九七）》（上），中央文献出版社，2004。

《江泽民论有中国特色社会主义（专题摘编）》，中央文献出版社，2002。

《江泽民文选》第3卷，人民出版社，2006。

《习近平谈治国理政》，外文出版社，2014。

《习近平谈治国理政》第2卷，外文出版社，2017。

《习近平谈治国理政》第3卷，外文出版社，2020。

《习近平谈治国理政》第4卷，外文出版社，2022。

习近平：《弘扬和平共处五项原则　建设合作共赢美好世界——

在和平共处五项原则发表 60 周年纪念大会上的讲话》，人民出版社，2014。

习近平：《论把握新发展阶段、贯彻新发展理念、构建新发展格局》，中央文献出版社，2021。

习近平：《加强政党合作　共谋人民幸福——在中国共产党与世界政党领导人峰会上的主旨讲话》，人民出版社，2021。

习近平：《决胜全面建成小康社会　夺取新时代中国特色社会主义伟大胜利——在中国共产党第十九次全国代表大会上的报告》，人民出版社，2017。

习近平：《论坚持推动构建人类命运共同体》，中央文献出版社，2018。

习近平：《让多边主义的火炬照亮人类前行之路——在世界经济论坛"达沃斯议程"对话会上的特别致辞》，人民出版社，2021。

习近平：《同舟共济克时艰，命运与共创未来：在博鳌亚洲论坛2021 年年会开幕式上的视频主旨演讲》，人民出版社，2021。

习近平：《在庆祝中国共产党成立 100 周年大会上的讲话》，人民出版社，2021。

习近平：《在省部级主要领导干部学习贯彻党的十八届五中全会精神专题研讨班上的讲话》，人民出版社，2016。

习近平：《在纪念毛泽东同志诞辰 120 周年座谈会上的讲话》，人民出版社，2013。

习近平：《在纪念马克思诞辰 200 周年大会上的讲话》，人民出版社，2018。

习近平：《在纪念孔子诞辰 2565 周年国际学术研讨会暨国际儒学

联合会第五届会员大会开幕会上的讲话》，人民出版社，2014。

《习近平关于社会主义生态文明建设论述摘编》，中央文献出版社，2017。

《陈独秀文集》第2卷，人民出版社，2013。

《李大钊全集》第2、4卷，人民出版社，2013。

《十二大以来重要文献选编》（上），人民出版社，1986。

《十六大以来重要文献选编》（上），中央文献出版社，2005。

《十八大以来重要文献选编》（上、下），中央文献出版社，2014。

《十九大以来重要文献选编》（中），中央文献出版社，2021。

《改革开放三十年重要文献选编》（上），中央文献出版社，2008。

《建党以来重要文献选编（1921～1949）》第1册，中央文献出版社，2011。

罗荣渠：《现代化新论——世界与中国的现代化进程》，商务印书馆，2009。

郗戈：《超越资本主义现代性——马克思主义现代性思想与当代社会发展》，中国人民大学出版社，2014。

〔美〕阿尔温·托夫勒：《创造一个新的文明——第三次浪潮的政治》，陈峰译，上海三联书店，1996。

〔美〕阿历克斯·英格尔斯：《人的现代化：心理·思想·态度·行为》，殷陆君编译，四川人民出版社，1985。

〔美〕罗尔斯顿：《哲学走向荒野》，刘耳、叶平译，吉林人民出版社，2000。

〔匈〕格奥尔格·卢卡奇:《历史与阶级意识——关于马克思主义辩证法的研究》,杜章智等译,商务印书馆,1996。

〔英〕汤因比:《历史研究》(下),曹未风等译,上海人民出版社,1986。

习近平:《把中国文明历史研究引向深入 增强历史自觉坚定文化自信》,《求是》2022年第14期。

习近平:《共创中韩合作未来 同襄亚洲振兴繁荣——在韩国国立首尔大学的演讲》,《光明日报》2014年7月5日。

习近平:《以史为鉴、开创未来 埋头苦干、勇毅前行》,《求是》2022年第1期。

《习近平在中央人大工作会议上发表重要讲话强调 坚持和完善人民代表大会制度 不断发展全过程人民民主》,《人民日报》2021年10月15日。

《中共中央关于党的百年奋斗重大成就和历史经验的决议》,《人民日报》2021年11月17日。

陈曙光:《中国道路开启现代性文明的新形态》,《江海学刊》2020年第3期。

成素梅:《信息文明的内涵及其时代价值》,《学术月刊》2018年第5期。

巩瑞波、韩喜平:《"现代化中国方案"是对西方现代化模式的超越》,《红旗文稿》2019年第7期。

韩震:《如何理解我们创造的人类文明新形态》,《光明日报》2022年1月20日刘弘：《人类命运共同体是人类文明形态发展的大趋势》，《人民论坛》2021 年第 34 期。

刘军、李爱华：《中国式现代化道路对资本主义文明逻辑的超越》，《中共中央党校（国家行政学院）学报》2022 年第 2 期。

任晶晶：《为共建后疫情时代的美好世界贡献中国力量》，《光明日报》2022 年 2 月 19 日。

田心铭：《中国特色社会主义和人类文明新形态》，《世界社会主义研究》2021 年第 11 期。

汪盛玉：《中国式现代化新道路的人学理论逻辑》，《广西社会科学》2022 年第 6 期。

吴宏政：《人类文明新形态的世界历史意义》，《马克思主义研究》2022 年第 3 期。

武力、李扬：《解放和发展生产力：新中国七十年的主线和成就》，《中共党史研究》2019 年第 9 期。

吴晓明：《中国道路的百年探索与马克思主义中国化》，《北京师范大学学报》（社会科学版）2021 年第 4 期。

许耀桐：《马克思政治文明思想论析》，《科学社会主义》2003 年第 3 期。

颜晓峰：《全面把握以中国式现代化推进中华民族伟大复兴的理论内涵和时代意义》，《思想理论教育导刊》2022 年第 3 期。

颜晓峰：《创造社会主义现代化的文明新形态》，《马克思主义研究》2021 年第 7 期。

于建荣：《简论社会文明》，《科学社会主义》2008 年第 3 期。

杨振闻：《从"文明蒙尘"到"人类文明新形态"——中国式现代化道路的文明旨归》，《求索》2022 年第 1 期。

358 / 创造人类文明新形态 ——

张鹭、李桂花:《人类命运共同体:从资本逻辑到人的逻辑》,《南京政治学院学报》2018 年第 5 期。

左亚文、侯文文:《辩证思维的演进与和谐思想的生成》,《理论探讨》2018 年第 4 期。

后　记

本书为社会科学文献出版社"人类文明新形态研究丛书"的第一本，由天津大学社会主义现代化研究中心组织编写。

本书的编写得到了天津大学马克思主义学院等单位的支持和帮助，各章作者和单位如下：

前言，颜晓峰，天津大学；

第一章，晋晓晓、叶丹凤，天津大学；

第二章，柳兰芳，天津大学；

第三章，杨丽雯，天津大学；

第四章，朱大鹏，兰州大学；

第五章，韩淑慧，天津大学；

第六章，任倚步，天津大学；

第七章，李青，陆军防化学院；

第八章，张鸶，天津大学；

第九章，于安龙，天津大学；

第十章，史凤阁，天津大学；

第十一章，宋建丽，天津大学；

第十二章，颜晓峰。

颜晓峰负责全书提纲设计，张鹭、李青、朱大鹏、柳兰芳、颜晓峰负责全书统稿，张鹭承担书稿写作协调工作。

本书的出版离不开社会科学文献出版社社长王利民、总编辑杨群的大力支持和帮助，责任编辑曹义恒也进行了精心的审阅编校，在此一并表示衷心感谢！

本书的不足之处，恳请各位读者批评指正。

笔　者

2022 年 7 月

出版后记

习近平总书记在庆祝中国共产党成立 100 周年大会上的重要讲话中指出:"我们坚持和发展中国特色社会主义,推动物质文明、政治文明、精神文明、社会文明、生态文明协调发展,创造了中国式现代化新道路,创造了人类文明新形态。"随后,在党的十九届六中全会和中国文联十一大、中国作协十大开幕式等重要场合的讲话中,习近平总书记多次强调了创造人类文明新形态对中国及世界的重要作用。

为迎接党的二十大隆重召开,从历史高度、思想深度和实践广度上加快推进人类文明新形态研究,经与天津大学马克思主义学院院长颜晓峰教授商议,我社于 2021 年 11 月中旬开始筹划出版"人类文明新形态研究丛书"。2021 年 12 月 7 日我社召开了丛书策划研讨会,针对研创背景、写作思路、框架设计、研创团队、写作进度等方面进行了讨论和安排。2021 年 12 月 29 日我社召开了丛书创作研讨会,与颜晓峰教授一起遴选了写作团队。2022 年 1 月 24 日召开项目启动会以后,各位作者正式开始研究和写作。为更好地促进丛书研讨和写作,我社分别于 2022 年 4 月 22 日、6 月 17 日举行了项目中期统稿研讨会和定稿研讨会,主要讨论并解决书稿写作进度、遇到的难题，并对书稿定位、文风、体例等进一步加以明晰和规范。这两次会议特别邀请了原中共中央党史研究室科研管理部主任黄如军、清华大学马克思主义学院特聘教授郭建宁、中国人民大学马克思主义学院教授侯衍社、北京大学哲学系博雅讲席教授丰子义、中国人民大学马克思主义学院副院长陶文昭、北京航空航天大学马克思主义学院院长赵义良共六位专家莅临现场，以评审和指导的形式为丛书研究和写作提出宝贵意见。

丛书由颜晓峰、杨群主编，颜晓峰教授牵头撰写总卷，分卷主创有中共中央党校（国家行政学院）经济学部韩保江教授、武汉大学马克思主义学院项久雨教授、东北大学马克思主义学院任鹏教授等，创作团队成员有 40 余人，作者单位涵盖中国社会科学院、中共中央党校（国家行政学院）、北京大学、武汉大学、天津大学等国内一流科研机构和高等院校，作者均为国内马克思主义理论学科领域的知名专家学者以及近年成长起来的青年才俊，学术水平高、研究实力强。

"人类文明新形态研究丛书"是我社精心策划，为即将隆重召开的党的二十大献礼的重要图书，也被列入中国社会科学院 2022 年重点出版项目、中宣部"2022 年主题出版重点出版物"。中国社会科学院党组及相关部门高度重视丛书的出版，给予了多方面的指导。中国社会科学院秘书长、党组成员赵奇同志担任丛书编委会主任，在百忙中仔细审定了全部书稿，提出修改意见，并拨冗为丛书作序。

在整个丛书出版过程中，我社高度重视，从开始筹划，到各次研讨会及编辑出版，我和总编辑杨群同志全程参与了会议讨论、内容审核、编校指导等各个环节。杨群同志和副总编辑蔡继辉、童根兴一起，认真细致地完成了三审工作，确保了丛书的政治导向和学术质量；总编辑助理姚冬梅、政法传媒分社总编辑曹义恒以及重点项目办公室在项目策划、申报中宣部"2022年主题出版重点出版物"及具体的编校出版过程中全力做好组织和统筹等相关工作；编审室、出版部、设计中心等部门也给予了大力支持；政法传媒分社社长王绯多次参加研讨会建言献策，各位编辑组成员也全力以赴做好书稿编辑出版工作。

在丛书付印之际，我谨代表社会科学文献出版社，向各位领导、专家、同事致以诚挚的感谢。今后，我们将继续努力，策划出版更多彰显社会效益的精品力作，为繁荣发展中国特色哲学社会科学做出自己应有的贡献。

社会科学文献出版社社长　王利民

2022年9月28日

图书在版编目（CIP）数据

创造人类文明新形态 / 颜晓峰等著. --北京：社
会科学文献出版社，2022.9
（人类文明新形态研究丛书 / 颜晓峰，杨群主编）
ISBN 978-7-5228-0693-8

Ⅰ.①创… Ⅱ.①颜… Ⅲ.①文明-研究 Ⅳ.
①G0

中国版本图书馆 CIP 数据核字（2022）第 171886 号

人类文明新形态研究丛书
创造人类文明新形态

著　　者 / 颜晓峰 等

出 版 人 / 王利民
责任编辑 / 曹义恒
责任印制 / 王京美

出　　版 / 社会科学文献出版社
　　　　　地址：北京市北三环中路甲 29 号院华龙大厦　邮编：100029
　　　　　网址：www.ssap.com.cn
发　　行 / 社会科学文献出版社（010）59367028
印　　装 / 三河市东方印刷有限公司

规　　格 / 开 本：787mm×1092mm　1/16
　　　　　印 张：24.25　字 数：300 千字
版　　次 / 2022 年 9 月第 1 版　2022 年 9 月第 1 次印刷
书　　号 / ISBN 978-7-5228-0693-8
定　　价 / 69.00 元

读者服务电话：4008918866